BIBLE in Hand 교양인을 위한 성경

구약 | 시편

마음의 끝에서
부르는 새 노래

해제 **김근주**

봄이다
프로젝트

해제 김근주 | 기독연구원 느헤미야 연구위원

서울대학교 경제학과를 졸업하고, 장로회신학대학교 신학대학원에서
목회학 석사(M.Div.)와 신학 석사(Th.M.) 학위를 받은 후,
영국 옥스퍼드대학교에서 칠십인역 이사야서의 신학적 특징을 다룬
논문(The Identity of the Jewish Diaspora in the Septuagint Isaiah)으로
박사(D.Phil.) 학위를 받았다.
기독연구원 느헤미야 연구위원이며, 일산은혜교회 협동목사로 섬기고 있다.
〈복음의 공공성〉(비아토르), 〈특강 예레미야〉 〈특강 이사야〉(IVP),
〈나를 넘어서는 성경 읽기〉 〈소예언서 어떻게 읽을 것인가 1, 2, 3〉(이상 성서유니온),
〈구약의 숲〉 〈다니엘처럼〉 〈네 이웃을 네 몸과 같이〉(이상 대장간),
〈구약으로 읽는 부활 신앙〉(SFC출판부) 등을 펴냈다.

마음의 끝에서
부르는 새 노래

믿음에 관심이 있거나 새로 예수를 믿게 된 사람들이 성경을 읽어야 하는데, 이때 전권을 주고 읽으라고 하면 질려서 잘 읽지를 못한다. 이런 사람들에게 이 책을 권하면 좋을 것 같다. 새번역을 사용하고 있고, 읽으면서 생길 수 있는 질문에 답을 주는 짧은 주석이 붙어 있어서 재미있게 읽을 수 있기 때문이다. 이 낱권 성경책은 특별히 비신자 전도에 집중하는 가정교회에서 잘 활용할 수 있을 것이다. 처음 성경을 접하는 분들이 성경을 쉽게 이해하고, 성경 읽는 데 자신감이 생길 것이다.

_ 최영기 | 휴스턴서울교회 은퇴목사, 국제가정교회사역원 초대원장

베스트셀러를 주로 읽는 요즘 사람들은 정작 인류 최고의 베스트셀러인 성경에는 무지하다. 일반인들이 성경을 읽으려면 먼저 성경은 종교적 경전의 모양새에서 벗어나야 한다. 이 책은 바로 그런 목적으로 출간되었다. 이제 종교적인 편견을 버리고 성경을 읽고, 세계 시민에 걸맞은 교양을 가져보자.

_ 방선기 | 일터개발원 이사장

거룩할 '성'과 날 '경' 자로 구성된 성경(聖經)은 우리 삶이 혼돈의 심연으로 빠져들지 않도록 지켜주는 수직의 중심이다. 사람들이 성경에는 오류가 없어야 한다고 믿는 것은 그 때문이다. 성경을 읽다가 모순되는 지점을 발견하는 순간 경건한 사람들은 마치 연모하던 이의 비밀스러운 모습을 본 것처럼 민망해한다. 기독교에 대해 반감을 가진 이들은 '잘코사니!' 하면서 공격의 빌미를 삼는다. 민망해할 것도 없고, 쾌재를 부를 것도 없다. 김근주 교수와 권연경 교수의 안내를 받아 성경 속을 거닐다 보면 그 모순 속에 담긴 삶의 심오함에 가 닿을 것이다. 교회 밖의 사람들은 물론이고 기독교인에게도 이 책은 좋은 길잡이가 되어주리라 믿는다.

_ 김기석 | 청파교회 담임목사

01

이 책에 사용된 한글 번역본은 대한성서공회의 허락을 받아 〈성경전서 새번역〉(2001년)을 사용했습니다.

기독교 성서를 번역, 출판, 반포하는 대한성서공회는 〈성경전서 새번역〉에 대해 "원문의 뜻을 우리말 독자들이 이해할 수 있도록 정확하게 번역하고, 쉬운 현대어로, 우리말 어법에 맞게, 한국교회에서 사용할 수 있도록 번역된 성경"이며, "번역이 명확하지 못했던 본문과 의미 전달이 미흡한 본문은 뜻이 잘 전달되도록 고쳤다. 할 수 있는 대로 번역어투를 없애고, 뜻을 우리말로 표현하려고 노력했다. 그러나 신학적으로 중요한 본문에서는 원문을 그대로 반영하려고 노력했다. 대화문에서는 현대 우리말 존대법을 적용했다"고 밝히고 있습니다.

02

성경 본문 하단은 성경을 읽으면서 생기는 궁금한 내용에 대해 질문과 해제 형식으로 담아냈습니다. 질문은 편집부에서 만들고, 해제는 구약성경은 김근주 교수(기독연구원 느헤미야), 신약성경은 권연경 교수(숭실대 기독교학과)가 맡았습니다.

성경 본문입니다.

장을 말합니다.

절을
말합니다.

겠고, 나를 애써 찾을 것이지만, 나를 만나지 못할 것이다. 29 이것은 너희가 깨닫기를 싫어하며, 주님 경외하기를 즐거워하지 않으며, 30 내 충고를 받아들이지 않으며, 내 모든 책망을 업신여긴 탓이다. 31 그러므로 그런 사람은 제가 한 일의 열매를 먹으며, 제 꾀에 배부를 것이다. 32 어수룩한 사람은 내게 등을 돌리고 살다가 자기를 죽이며, 미련한 사람은 안일하게 살다가 자기를 멸망시키지만, 33 오직 내 말을 듣는 사람은 안심하며 살겠고, 재앙을 두려워하지 않고 평안히 살 것이다."

{ 제2장 }

지혜가 주는 유익

1 아이들아, 내 말을 받아들이고, 내 명령을 마음속 깊이 간직하여라. 2 지혜에 네 귀를 기울이고, 명철에 네 마음을 두어라. 3 슬기를 외쳐 부르고, 명철을 얻으려고 소리를 높여라. 4 은을 구하듯 그것을 구하고, 보화를 찾듯 그것을 찾아라. 5 그렇

약자를 말합니다.
〈성경의 구성〉(9p)을
참고하십시오.

갑자기 독자들을 '아이들'(1절)이라고 부르네요. 어린이들에게 주는 당부인가요? 어느 시대, 어느 사회에서든 마찬가지겠지만, 최초의 교육이면서 가장 중요한 교육이 일어나는 곳은 당연히 가정일 것입니다. 비록 많은 부모가 이를 잘 행하지 못해서 부끄럽기도 하지만, 가정이야말로 가장 근본적인 교육의 현장입니다. '아이들'이라는 표현은 가정에서 이루어진 교육을 반영합니다. 바울이 디모데를 자신의 아들이라 표현했듯이(딤전 1:2), 고대 세계에서 스승은 제자를 곧잘 '아들'이라 불렀습니다. 그래서 '아이들아'와 같은 표현은 스승 앞에 모여 있는 어리거나 젊은 제자들의 모습을 떠올리게 합니다.

성경의 해당 부분
책 이름입니다.

●잠언

21

질문과 해제입니다.

7

성경, 구약 39권 + 신약 27권

성경은 한 권의 책이 아닙니다. 기원전 1천 년 전부터 기원후 2세기에 이르기까지 아주 긴 시간 동안 쓰여진 다양한 책들의 묶음입니다. 성경은 66권의 책으로 구성되어 있습니다. 그 책들은 저자도, 내용도, 형식도, 분량도 모두 다릅니다. 성경은 크게 구약과 신약으로 구분되며, 구약은 39권, 신약은 27권으로 구성되어 있습니다.

또 성경에는 여러 종류의 번역판이 있는데, 이 책은 대한성서공회가 최근에 번역해 출간한 〈성경전서 새번역〉(2001년)을 채택하고 있습니다.

성경의 구성

※괄호 안은 각 책을 줄여서 표기할 때 쓰는 약자입니다.

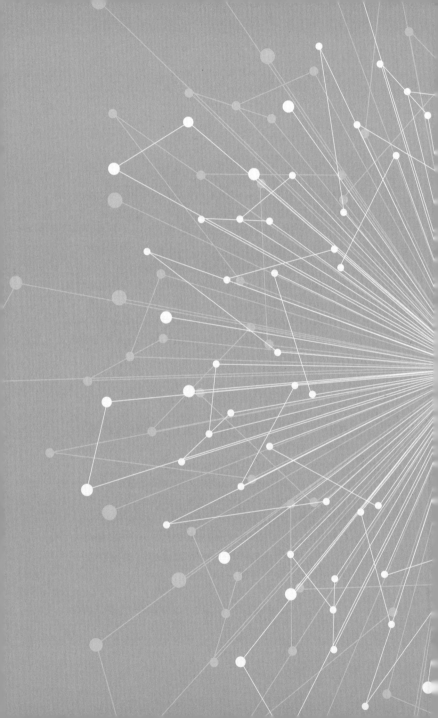

시편
Psalms

오직 하나님만 의지하며 걸어갔던
선배 신앙인들의 노래,
그리고 오늘 우리의 노래

시편은 신구약성경에서 가장 많은 분량을 차지하는 책입니다.
그러나 하나님께서 친히 하신 말씀은 거의 찾아볼 수 없고,
대부분 하나님을 의지하고 신뢰하며 살아간 이들의 부르짖음과
신음, 고백, 찬양이라는 점에서 단연 성경의 다른 책들과 구분됩니다.
사람의 기도이자 찬양으로 이루어진 이 책이 결국
이후의 신앙 공동체 안에서 하나님의 말씀으로 고백된다는 사실은
하나님 말씀이 어떤 신비스러운 과정을 통해서만 전달되는 것이 아니라,
우리와 비슷한 평범한 사람의 삶과 경험에서 비롯된 말로도
드러난다는 것을 알려줍니다.
그래서 시편을 읽노라면, 우리 시대를 살아가는 이들의 신음 소리를
가벼이 여기지 말아야 한다는 점도 깨닫게 됩니다.

고백하고 붙잡고 노래하고

사람의 손으로 기록되고 전달돼온 것이 분명한 신구약성경은 기독교 신앙을 가진 이들에게 그저 오래된 책이 아니라 하나님의 말씀입니다. 그렇다고 해서 성경 안에 하나님께서 친히 말씀하신 내용만 있는 것도 아닌데, 긴 세월 신앙인들은 그와 같이 고백하고 그 말씀을 붙잡고 살았습니다.

특히 시편은 신구약성경에서 가장 많은 분량을 차지하는 책입니다. 그러나 하나님께서 친히 하신 말씀은 거의 찾아볼 수 없고, 대부분 하나님을 의지하고 신뢰하며 살아간 이들의 부르짖음과 신음, 고백, 찬양이라는 점에서 단연 성경의 다른 책들과 구분됩니다. 사람의 기도이자 찬양으로 이루어진 이 책이 결국 이후의 신앙 공동체 안에서 하나님의 말씀으로 고백된다는 사실은 하나님 말씀이 어떤 신비스러운 과정을 통해서만 전달되는 것이 아니라, 우리와 비슷한 평범한 사람의 삶과 경험에서 비롯된 말로도 드러난다는 것을 알려줍니다. 그래서 시편을 읽노라면, 우리 시대를 살아가는 이들의 신음 소리를 가벼이 여기지 말아야 한다는 점도 깨닫게 됩니다.

흔히 구약은 예수 그리스도 이전 시기를 나타내며, 오늘날은 예수 그리스도를 믿는 믿음으로 대표되는 신약의 시대라고 말합니다. 하지만 이와 같은 말이 틀렸다는 것을 단적으로 보여주는 증거가 바로 시편입니다. 시편에 실린 내용을 고백하고 노래한 이들은 예수 그리스도를 전혀 알 수 없었던 고대의 신 앙인들이며, 그들의 고백에는 예수 그리스도에 대한 내용이 전혀 나타나지 않습니다. 그러나 이들의 고백과 찬양은 그들 시대로부터 수천 년도 더 지난 오늘에까지 여전히 널리 불리 고 고백됩니다.

나아가 놀랍게도 예수 그리스도에 대해 전혀 언급하지 않 은 시편을 두고 예수님께서는 '나를 두고 기록한 모든 일'(눅 24:44)이 있음을 가르치셨습니다. 이로 보건대, 예수 그리스 도라는 존재가 전혀 등장하지 않아도 시편이 증언하고 고백하 는 내용이 예수 그리스도를 가리킬 수 있음을 알 수 있습니다. 그래서 시편은 구약성경에 속한 책이지만, 구약과 신약 시대, 그리고 오늘에 이르기까지 기독교 신앙의 생생한 측면을 보여 줍니다. 시편은 그 자체로 구약성경과 신약성경이 하나의 책 이요, 같은 것을 말하는 책이라는 사실을 증언합니다.

특정 목적에 맞게 지어져 예배 의식에 사용된 노래

시편집에 실린 시들은 초기 가나안 정착 시기에 유래한 것으로 여겨지는 작품이 있는가 하면, 바벨론 포로기와 그 이후에 생 겨난 것도 있습니다. 이 책이 지금과 같은 형태로 완성된 것은 바벨론 포로에서 돌아오고 두 번째 성전이 지어진 이후, 아마 도 기원전 4세기에서 2세기 무렵일 것으로 여겨집니다. '셀라'

나 '마스길', '인도자를 따라'처럼 시편에 쓰인 여러 특이한 용어들을 고려할 때, 시편은 근본적으로 고대 이스라엘의 예배 의식에 사용된 것이라 볼 수 있습니다.

그러다 보니 시편에 실린 시들은 특정한 목적에 걸맞도록 일정한 틀을 지니고 있습니다. 시편 연구자들은 이러한 틀을 '양식'이라 불렀는데, 탄식시와 감사시, 찬양시가 그러한 양식 가운데 가장 대표적입니다.

삶의 곤고함과 고통 속에서 하나님께 도움을 청하며 자신의 형편을 토로하는 양식으로 탄식시라는 틀이 활용되었고, 고통 속에서 하나님의 건지심을 경험한 이들은 감사시 양식으로 그 기쁨과 구원을 노래했습니다. 개인의 구원 경험은 온 땅과 세상 전체에 임하시는 하나님에 대한 찬양으로 확장되는데, 이처럼 일반적이고 보편적인 영역에서 하나님의 행하심을 노래하기 위해 사용된 양식이 찬양시입니다. 시편의 시들을 이러한 양식으로 구분할 수 있다는 것은 이 시들이 언제 누구에 의해 지어졌는지와 별개로, 오랜 세월 예배 안에 사용되면서 양식에 맞도록 다듬어지고 편집되었음을 보여줍니다.

탄식에서 찬양으로

양식과 더불어 시편을 읽을 때 특별히 고려할 점은 시편의 배열 순서입니다. 시편집은 모두 다섯 권으로 편집, 배열되었는 시편에 실린 시들은 특정한 목적에 걸맞도록 일정한 틀을 지니고 있습니다. 시편 연구자들은 이러한 틀을 '양식'이라 불렀는데, 탄식시와 감사시, 찬양시가 그러한 양식 가운데 가장 대표적입니다. 이러한 양식으로 구분할 수 있다는 것은 이 시들이 언제 누구에 의해 지어졌는지와 별개로, 오랜 세월 예배 안에 사용되면서 양식에 맞도록 다듬어지고 편집되었음을 보여줍니다.

데(1-41편, 42-72편, 73-89편, 90-106편, 107-150편), 대체로 1-3권에는 탄식시가 모여 있고, 마지막 5권으로 가면 "할렐루야"라는 시편에만 나오는 명령으로 구별되는 찬양시가 모여 있습니다. 그런 점에서 시편 전체는 '탄식에서 찬양으로'라는 큰 흐름을 따라 편집 배열되었음을 알 수 있습니다.

이러한 전체 흐름에서 가장 첫머리에 놓인 1편과 2편 역시 의도적으로 배열되었으리라 짐작할 수 있습니다. 1편은 율법을 묵상하는 삶이야말로 복된 삶임을 증언하고, 2편은 하나님께서 세우실 '기름 부은 자', 즉 메시아인 왕을 노래합니다. 그래서 지금과 같은 시편집은 매일 율법을 묵상하며 이제 임할 메시아의 나라, 즉 하나님의 나라를 기다리며 살아가는 이들의 노래로 편집되었다고 말할 수 있습니다.

시편을 읽고 노래한다는 것은 수천 년 동안 이 시를 노래하고 묵상하며 살아갔던 수많은 신앙인들과 함께 걸어가는 것입니다. 그들이 부르짖은 신음은 사실 그들의 소리를 들으시는 하나님을 향한 것이라는 점에서, 본질적으로 하나님께 대한 찬양이라 할 수 있습니다. 하나님을 노래하며 '죽음의 그늘 골짜기'(시 23:4)를 걸어갔던 선배 신앙인들의 발자취, 그 오래된 길이 이제 우리 앞에 있습니다.

{ 제1편 }

참된 행복

1 복 있는 사람은 악인의 꾀를 따르지 아니하며, 죄인의 길에 서지 아니하며, 오만한 자의 자리에 앉지 아니하며, 2 오로지 주님의 율법을 즐거워하며, 밤낮으로 율법을 묵상하는 사람이다.

3 그는 시냇가에 심은 나무가 철 따라 열매를 맺으며 그 잎이 시들지 아니함 같으니, 하는 일마다 잘될 것이다.

4 그러나 악인은 그렇지 않으니, 한낱 바람에 흩날리는 쭉정이와 같다. 5 그러므로 악인은 심판받을 때에 몸을 가누지 못하며, 죄인은 의인의 모임에 참여하지 못한다. 6 그렇다. 의인의 길은 주님께서 인정하시지만, 악인의 길은 망할 것이다.

복 있는 사람, 악인, 죄인, 의인 등…. 사람에 대한 여러 구분이 나옵니다. 무슨 기준으로 이렇게 나눌 수 있나요? 어떤 사람이 복 있는 사람인가라는 처음 문장은 시편 1편이 기록된 시기, 그리고 지금과 같은 모양의 시편집이 만들어진 시기, 실제로는 무척 곤고하고 괴롭던 공동체를 반영합니다. 옳고 그름을 다 내버리고도 오히려 번성하는 세태를 보며, 참된 복은 하나님의 율법을 묵상하는 삶임을 고백하고 선포합니다. 그래서 이 의인은 행실이 완전히 올바른 사람이라기보다 하나님과 그분의 말씀을 신뢰하고 묵상하며 붙잡은 사람일 것이고, 그 반대편에 있는 악인은 현실 앞에서 하나님의 말씀을 포기하고 내팽개친 사람이라 할 수 있습니다. 1편은 공동체와 독자를 복 있는 삶으로 초대합니다.

{ 제2편 }

주님이 선택한 왕

1 어찌하여 뭇 나라가 술렁거리며, 어찌하여 뭇 민족이 헛된 일을 꾸미는가? 2 어찌하여 세상의 임금들이 전선을 펼치고, 어찌하여 통치자들이 음모를 함께 꾸며 주님을 거역하고, 주님과 그의 기름 부음 받은 이를 거역하면서 이르기를 3 "이 족쇄를 벗어던지자. 이 사슬을 끊어버리자" 하는가?

4 하늘 보좌에 앉으신 이가 웃으신다. 내 주님께서 그들을 비웃으신다. 5 마침내 주님께서 분을 내고 진노하셔서, 그들에게 호령하시며 이르시기를 6 "내가 나의 거룩한 산 시온산에 '나의 왕'을 세웠다" 하신다.

7 "나 이제 주님께서 내리신 칙령을 선포한다. 주님께서 나에게 이르시기를 '너는 내 아들, 내가 오늘 너를 낳았다. 8 내게 청하여라. 뭇 나라를 유산으로 주겠다. 땅 이 끝에서 저 끝까

"내가 나의 거룩한 산 시온산에 '나의 왕'을 세웠다"(6절)라는 말은 어떤 맥락에서 나온 건가요? 고대 중동에서는 임금을 가리켜 신의 아들이라 여긴 경우가 많은데, 본문의 6~7절 역시 그런 흔적을 반영합니다. 2절에 있는 '기름 부음 받은 이'는 사울과 다윗처럼 새로 임금이 된 이에게 예언자가 기름을 부어 세웠던 고대 전통을 반영한 표현으로, "하나님께서 세우셨다"를 의미합니다. 4절은 하나님께서 그 왕을 시온, 즉 예루살렘에 세우셨다 이르는데, 다윗 가문의 후예 가운데 새로운 임금이 세워질 것을 뜻합니다. 그러나 하나님께서 기름 붓고 세우신 왕이라는 점에서, 결국 2편은 하나님께서 친히 다스리실 것을 선포한다고 이해할 수 있습니다. 1편이 율법을 묵상하는 일상을 말한다면, 2편은 이제 세워질 하나님의 메시아, 즉 이제 임할 하나님의 다스리심에 대한 기대를 말합니다. 율법을 묵상하며, 오실 그분의 나라를 기다리며 살아가는 삶, 그것이 시편의 핵심입니다.

지 너의 소유가 되게 하겠다. 9 네가 그들을 철퇴로 부수며, 질
그릇 부수듯이 부술 것이다' 하셨다."

10 그러므로 이제, 왕들아, 지혜롭게 행동하여라. 세상의 통치
자들아, 경고하는 이 말을 받아들여라. 11 두려운 마음으로 주
님을 섬기고, 떨리는 마음으로 주님을 찬양하여라. 12 그의 아
들에게 입 맞추어라. 그렇지 않으면 그가 진노하실 것이니, 너
희가, 걸어가는 그 길에서 망할 것이다. 그의 진노하심이 지체
없이 너희에게 이를 것이다.

주님께로 피신하는 사람은 모두 복을 받을 것이다.

{ 제3편 }

이른 아침 기도

[다윗이 아들 압살롬에게 쫓길 때에 지은 시]

1 주님, 나를 대적하는 자들이 어찌 이렇게도 많습니까? 나를
치려고 일어서는 자들이 어찌 이렇게도 많습니까? 2 나를 빗

일부 문장 끝에 나오는 '셀라'는 무슨 뜻인가요? 시편에는 셀라를 비롯해 히브리어
를 음역한 표현이 여럿 나옵니다. 학자들이 긴 시간 연구했지만, 이런 표현이 무엇을
의미하는지는 정확히 알지 못합니다. 그러나 분명한 것은 셀라와 같은 용어가 시편
이 고대 이스라엘의 예배에 활용되었음을 보여준다는 겁니다. 성전 성가대가 이 시
를 노래하는 것과 연관된 음악적 기호라는 것입니다. 단정적으로 말할 수는 없지만,
셀라는 일종의 간주를 지시하는 표현일 것이라는 의견이 많습니다. 기록된 시로서
시편을 생각하자면, 셀라 부분에서는 이전까지의 내용을 다시 한번 곰곰이 묵상하는
것이 좋습니다.

대어 "하나님도 너를 돕지 않는다" 하고 빈정대는 자들이 어찌 이렇게도 많습니까? (셀라)

3 그러나 주님, 주님은 나를 에워싸주는 방패, 나의 영광, 나의 머리를 들게 하시는 분이시니, 4 내가 주님을 바라보며 소리 높여 부르짖을 때에, 주님께서는 그 거룩한 산에서 응답하여 주십니다. (셀라)

5 내가 누워 곤하게 잠들어도 또다시 깨어나게 되는 것은, 주님께서 나를 붙들어주시기 때문입니다. 6 나를 대적하여 사방에 진을 친 자들이 천만 대군이라 하여도, 나는 두려워하지 않으렵니다.

7 주님, 일어나십시오. 나의 하나님, 이 몸을 구원해주십시오. 아, 주님께서 내 모든 원수들의 뺨을 치시고, 악인들의 이를 부러뜨리셨습니다.

8 구원은 주님께만 있습니다. 주님의 백성에게 복을 내려주십시오. (셀라)

{ 제4편 }

저녁 기도

[지휘자를 따라 현악기에 맞추어 부르는 다윗의 노래]

1 의로우신 나의 하나님, 내가 부르짖을 때에 응답하여주십시오. 내가 곤궁에 빠졌을 때에, 나를 막다른 길목에서 벗어나게 해주십시오. 나에게 은혜를 베푸시고, 나의 기도를 들어주십시오.

2 너희 높은 자들아, 언제까지 내 영광을 욕되게 하려느냐? 언제까지 헛된 일을 좋아하며, 거짓 신을 섬기겠느냐? (셀라)

3 주님께서는 주님께 헌신하는 사람을 각별히 돌보심을 기억하여라. 주님께서는 내가 부르짖을 때에 들어주신다.

4 너희는 분노하여도 죄짓지 말아라. 잠자리에 누워 마음 깊이 반성하면서, 눈물을 흘려라. (셀라)

5 올바른 제사를 드리고, 주님을 의지하여라.

6 "주님, 우리에게 큰 복을 내려주십시오." "누가 우리에게 좋은 일을 보여줄 수 있을까?" 하며 불평하는 사람이 많이 있습

4편은 기도를 했다가 갑자기 혼자 고백하는 듯한 말투로 바뀝니다. 한 편에 다양한 형식이 있는 건가요? 시편은 예배를 배경으로 합니다. 1절이 성가대에서 누군가 독창으로 부르는 노래였다면, 2–6절은 성가대의 합창, 7–8절은 다시 독창, 이렇게 볼 수도 있습니다. 3편에서도 나오지만, 하나님을 경외하며 살아가는 시편 기자의 삶은 무척 곤고하고 외롭고 힘겹습니다. 그를 둘러싼 이들은 하나님을 조금도 두려워하지 않는데 도리어 번성하고 강해집니다. 그 속에서 괴로워하며 하나님의 도우심을 구하는 시편 기자를 향해 2–6절은 세상에서 잘나가고 힘 있는 이들의 악을 고발하는 한편, 위축되거나 낙심하지 말고 하나님을 의지하라고 권합니다. 정말로 이 시편 기자에게는 하나님 외에는 달리 의지하거나 기댈 곳이 아무것도 없습니다. 그래서 시편은 하나님 외에는 의지할 곳 없는 가난한 자들의 노래라고 할 수 있습니다.

니다. 그러나 주님, 주님의 환한 얼굴을 우리에게 비춰주십시오. 7 주님께서 내 마음에 안겨주신 기쁨은 햇곡식과 새 포도주가 풍성할 때에 누리는 기쁨보다 더 큽니다.

8 내가 편히 눕거나 잠드는 것도, 주님께서 나를 평안히 쉬게 하여주시기 때문입니다.

{ 제5편 }

도움을 요청하는 기도

[지휘자를 따라 관악기에 맞추어 부르는 다윗의 노래]

1 주님, 나의 기도에 귀를 기울여주십시오. 나의 신음 소리를 들어주십시오. 2 나의 탄식 소리를 귀담아 들어주십시오. 나의 임금님, 나의 하나님,

내가 주님께 기도드립니다. 3 주님, 새벽에 드리는 나의 기도를 들어주십시오. 새벽에 내가 주님께 나의 사정을 아뢰고 주님의 뜻을 기다리겠습니다.

5편의 이 기도는 나쁜 누군가를 전제하고 있는 것처럼 보입니다. 다윗이 말하는 '그들'(9절)은 누구를 특정하나요? 시편에서 엿볼 수 있는 현실은 하나님을 경외하지 않으면서 거짓말과 불의와 악을 행하는 이들이 힘과 권세, 부를 지니고, 그렇지 않은 이들을 비웃고 조롱하며 억압합니다. 많은 사람들이 그들의 위세 앞에 굴복하고 거기에 맞춰 살아가지만, 시편 기자는 오직 하나님을 경외하며 불의를 행하지 않으려고 애를 씁니다. 주류를 형성한 대다수의 사람과 주님에 대한 신앙으로 악에서 떠난 소수의 비주류 신앙인이 시편에서 일관되게 그려집니다. 그래서 시편 기자의 삶은 가난하고 힘겨우며 곤고합니다. 참으로 그의 도움은 하나님 외에는 없습니다.

4 주님께서는 죄악을 좋아하시는 하나님이 아니십니다. 악인은 주님과 어울릴 수 없습니다. 5 교만한 자들 또한 감히 주님 앞에 나설 수 없습니다. 주님께서는 악한 일을 저지르는 자들을 누구든지 미워하시고, 6 거짓말쟁이들을 멸망시키시고, 싸움쟁이들과 사기꾼들을 몹시도 싫어하십니다.

7 그러나 나는 주님의 크신 은혜를 힘입어 주님의 집으로 나아갑니다. 경외하는 마음으로 주님의 성전 바라보며, 주님께 꿇어 엎드립니다. 8 주님, 나를 대적하는 원수를 보시고, 주님의 공의로 나를 인도하여주십시오. 내 앞에 주님의 길을 환히 열어주십시오.

9 그들의 입은 믿을 만한 말을 담는 법이 없고, 마음에는 악한 생각뿐입니다. 그들의 목구멍은 열린 무덤 같고, 혀는 언제나 아첨만 일삼습니다. 10 하나님, 그들을 정죄하셔서 제 꾀에 빠지게 하시고, 그들이 저지른 많고 많은 허물을 보시고, 그들을 주님 앞에서 쫓아내십시오. 그들은 주님을 거역하는 자들입니다.

11 그러나 주님께로 피신하는 사람은 누구나 기뻐하고, 길이

여기서 다윗이 고백하는 하나님의 성격은 다윗 개인의 고백으로 봐야 하나요, 아니면 하나님의 보편적인 특징으로 봐야 하나요? 다윗은 구약 시대 특별하고 위대한 왕으로 칭송받지만, 정작 다윗의 이름이 부착된 시들을 보면 주인공이 임금이라는 생각이 드는 것은 거의 없습니다. 오히려 꽤 많은 시에서 다윗의 힘겹고 괴로웠던 날들을 첫머리에 표기해둡니다(예, 시편 3편). 그래서 시편에서 언급되는 다윗은 임금 다윗이 아니라, 곤고하고 괴로우며 힘겨운 삶의 순간에도 하나님을 경외하며 걸어갔던 신앙의 다윗을 상징한다는 것을 깨닫게 됩니다. 시편의 다윗은 하나님 말고는 달리 의지할 곳이 없는 가난한 자를 가리킵니다. 그렇기에 시편에 표현된 다윗의 고백은 그저 그 한 사람의 고백이 아니라 하나님을 신뢰했던 가난하고 힘없는 모든 이의 고백이며, 그 고백에 드러나는 하나님은 자신을 찾는 이에게 사랑과 은혜를 베푸시는 보편적인 하나님이십니다.

길이 즐거워할 것입니다. 주님을 사랑하는 사람들이 주님 앞에서 기쁨을 누리도록, 주님께서 그들을 지켜주실 것입니다. 12 주님, 주님께서는 바르게 살아가는 사람에게 복을 베풀어주시고, 큼직한 방패처럼, 그들을 은혜로 지켜주십니다.

{ 제6편 }

환난 때의 기도

[지휘자를 따라 팔현금에 맞추어 부르는 다윗의 노래]

1 주님, 분노하며 나를 책망하지 마십시오. 진노하며 나를 꾸짖지 마십시오. 2 주님, 내 기력이 쇠하였으니, 내게 은혜를 베풀어주십시오. 내 뼈가 마디마다 떨립니다. 주님, 나를 고쳐주십시오. 3 내 마음은 걷잡을 수 없이 떨립니다. 주님께서는 언제까지 지체하시렵니까?

이 시편은 '팔현금에 맞추어 부르는 노래'라고 하는데, 내용은 지극한 간절함이 느껴집니다. 이런 마음 상태일 때도 악기에 맞춰 노래하는 것이 가능할까요? 이 시편 첫머리에 붙은 음악적 지시 사항 역시 시편이 본디 예배 중에 사용되었던 것임을 알려줍니다. 그리고 예배에서 아주 중요한 부분을 차지한 것이 이처럼 악기를 동반한 음악이었습니다. 고대 이스라엘에서도 오늘날과 비슷한 악기들이 사용되었겠지만, 특히 수금과 비파 같은 현악기가 널리 쓰였고, 6편 첫머리에 언급된 '팔현금' 역시 그와 비슷한 현악기인 것으로 여겨집니다. 시인은 자신의 마음을 시로 표현해 토로했을 것이고, 그것이 사람들에게 널리 애송되면서 이처럼 예배 안에 부르는 노래와 연주로 사용되었을 것입니다. 고대에나 오늘에나 음악은 기쁠 때뿐만 아니라 슬프고 괴로울 때도 참 적절한 표현 수단이지 않습니까?

4 돌아와 주십시오, 주님. 내 생명을 건져주십시오. 주님의 자비로우심으로 나를 구원하여주십시오. 5 죽어서는, 아무도 주님을 찬양하지 못합니다. 스올에서, 누가 주님께 감사할 수 있겠습니까?

6 나는 탄식만 하다가 지치고 말았습니다. 밤마다 짓는 눈물로 침상을 띄우며, 내 잠자리를 적십니다. 7 사무친 울화로, 내 눈은 시력까지 흐려지고, 대적들 등쌀에 하도 울어서 눈이 침침합니다.

8 악한 일을 하는 자들아, 모두 다 내게서 물러가거라. 주님께서 내 울부짖는 소리를 들어주셨다. 9 주님께서 내 탄원을 들어주셨다. 주님께서 내 기도를 받아주셨다. 10 내 원수가 모두 수치를 당하고, 벌벌 떠는구나. 낙담하며, 황급히 물러가는구나.

+스올 : 땅속 세계를 가리킨다. 이스라엘을 비롯해서 고대인들은 온 세상이 세 부분으로 이루어졌다고 여겼다. 눈으로 보이는 하늘 그 위의 세상은 하나님과 천사들이 사는 신의 영역이고, 태양과 달과 별이 있는 하늘을 비롯해 새가 날아다니고 사람과 짐승이 살아가는 곳이 사람의 영역 곧 이 세상이었으며, 마지막으로 스올이라 부르는 땅속이 죽은 자들의 영역이었다. 사람이 죽으면 땅에 묻히고 썩어 마침내 흙과 먼지가 된다는 점에서, 고대인들은 사람이 죽으면 땅속으로 내려가 거한다고 여겼던 것이다. 그래서 시편에서 스올을 언급할 때는 항상 '죽음'을 가리키는 말로 볼 수 있다.

{ 제7편 }

주님은 언제나 옳게 행하신다

[다윗의 식가욘, 베냐민 사람 구시가 한 말을 듣고
다윗이 주님 앞에서 부른 애가]

1.주 나의 하나님, 내가 주님께로 피합니다. 나를 뒤쫓는 모든 사람에게서 나를 구원하여주시고, 건져주십시오. 2 그들이 사자처럼 나를 찢어발기어도, 나의 목숨 건져줄 사람이 없을까 두렵습니다. 3 주 나의 하나님, 내가 만일 이런 일을 저질렀다면 벌을 내려주십시오. 내가 손으로 폭력을 행했거나 4 친구의 우정을 악으로 갚았거나, 나의 대적이라고 하여 까닭 없이 그를 약탈했다면, 5 원수들이 나를 뒤쫓아와서, 내 목숨을 덮쳐서 땅에 짓밟고, 내 명예를 짓밟아도, 나는 좋습니다. (셀라)

6 주님, 진노하며 일어나시고, 내 대적들의 기세를 꺾어주십시오. 하나님, 깨어나셔서 판결을 내려주십시오. 7 뭇 민족들을 주님 앞으로 모으시고, 주님께서는 그 높은 법정으로 돌아

'애가'라는 부제가 붙어 있음에도 다윗의 문장들에서 당당함이 느껴집니다(3-8절). 하나님께 기도하는 사람이 이런 자세를 가져도 되나요? 힘이 없고 가난한 이들은 종종 자신들이 못나고 부족해서, 혹은 뭔가 잘못한 게 있어서 자신의 삶이 이처럼 초라하다고 말하곤 합니다. 세상의 분위기 역시 그런 이들이 무능하고 부족하기 때문에 경쟁에서 뒤쳐진 것이라 평가합니다. 그러나 시편 기자는 그 곤고하고 괴로운 삶 속에서도 못난 자신을 탓하거나 열등감 속에 살지 않습니다. 도리어 그는 힘과 권세를 휘둘러 다른 이를 억압하고 핍박하는 세력을 강력하게 규탄하고 하나님 앞에 고발합니다. 자신을 살피면서 동시에 세상의 악을 규탄하는 것입니다. 시인이 이처럼 아뢸 수 있는 까닭은 그가 하나님이 어떤 분이신지 알고 신뢰하기 때문일 겁니다.

오십시오. 8주님께서는 뭇 백성들을 판단하시는 분이시니, 내 의와 내 성실함을 따라 나를 변호해주십시오.

9 악한 자의 악행을 뿌리 뽑아주시고 의인은 굳게 세워주십시오. 주님은 의로우신 하나님, 사람의 마음속 생각을 낱낱이 살피시는 분이십니다.

10 하나님은 나를 지키시는 방패시요, 마음이 올바른 사람에게 승리를 안겨주시는 분이시다. 11 하나님은 공정한 재판장이시요, 언제라도 악인을 벌하는 분이시다. 12 뉘우치고 돌아오지 않으면, 칼을 갈고 활을 겨누어 심판을 준비하신다. 13 살상 무기를 준비하시고, 화살 끝에 불을 붙이신다.

14 악인은 악을 잉태하여 재앙과 거짓을 낳는구나. 15 함정을 깊이 파지만, 그가 만든 구덩이에 그가 빠진다. 16 남에게 준 고통이 그에게로 돌아가고, 남에게 휘두른 폭력도 그의 정수리로 돌아간다.

17 나는 주님의 의로우심을 찬송하고 가장 높으신 주님의 이름을 노래하려다.

불공정이 판을 치고 악인이 득세하는 지금 세상을 보면 과연 하나님이 다윗의 말처럼 공정한 재판장인지 의심스러워집니다. 정말 하나님은 공정한 신인가요? 정말 우리 사는 세상은 하나님께서 살아계셔서 심판을 행하신다고는 도무지 믿기 어려운 꼴입니다. 그 속에서 시인과 같이 하나님께서 행하시기를 구하는 기도는 세상에 가득한 악에도 불구하고 그 악에 굴복하지 않겠다는 외침, "세상은 다 그런 거야"라며 그 악에 영합하는 일은 하지 않겠다는 부르짖음이라고 할 수 있습니다. 이렇게 하나님을 신뢰하며 부르짖을 때, 하나님의 도우심과 악에 대한 심판을 때로 경험하기도 하지만, 그렇지 못할 때도 많습니다. 이 땅에서의 삶은 그러한 몇몇 도우심의 경험을 통해, 하나님의 성품과 행하심을 끝까지 신뢰하며 걸어가는 것이라 할 수 있습니다.

{ 제8편 }

주님의 놀라운 이름

[지휘자를 따라 깃딧에 맞추어 부르는 다윗의 노래]

1 주 우리 하나님, 주님의 이름이 온 땅에서 어찌 그리 위엄이 넘치는지요? 저 하늘 높이까지 주님의 위엄 가득합니다.

2 어린이와 젖먹이들까지도 그 입술로 주님의 위엄을 찬양합니다. 주님께서는 원수와 복수하는 무리를 꺾으시고, 주님께 맞서는 자들을 막아낼 튼튼한 요새를 세우셨습니다.

3 주님께서 손수 만드신 저 큰 하늘과 주님께서 친히 달아놓으신 저 달과 별들을 내가 봅니다. 4 사람이 무엇이기에 주님께서 이렇게까지 생각하여주시며, 사람의 아들이 무엇이기에 주님께서 이렇게까지 돌보아주십니까?

5 주님께서는 그를 하나님보다 조금 못하게 하시고, 그에게 존귀하고 영화로운 왕관을 씌워주셨습니다. 6 주님께서 손수 지으신 만물을 다스리게 하시고, 모든 것을 그의 발 아래에 두

다윗은 세상의 창조자이며 온 우주의 주인이신 하나님을 찬양합니다. 당시에는 이와 같은 찬양이 흔했나요? 시편을 비롯한 구약성경에서 창조주 하나님에 대한 찬양을 빈번히 볼 수 있습니다. 그런데 2절에서 '원수와 복수하는 무리'를 언급한 점을 고려하면, 2절 첫머리에 있는 어린이와 젖먹이는 시편 기자를 상징하는 표현이라 볼 수 있습니다. 아마도 시인은 어린이와 젖먹이처럼 연약하고 낮은 이를 원수로부터 지키고 보호하시는 하나님을 경험했을 겁니다. 하나님의 도우심과 은혜를 경험한 그는 "사람이 무엇이기에 하나님께서 이토록 돌보시는가" 고백하며, 온 땅과 온 우주를 창조하신 하나님을 찬양하기에 이릅니다. 개인의 경험이 개인 차원에 머물러 있지 않고, 온 세상에 행하시는 하나님에 대한 찬양으로 확장되었습니다.

셨습니다.

7 크고 작은 온갖 집짐승과 들짐승까지도, 8 하늘을 나는 새들과 바다에서 놀고 있는 물고기와 물길 따라 움직이는 모든 것을, 사람이 다스리게 하셨습니다.

9 주 우리의 하나님, 주님의 이름이 온 땅에서 어찌 그리 위엄이 넘치는지요?

{ 제9편 }

주님 찬양

[지휘자를 따라 뭇랍벤에 맞추어 부르는 다윗의 노래]

1 주님, 나의 마음을 다 바쳐서, 감사를 드립니다. 주님의 놀라운 행적을 쉬임 없이 전파하겠습니다. 2 가장 높으신 주님, 내가 주님 때문에 기뻐하고 즐거워하며, 주님의 이름을 노래합니다.

다윗은 끊임없이 주님의 공정하심을 찬양합니다. 그가 이렇게 주님의 공정하심을 되뇌는 까닭이 있습니까? 이 시에도 다윗으로 표현된 시인을 맞서고 대적하는 원수가 등장됩니다(3, 6절). 그리고 그들은 달리 '악인'이라고 표현됩니다(5, 16, 17절). 반면 시인은 여기에서 자신과 동일시하는 집단으로 억울한 자, 고난받는 자(9절), 억울하게 죽어간 사람, 고난받는 사람(12절), 가난한 사람, 억눌린 자(18절)를 언급합니다. 결국 시인은 지금 세상에서는 아무런 힘도, 무엇도 없는 가난한 자인지라 억울한 일을 당하기 일쑤고, 심지어는 억울하게 죽어가기도 했습니다. 이와 같은 이들이 기대하고 바랄 것은 오직 하나님밖에 없습니다. 그래서 이러한 집단은 10절에서 '주님을 찾는 사람'이라 불립니다. 세상에 온통 불의와 악이 가득하니, 온 땅을 다스리시는 하나님의 공정하심만이 가난하고 억울한 이들의 유일한 희망입니다.

3 주님 앞에서 내 원수들은 뒤돌아서 도망쳤고, 비틀비틀 넘어 져서 죽었습니다. 4 주님은 공정하신 재판장이시기에, 보좌에 앉으셔서 공정하고 정직한 판결을 나에게 내려주셨습니다.

5 주님께서 이방 나라들을 문책하시고, 악인들을 멸하시며, 그 들의 이름을 영원히 지워버리셨습니다. 6 원수들은 영원히 자 취도 없이 사라졌습니다. 주님께서 그 성읍들을 뿌리째 뽑으 셨으므로, 아무도 그들을 기억조차 못 하게 되었습니다.

7 주님은 영원토록 다스리시며 심판하실 보좌를 견고히 하신 다. 8 그는 정의로 세계를 다스리시며, 공정하게 만백성을 판 결하신다.

9 주님은 억울한 자들이 피할 요새이시며, 고난받을 때에 피신 할 견고한 성이십니다. 10 주님, 주님을 찾는 사람을 주님께서 는 결단코 버리지 않으시므로, 주님의 이름을 아는 사람들이 주님만 의지합니다.

11 너희는 시온에서 친히 다스리시는 주님을 찬양하여라. 그가 하신 일을 만민에게 알려라. 12 살인자에게 보복하시는 분께 서는 억울하게 죽어간 사람들을 기억하시며, 고난받는 사람의

다윗은 주님께 간절함을 담아 촉구하기도 합니다(19절). 이와 같은 기도로 사람이 하 나님을 움직일 수 있는 건가요? 시편과 구약성경 그리고 신약성경은 오직 하나님 의 도우심만을 구하는 이들의 기도에 응답하시는 하나님을 줄기차고 일관되게 증 언합니다. 크고 강하고 대단한 힘을 가진 이들은 아무리 큰소리쳐도 하나님을 움 직일 수 없지만, 주 하나님께서는 가난한 자의 부르짖음에 귀 기울이시며 억울하 게 죽어간 이들을 기억하십니다. 하나님께서 가난한 자의 부르짖음에 응답하지 않 으셨다면 구약과 신약을 기반으로 한 신앙은 진즉 사라지고 말았을 것입니다. 인류 역사 내내 힘없고 괴로운 이들은 하나님께서 그들의 기도를 들으신다는 것을 깨달 았습니다. 그래서 그들은 주 하나님께 기도하며 삶을 포기하지 않았고, 온 세상 가 득한 불의에도 체념하지 않았습니다.

부르짖음을 모르는 체하지 않으신다.

13 주님, 나에게 은혜를 베풀어주십시오. 죽음의 문에서 나를 이끌어내신 주님, 나를 미워하는 자들에게서 받는 고통을 살펴주십시오. 14 그렇게 하시면 주님께서 찬양받으실 모든 일을 내가 전파하겠습니다. 주님께서 베푸신 그 구원을, 아름다운 시온의 성문에서 기뻐하며 외치겠습니다.

15 저 이방 나라들은 자기가 판 함정에 스스로 빠지고, 자기가 몰래 쳐놓은 덫에 자기 발이 먼저 걸리는구나. 16 주님은 공정한 심판으로 그 모습 드러내시고, 악한 사람은 자기가 꾀한 일에 스스로 걸려드는구나. (힉가욘, 셀라)

17 악인들이 갈 곳은 스올, 하나님을 거역한 뭇 나라들이 갈 곳도 그곳뿐이다. 18 그러나 가난한 사람이 끝까지 잊혀지는 일은 없으며, 억눌린 자의 꿈도 결코 헛되지 않을 것이다.

19 주님, 일어나십시오. 사람이 주님께 맞서지 못하게 하십시오. 주님께서 저 이방 나라들을 심판하십시오. 20 주님, 그들을 두려움에 떨게 하시며, 자신들이 한낱 사람에 지나지 않음을 스스로 알게 하여주십시오. (셀라)

{ 제10편 }

도움을 구하는 기도

1 주님, 어찌하여 주님께서는 그리도 멀리 계십니까? 어찌하여 우리가 고난을 받을 때에 숨어계십니까? 2 악인이 으스대며 약한 자를 괴롭힙니다. 악인은 스스로 쳐놓은 올가미에 스스로 걸려들게 해주십시오.

3 악한 자는 자기 야심을 자랑하고, 탐욕을 부리는 자는 주님을 모독하고 멸시합니다. 4 악인은 그 얼굴도 뻔뻔스럽게 "벌 주는 이가 어디에 있느냐? 하나님이 어디에 있느냐?"고 말합니다. 그들의 생각이란 늘 이러합니다.

5 그런데도 악인이 하는 일은 언제나 잘되고, 주님의 심판은 너무 멀어서 그들에게 보이지 않으니, 악인은 오히려 그의 대적을 보고 코웃음만 칩니다. 6 그는 마음속으로, "내가 망하는가, 두고 봐라. 나에게는 언제라도 불행과 저주란 없다" 하고

다윗의 기도를 들여다보면 상대방을 '악인'으로 상정하고, 자신은 그 반대편에 있는 것으로 말합니다. 하지만 누구라도 다윗처럼 기도한다면 너무 자기중심적인 거 아닐까요? 맞습니다. 시편이 지닌 가장 큰 위험성은 누구라도 스스로를 하나님께서 보호하시는 자로 내세우며 착각할 수 있다는 점입니다. 그래서 종종 어떤 이들이 아주 엉뚱하게 시편을 언급하는 것을 보면 크게 분노가 치밀 때도 있습니다. 사실 시편뿐 아니라 성경 전체가 악용될 수 있는 여지가 무척 많기도 합니다. 그렇다고 당신은 시편에 해당되지 않는다고 쉽게 상대를 규정할 수도 없습니다. 시편을 노래하는 시인은 늘 스스로를 가련하고 불쌍하며 가난한 사람으로 표현합니다(8, 10, 14, 17, 18절). 이들은 현실에서 늘 슬픔과 고통, 억압 가운데 처한 이들입니다. 몸은 편안하되 정신적으로는 힘든 사람이 아니라, 몸과 마음이 두루 억압받고 고통당하는 가난한 이들이었습니다. 우리 스스로 시편의 시인과 같은지 정직하게 돌아봐야 합니다.

말합니다.

7 그들의 입은 기만과 폭언으로 가득 차 있고, 그들의 혀 밑에는 욕설과 악담이 가득합니다. 8 그들은 으슥한 길목에 숨어 있다가 은밀한 곳에서 순진한 사람을 쳐 죽입니다.

그들의 두 눈은 언제나 가련한 사람을 노립니다. 9 굴속에 웅크리고 있는 사자처럼, 은밀한 곳에서 기다리다가, 때만 만나면, 연약한 사람을 그물로 덮쳐서 끌고 갑니다.

10 불쌍한 사람이 억눌림을 당하고, 가련한 사람이 폭력에 쓰러집니다. 11 악인은 마음속으로 이르기를 "하나님은 모든 것에 관심이 없으며, 얼굴도 돌렸으니, 영원히 보지 않으실 것이다" 합니다.

12 주님, 일어나십시오. 하나님, 손을 들어 악인을 벌하여주십시오. 고난받는 사람을 잊지 말아 주십시오. 13 어찌하여 악인이 하나님을 경멸하고, 마음속으로 "하나님은 벌을 주지 않는다" 하고 말하게 내버려두십니까?

10편 후반부에서 다윗이 말한 대로 주님이 정말 그런 분이었다면, 이미 세상의 모든 문제는 사라졌을 것 같습니다. 하지만 세상은 아직도 학대받는 자, 억눌린 사람, 고아가 존재합니다. 무엇이 문제일까요? 우리 스스로를 돌아봐도, 어제까진 오직 하나님의 도우심만 구하다가 조금 괜찮아지고 힘도 생기면 금방 다른 이들을 억누르기도 하고 때론 가진 힘을 휘두르기도 하지 않습니까? 그래서 악은 그렇게 손쉽게 사라지지 않는 것 같습니다. 누구라도 자신만만할 수 없고, 언제나 자신을 돌아보고 가난한 이웃의 곁에 서 있는 것이 필요합니다. 시편을 노래하던 그 시대에 그들은 이렇게 하나님께 기도하며 자신들이 서야 할 곳에 서고, 가야 할 길을 갔습니다. 그리고 오늘 우리는 우리가 서고 가야 할 길에 있습니다. 우리 주위에 있는 불의와 억압을 어찌할 수 없는 것으로 여기지 말고, 바꿀 수 없는 것이라 체념하지 말고, 우리 몫의 기도를 하며, 우리 몫의 순종과 실천을 하며, 하나님께서 억압과 불의를 심판해주시길 기도해야겠습니다.

14 주님께서는 학대하는 자의 포악함과 학대받는 자의 억울함을 살피시고 손수 갚아주려 하시니 가련한 사람이 주님께 의지합니다. 주님께서는 일찍부터 고아를 도우시는 분이셨습니다.

15 악하고 못된 자의 팔을 꺾어주십시오. 그 악함을 샅샅이 살펴 벌하여주십시오.

16 주님은 영원무궁토록 왕이십니다. 이방 나라들은 주님의 땅에서 사라질 것입니다.

17 주님, 주님께서는 불쌍한 사람의 소원을 들어주십니다. 그들의 마음을 굳게 하여주시고, 그들의 부르짖음에 귀 기울여주십니다. 18 고아와 억눌린 사람을 변호하여주시고, 다시는 이 땅에 억압하는 자가 없게 하십니다.

{ 제11편 }

주님을 신뢰함

[지휘자를 따라 부르는 다윗의 노래]

1 내가 주님께 피하였거늘, 어찌하여 너희는 나에게 이렇게 말하느냐? "너는 새처럼 너의 산에서 피하여라. 2 악인이 활을 당기고, 시위에 화살을 메워서 마음이 바른 사람을 어두운 곳에서 쏘려 하지 않느냐? 3 기초가 바닥부터 흔들리는 이 마당에 의인인들 무엇을 할 수 있겠는가?"
4 주님께서 그의 성전에 계신다. 주님은 그의 하늘 보좌에 앉아계신다. 주님은 그의 눈으로 사람을 살피시고 눈동자로 꿰뚫어 보신다. 5 주님은 의인을 가려내시고, 악인과 폭력배를 진심으로 미워하신다. 6 불과 유황을 악인들 위에 비 오듯이 쏟으시며, 태우는 바람을 그들 잔의 몫으로 안겨주신다. 7 주님은 의로우셔서, 정의로운 일을 사랑하는 분이시니, 정직한 사람은 그의 얼굴을 뵙게 될 것이다.

다윗이 들었던 조롱과 비슷한 악플을 요즘에도 쉽게 볼 수 있습니다. 다윗처럼 조롱을 퍼붓는 이들이 아닌 주님께 집중한다면 좀 더 상황을 견디기 쉬울까요? 예, 그럴 수 있습니다. 우리는 노골적인 악플로, 그리고 무언중의 조롱으로도 자신을 향한 공격을 자주 경험합니다. 그럴 때 종종 자기 스스로 부족하고 못난 탓이라 여기곤 합니다. 놀랍게도 시인은 자신의 무능력 탓에 이러한 조롱을 받는다 여기지 않고, 도리어 하나님께서 악한 이를 심판해주시기를 기도합니다. 그에게는 하나님께서는 악과 폭력을 미워하신다는 굳은 신뢰가 있습니다. 그래서 시편을 읽고 묵상하다 보면, 내가 실력이 없고 능력이 없어도 한탄할 것이 아니라, 의인을 사랑하고 보호하시는 하나님을 신뢰하며 찬양하게 됩니다.

{ 제12편 }

도움을 구하는 기도

[지휘자를 따라 팔현금에 맞추어 부르는 다윗의 노래]

1 주님, 도와주십시오. 신실한 사람도 끊어지고, 진실한 사람도 사람 사는 세상에서 사라지고 있습니다. 2 사람들이 서로서로 거짓말을 해대며, 아첨하는 입술로 두 마음을 품고서 말합니다.

3 주님은, 간사한 모든 입술과 큰소리치는 모든 혀를 끊으실 것이다. 4 비록 그들이 말하기를 "혀는 우리의 힘, 입술은 우리의 재산, 누가 우리를 이기리요" 하여도, 5 주님은 말씀하신다. "가련한 사람이 짓밟히고, 가난한 사람이 부르짖으니, 이제 내가 일어나서 그들이 갈망하는 구원을 베풀겠다."

6 주님의 말씀은 순결한 말씀, 도가니에서 단련한 은이요, 일곱 번 걸러낸 순은이다.

다윗이 살았던 시대처럼, 요즘이야말로 정말 신실한 사람도 끊어지고 진실한 사람도 사라지는 세상 같다는 생각이 듭니다(1절). 한숨과 절망뿐이었을 것 같은데, 다윗은 어떻게 이렇게 기도할 수 있었을까요? 다른 많은 시편에서처럼, 12편의 쟁점은 사람들의 말입니다. 말과 행동이 다르고, 권력과 돈 앞에서 온통 아첨하는 말이 난무하며, 자신들의 이익을 위해 거짓말도 서슴지 않고 하는 사람들이 가득한 세상으로 인한 시인의 탄식은 오늘 우리 시대에도 정말 다르지 않습니다. 12편은 이러한 거짓말과 하나님의 말씀을 대조합니다. 주님의 말씀은 순결하고, 도가니에서 단련된 순은과도 같습니다(6절). 시인을 살게 한 것은 바로 이 주님의 말씀입니다. 거짓말과 왜곡을 일삼는 비열한 이들이 도리어 권세와 부를 누리는 현실 속에서도 시인은 하나님의 말씀을 읽고 묵상하며 무너지지 않고 살아갑니다. 그래서 이러한 세상에서 주의 말씀을 읽는 것 자체가 신앙의 결단이며 선택이라 할 수 있습니다.

7 주님, 주님께서 우리를 지켜주십시오. 지금부터 영원까지, 우리를 지켜주십시오. 8 주위에는 악인들이 우글거리고, 비열한 자들이 사람들 사이에서 높임을 받습니다.

{ 제13편 }

주님의 도움을 구하는 기도
[지휘자를 따라 부르는 다윗의 노래]

1 주님, 언제까지 나를 잊으시렵니까? 영원히 잊으시렵니까? 언제까지 나를 외면하시렵니까? 2 언제까지 나의 영혼이 아픔을 견디어야 합니까? 언제까지 고통을 받으며 괴로워하여야 합니까? 언제까지 내 앞에서 의기양양한 원수의 꼴을 보고만 있어야 합니까?
3 나를 굽어살펴 주십시오. 나에게 응답하여주십시오. 주, 나의

다윗는 때로는 탄식으로, 때로는 고백으로, 때로는 강청으로 기도합니다. 이렇게 자유로운 형식으로 기도해도 되는 건가요? 자유로운 형식처럼 보이지만, 13편 역시 '탄식시'로 나름의 형식을 지니고 있습니다. 이러한 탄식시는 대개 첫 부분에 자신의 힘겨운 상황에 대한 탄식이 나오고, 다음에는 하나님에 대한 신뢰 그리고 하나님의 도우심을 청하는 간구가 이어지며, 마지막에는 응답하실 하나님을 높이는 찬양이 이어집니다. 13편도 탄식(1-2절), 간구(3-4절), 찬양(5-6절)의 내용을 찾아볼 수 있습니다. 시편의 자유로운 면을 꼽자면, 13편에서 보듯 '탄식'을 담아내는 부분에서 힘겨운 상황에 대한 토로뿐만 아니라 하나님을 향한 항의 같은 내용이 있다는 점입니다. 고대건 지금이건 신에게 항의했다가는 더 큰 재앙을 겪을 것 같은 두려움이 있지만, 시편의 시인들은 때로는 거침없이 하나님께 항의합니다. 오히려 그러한 항의의 밑바닥에는 하나님을 향한 깊은 신뢰가 깔려 있습니다.

하나님, 내가 죽음의 잠에 빠지지 않게 나의 눈을 뜨게 하여주십시오. 4 나의 원수가 "내가 그를 이겼다" 하고 말할까 두렵습니다. 내가 흔들릴 때에, 나의 대적들이 기뻐할까 두렵습니다. 5 그러나 나는 주님의 한결같은 사랑을 의지합니다. 주님께서 구원하여주실 그때에, 나의 마음은 기쁨에 넘칠 것입니다. 6 주님께서 나를 너그럽게 대하여주셔서, 내가 주님께 찬송을 드리겠습니다.

{ 제14장 }

아무도 주님을 무시하지 못한다

[지휘자를 따라 부르는 다윗의 노래]

1 어리석은 사람은 마음속으로 "하나님이 없다" 하는구나. 그들은 한결같이 썩어서 더러우니, 바른 일을 하는 사람이 아무도 없구나.

"시온에서 나오셔서"(14:7)가 담고 있는 뜻은 무엇인가요? 시편에는 시온을 언급하며 노래하는 시들이 아주 많습니다. 시온의 다른 이름인 예루살렘에 솔로몬이 세운 하나님의 성전이 있기에, 시온은 '하나님의 거처'를 상징합니다. 현실에서 어려움과 고난을 겪는 시인들이 유일하게 의지하고 기댈 수 있는 분이 주 하나님이며, 시인은 하나님을 향한 그들의 마음과 사랑을 시온을 향한 마음으로 표현하곤 합니다. 그래서 시편에 언급되는 '시온'은 실제로는 하나님을 향한 사랑, 하나님을 향한 갈망으로 이해할 수 있습니다. 하나님께서 시온에서 나오시기를 구하는 14편의 기도는 성전에 계신 하나님께서 그 백성의 기도를 들으시고 시온에서 일어나시기를 구하는 기도, 하나님께서 친히 행하시기를 구하는 기도라고 볼 수 있습니다.

2 주님께서는 하늘에서 사람을 굽어보시면서, 지혜로운 사람이 있는지, 하나님을 찾는 사람이 있는지를, 살펴보신다.

3 너희 모두는 다른 길로 빗나가서 하나같이 썩었으니, 착한 일을 하는 사람이 하나도 없구나.

4 죄악을 행하는 자는 다 무지한 자냐? 그들이 밥 먹듯이 내 백성을 먹으면서, 나 주를 부르지 않는구나.

5 하나님이 의인의 편이시니, 행악자가 크게 두려워한다. 6 행악자는 가난한 사람의 계획을 늘 좌절시키지만, 주님은 가난한 사람을 보호하신다.

7 하나님, 시온에서 나오셔서, 이스라엘을 구원하여주십시오! 주님께서 당신의 백성을 그들의 땅으로 되돌려 보내실 때에, 야곱은 기뻐하고, 이스라엘은 즐거워할 것이다.

{ 제15편 }

누가 주님께 예배할 수 있는가?

[다윗의 시]

1 주님, 누가 주님의 장막에서 살 수 있겠습니까? 누가 주님의 거룩한 산에 머무를 수 있겠습니까?

2 깨끗한 삶을 사는 사람, 정의를 실천하는 사람, 마음으로 진실을 말하는 사람, 3 혀를 놀려 남의 허물을 들추지 않는 사람, 친구에게 해를 끼치지 않는 사람, 이웃을 모욕하지 않는 사람, 4 하나님을 업신여기는 자를 경멸하고 주님을 두려워하는 사람을 존경하는 사람입니다. 맹세한 것은 해가 되더라도 깨뜨리지 않고 지키는 사람입니다. 5 높은 이자를 받으려고 돈을 꾸어주지 않으며, 무죄한 사람을 해칠세라 뇌물을 받지 않는 사람입니다.

이러한 사람은 영원히 흔들리지 않을 것입니다.

15편에 열거된 특징들을 살펴보면 하나님을 예배할 수 있는 사람은 거의 없을 것 같습니다. 이런 내용은 어떻게 받아들여야 하나요? 15편은 '성전 입당송'이라고 불리기도 합니다. 고대 이스라엘에서는 예루살렘 성전에 들어갈 때 이러한 내용을 주고받았다고 합니다. 여기에 있는 내용대로 모두 살아가는 이도 있겠지만, 그렇지 못한 이들도 많겠지요. 우리에게 필요한 것은 본문의 고백대로 살지 못했던 일상과 자신의 부족함에 대한 겸손한 인정, 그리고 앞으로는 그리 살겠다는 다짐입니다. 이와 같은 본문은 하나님을 예배하러 나온다는 것이 그저 교회당 안에서 열심을 내는 것과는 거리가 멀다는 사실을 보여줍니다. 일상의 삶에서 정직하고 정의로운 것, 다른 사람의 곤경을 이용해 내 이익을 추구하지 않는 것과 우리의 예배는 단단히 결합되어 있습니다.

{ 제16편 }

최선의 선택
[다윗의 믹담]

1 하나님, 나를 지켜주십시오. 내가 주님께로 피합니다. 2 나더러 주님에 대해 말하라면 '하나님은 나의 주님, 주님을 떠나서는 내게 행복이 없다' 하겠습니다. 3 땅에 사는 성도들에 관해 말하라면 '성도들은 존귀한 사람들이요, 나의 기쁨이다' 하겠습니다.

4 다른 신들을 섬기는 자들은 더욱더 고통을 당할 것이다. 나는 그들처럼 피로 빚은 제삿술을 그 신들에게 바치지 않겠으며, 나의 입에 그 신들의 이름도 올리지 않겠다.

5 아, 주님, 주님이야말로 내가 받을 유산의 몫입니다. 주님께서는 나에게 필요한 모든 복을 내려주십니다. 나의 미래는 주님이 책임지십니다. 6 줄로 재어서 나에게 주신 그 땅은 기름진 곳입니다. 참으로 나는, 빛나는 유산을 물려받았습니다.

7 주님께서 날마다 좋은 생각을 주시며, 밤마다 나의 마음에

힘이 빠질 때 16편 같은 시를 읽으면 기운이 날 것 같습니다. 그렇게 자신의 상태에 따라 시편을 골라 읽어도 되나요? 그럼요! 특히 시편은 힘겹고 고통스러운 삶의 현장에서 나온 시들을 아주 많이 담고 있기에 우리 삶이 힘겨울 때마다 시편의 시를 읽는 것은 아주 좋은 방법입니다. 그렇게 골라 읽다 보면, 그 앞뒤의 다른 시들도 읽게 될 것입니다. 힘겨운 현실에서 시편을 읽는 것 자체가 현실에 굴복하지 않겠다는 선언이며, 나아가 그러한 현실에 대한 저항이기도 합니다. 삶이 쾌적하게 풀려가서 하나님을 찬양하는 것이 아니라, 도무지 앞이 보이지 않는 막막함 속에서도 하나님을 찬양하며 악을 심판하시는 하나님을 노래하는 것입니다.

교훈을 주시니, 내가 주님을 찬양합니다. 8 주님은 언제나 나와 함께 계시는 분, 그가 나의 오른쪽에 계시니, 나는 흔들리지 않는다.

9 주님, 참 감사합니다. 이 마음은 기쁨으로 가득 차고, 이 몸도 아무 해를 두려워하지 않는 까닭은, 10 주님께서 나를 보호하셔서 죽음의 세력이 나의 생명을 삼키지 못하게 하실 것이며 주님의 거룩한 자를 죽음의 세계에 버리지 않으실 것이기 때문입니다.

11 주님께서 몸소 생명의 길을 나에게 보여주시니, 주님을 모시고 사는 삶에 기쁨이 넘칩니다. 주님께서 내 오른쪽에 계시니, 이 큰 즐거움이 영원토록 이어질 것입니다.

+믹담 : 시편 첫머리에 실린 용어들 전부가 여전히 명쾌하게 해석되지 못했기 때문에, 16편을 비롯한 여섯 개의 시편(16, 56, 57, 58, 59, 60편)에 쓰인 '믹담' 역시 그 의미를 알지 못한다. '새겨진 것' 혹은 '기록된 것' 같은 의미를 지닌다는 고대의 견해가 있다.

{ 제17편 }

정직한 사람의 기도

[다윗의 기도]

1 주님, 나의 진실을 변호하여주십시오. 이 부르짖는 소리를 들어주십시오. 거짓 없이 드리는 나의 기도에 귀를 기울여주십시오. 2 주님, 친히 "너는 죄가 없다"고 판결하여주십시오. 주님의 눈으로 공평하게 살펴보아 주십시오. 3 주님께서는 나의 마음을 시험하여보시고, 밤새도록 심문하시며 샅샅이 캐어보셨지만 내 잘못을 찾지 못하셨습니다. 내 입에서 무슨 잘못을 발견하셨습니까? 4 남들이야 어떠했든지, 나만은 주님께서 하신 말씀을 따랐기에, 약탈하는 무리의 길로 가지 않았습니다. 5 내 발걸음이 주님의 발자취만을 따랐기에, 그 길에서 벗어난 일이 없었습니다.

6 하나님, 내가 주님을 부르니, 내게 응답하여주십시오. 귀 기울

전반부는 자신감이 넘치는 내용입니다. 자신감을 넘어 자만처럼 보이기도 합니다. 하나님 앞에서 이렇게 말할 만큼 다윗의 인생은 완벽했나요? 하나님 앞에서 이렇게 죄에 대해 자신 있고 담대할 수 있는 사람은 오직 예수 그리스도 한 분밖에는 없을 겁니다. 그러나 예수 그리스도로 상징되는 인간을 향한 하나님의 사랑으로 인해, 예수 안에 있는 이들은 감히 "내가 하나님 앞에서 용서받았고 눈과 같이 희어졌다"고 고백할 수 있게 됩니다. 마찬가지로 구약의 신앙인 역시 정말로 아무런 잘못도 저지르지 않아서 이같이 말할 수 있는 것이 아니라, 하나님의 은혜와 사랑에 힘입어 그 잘못을 뉘우치며 하나님 앞에 있기에, 그리고 그 하나님을 신뢰하며 믿음으로 올바른 길을 걷고자 하기에 이 시의 시인처럼 담대하게 말할 수 있습니다. 그래서 신앙은 죄책감과 억눌림으로부터 사람을 자유롭게 하고, 하나님 앞에 담대히 서게 합니다.

이서서, 내가 아뢰는 말을 들어주십시오. 7 주님의 미쁘심을 크게 드러내주십시오. 주님께로 피하는 사람을 오른손으로 구원하여주시는 주님, 나를 치는 자들의 손에서 나를 건져주십시오. 8 주님의 눈동자처럼 나를 지켜주시고, 주님의 날개 그늘에 나를 숨겨주시고, 9 나를 공격하는 악인들로부터 나를 지켜주십시오.

나의 생명을 노리는 원수들이 나를 둘러싸고 있습니다. 10 그들의 몸뚱이는 기름기가 번드르르 흐르고 그들의 입은 오만으로 가득 차 있습니다. 11 마침내 그들이 나를 뒤따라와 에워싸고, 이 몸을 땅바닥에 메어치려고 노려봅니다. 12 그들은 찢을 것을 찾는 사자와 같고, 숨어서 먹이를 노리는, 기운 센 사자와도 같습니다. 13 주님, 일어나십시오. 그들을 대적하시고, 굴복시키십시오. 주님께서 칼을 드셔서, 악인에게서 나의 생명을 구하여주십시오. 14 주님, 이 세상에서 받을 몫을 다 받고 사는 자들에게서 나를 구해주십시오. 주님께서 몸소 구해주십시오. 그들은 주님께서 쌓아두신 재물로 자신들의 배를 채우

원수들에게 둘러싸여 있는 다윗은 원수에 대해 냉정하고 가차 없는 태도를 취해 기도합니다. 하나님 앞에서 자신 있는 인생이라면 이렇게 기도해도 되나? 이 시인을 둘러싼 실제 현실은 자기 몫을 다 받고 누릴 뿐 아니라 자식들에게까지 그 부를 물려주는 악인의 세상, 반면 올바르고 정의롭게 사느라 고생하며 수고하는 가난한 의인은 핍박받고 내몰리는 현실입니다. 14절은 오늘날에도 여전히 생생하게 볼 수 있는 모습이지 않습니까? 이러한 현실에서 시인은 오직 하나님께서 자신을 알아주시기를 구하며 악을 심판해주시기를 구합니다. 그가 할 수 있는 전부는 하나님을 신뢰하는 기도이며, 이 기도를 통해 시인은 악인의 삶에 유혹되거나 체념하지 않고 하나님 앞에 올바른 길을 걸어갈 수 있습니다. 그래서 그의 기도는 자신만만한 기도라기보다는, 오직 하나님 한 분을 신뢰하며 가느다란 줄 위를 걸어가는 듯한 쉽지 않은 삶의 기도입니다.

고 남은 것을 자녀에게 물려주고 그래도 남아서 자식의 자식들에게까지 물려줍니다.

15 나는 떳떳하게 주님의 얼굴을 뵙겠습니다. 깨어나서 주님의 모습 뵈올 때에 주님과 함께 있는 것만으로도 내게 기쁨이 넘칠 것입니다.

{ 제18편 }

다윗의 감사 찬송(삼하 22:1-51)

[지휘자를 따라 부르는 주님의 종 다윗의 노래.
주님께서 다윗을 그의 모든 원수의 손과 사울의 손에서 건져주셨을 때에,
다윗이 이 노래로 주님께 아뢰었다. 그는 이렇게 노래하였다]

1 나의 힘이신 주님, 내가 주님을 사랑합니다.

2 주님은 나의 반석, 나의 요새, 나를 건지시는 분, 나의 하나님은 내가 피할 바위, 나의 방패, 나의 구원의 뿔, 나의 산성이십니다. 3 나의 찬양을 받으실 주님, 내가 주님께 부르짖습니

18편의 부제에 나오는 사울은 누구인가요? 사울은 이스라엘의 첫 번째 임금입니다. 아버지의 잃어버린 나귀를 찾기 위해 열심히 애를 쓰다가 예언자 사무엘을 만나 왕이 될 것이라는 말씀을 들었으며(삼상 9:1-10:16), 동족이 어려움에 처했다는 소식을 듣고는 동족을 향한 뜨거운 마음으로 앞장서서 싸우러 나갔던 지도자이기도 합니다(삼상 11:1-11). 왕이 되어 이스라엘을 이방 민족으로부터 지켜냈지만(삼상 14:47-48), 왕의 권세를 휘두르면서 점차 하나님의 뜻에서 멀어졌습니다. 특히 다윗이 하나님의 도우심으로 승리하는 것을 시기하기 시작하면서, 사울은 남은 재위 기간 대부분을 다윗을 뒤쫓고 죽이려는 데 쏟아붓고 맙니다. 특별했지만 비극적인 임금이었습니다.

다. 주님께서 나를 원수들에게서 건져주실 것입니다.

4 죽음의 사슬이 나를 휘감고 죽음의 물살이 나를 덮쳤으며,

5 스올의 줄이 나를 동여 묶고, 죽음의 덫이 나를 덮쳤다. 6 내가 고통 가운데서 주님께 부르짖고, 나의 하나님을 바라보면서 살려달라고 부르짖었더니, 주님께서 그의 성전에서 나의 간구를 들으셨다. 주님께 부르짖은 나의 부르짖음이 주님의 귀에 다다랐다.

7 주님께서 크게 노하시니, 땅이 꿈틀거리고, 흔들리며, 산의 뿌리가 떨면서 뒤틀렸다. 8 그의 코에서 연기가 솟아오르고, 그의 입에서 모든 것을 삼키는 불을 뿜어내시니, 그에게서 숯덩이들이 불꽃을 튕기면서 달아올랐다. 9 주님께서 하늘을 가르고 내려오실 때에, 그 발 아래에는 짙은 구름이 깔려 있었다. 10 주님께서 그룹을 타고 날아오셨다. 바람 날개를 타고 높이 솟으셨다. 11 어둠을 장막 삼아 두르시고 빗방울 머금은 먹구름과 짙은 구름으로 둘러서 장막을 만드셨다. 12 주님 앞에서는 광채가 빛나고, 짙은 구름은 불꽃이 되면서, 우박이 쏟아지고, 벼락이 떨어졌다.

13 주님께서 하늘로부터 천둥소리를 내시며, 가장 높으신 분께

다윗을 구하기 위해 주님이 개입해 원수와 싸우시는 모습에 대한 묘사가 상당히 과장되어 있습니다. 이렇게 표현한 다윗의 의도는 무엇인가요? 6-16절은 성전에 계신 주 하나님께서 친히 떨치고 일어나셔서 다윗을 위해 앞서 싸우시는 모습을 묘사합니다. 하나님이 온 우주의 왕이시라는 것은 그분께서 친히 행하실 때 일어나는 여러 자연 현상으로 표현됩니다. 오늘 우리의 시선에는 지나친 상상력으로 보일 수 있지만, 이 본문의 독자는 수천 년 전의 사람들이었음을 유념해야 합니다. 모든 승리는 사람의 능력이나 권세에서 비롯된 것이 아니라, 사람을 위해 움직이시는 하나님의 행하심으로 말미암는 것이라는 고백이 이와 같은 웅장한 묘사의 배경입니다.

서 그 목소리를 높이시며, 우박을 쏟으시고, 벼락을 떨어뜨리셨다. 14 주님께서 화살을 쏘아서 원수들을 흩으시고, 번개를 번쩍이셔서, 그들을 혼란에 빠뜨리셨다.

15 주님께서 꾸짖으실 때에 바다의 밑바닥이 모두 드러나고, 주님께서 진노하셔서 콧김을 내뿜으실 때에 땅의 기초도 모두 드러났다.

16 주님께서 높은 곳에서 손을 내밀어 나를 움켜잡아 주시고, 깊은 물에서 나를 건져주셨다. 17 주님께서 나보다 더 강한 원수들과 나를 미워하는 자들에게서 나를 건져주셨다. 18 내가 재난을 당할 때에 원수들이 나에게 덤벼들었으나, 주님께서는 오히려 내가 의지할 분이 되어주셨다. 19 이렇게 나를 좋아하시는 분이시기에, 나를 넓고 안전한 곳으로 데리고 나오셔서, 나를 살려주셨다.

20 내가 의롭게 산다고 하여, 주님께서 나에게 상을 내려주시고, 나의 손이 깨끗하다고 하여 주님께서 나에게 보상해주셨다. 21 진실로 나는, 주님께서 가라고 하시는 그 길에서 벗어나지 아니하고, 무슨 악한 일을 하여서 나의 하나님으로부터 떠나지도 아니하였다. 22 주님의 모든 법규를 내 앞에 두고 지켰

기도 내용에 나타난 다윗의 자존감은 대단합니다. 굳이 기도에 자신을 이렇게 설명하는 이유는 무엇인가요? 18편뿐 아니라 앞에서 봤던 여러 시에서도, 하나님을 향한 시인의 기도는 매우 대담하고 자신에 차 있어 보입니다. 자신의 곤고함을 두고 자신의 부족함을 탓하며 비관하고 절망하는 것이 아니라, 도리어 하나님께 자신의 무죄함을 아뢰며 도움을 청합니다. 그가 이렇게 할 수 있는 근거는 자신의 무죄함, 온전함, 능력 같은 것이 아니라, 오직 그를 사랑하시는 하나님, 그를 인도하시는 하나님에 대한 신뢰입니다. 하나님께서 그를 사랑하셔서 선택하셨고 인도하셨다는 믿음이 신앙인들로 하여금 하나님의 행하심을 구할 수 있는 근거입니다.

으며, 주님의 모든 법령을 내가 버리지 아니하였다. 23 그 앞에서 나는 흠 없이 살면서 죄짓는 일이 없도록 나 스스로를 지켰다. 24 그러므로 주님께서는 내가 의롭게 산다고 하여 나에게 상을 주시며, 나의 손이 깨끗하다고 하여 나에게 상을 주셨다.
25 주님, 주님께서는 신실한 사람에게는 주님의 신실하심으로 대하시고, 흠 없는 사람에게는 주님의 완전하심을 보이시며, 26 깨끗한 사람에게는 주님의 깨끗하심을 보이시며, 간교한 사람에게는 주님의 절묘하심을 보이십니다. 27 주님께서는 연약한 백성은 구하여주시고, 교만한 눈은 낮추십니다.
28 아, 주님, 진실로 주님은 내 등불을 밝히십니다. 주 나의 하나님은 나의 어둠을 밝히십니다. 29 참으로 주님께서 나와 함께 계셔서 도와주시면, 나는 날쌔게 내달려서 적군도 뒤쫓을 수 있으며, 높은 성벽이라도 뛰어넘을 수 있습니다.
30 하나님께서 하시는 일은 흠도 없다. 주님께서 하시는 말씀은 티도 없다. 주님께로 피하여 오는 사람에게 방패가 되어주신다. 31 주님 밖에 그 어느 누가 하나님이며, 우리 하나님 밖에 그 어느 누가 구원의 반석인가? 32 하나님께서 나에게 용기를 북돋우어주시며, 하나님께서 나의 길을 안전하게 지켜주신

주님의 '왼손'이 아닌 '오른손'이 능력의 손으로 자주 표현됩니다. 특별히 오른손을 선택한 이유가 있나요? 고대인들에게 오른손은 좀 더 중요한 손으로 여겨졌습니다. 그래서 축복할 때도 오른손이 누구를 향하는지가 중요했습니다(창 48:12-20). '하나님의 오른손' 역시 그 백성을 향한 하나님의 능력과 구원하심을 상징하는 표현이 되었습니다. 특히 하나님께서는 그분의 오른손으로 권능을 드러내셔서 이집트의 노예였던 이스라엘을 건져내셨습니다(출 15:6). 그래서 하나님께서는 반드시 지키고 인도하겠다고 약속하실 때 "내 승리의 오른팔로 너를 붙들어주겠다"(사 41:10) 말씀하십니다. 하나님의 오른손이 붙들면 누구도 그 백성을 해칠 수 없을 것입니다.

다. 33 하나님께서는 나의 발을 암사슴의 발처럼 빠르게 만드시고, 나를 높은 곳에 안전하게 세워주신다. 34 하나님께서 나에게 싸우는 법을 가르쳐주시니, 나의 팔이 놋쇠로 된 강한 활을 당긴다.

35 주님께서는 나를 지키는 방패를 나의 손에 들려주셨고, 주님께서는 오른손으로 나를 강하게 붙들어주셨습니다. 주님께서 이토록 보살펴주시니, 나는 큰 승리를 거둘 것입니다. 36 내가 힘차게 걷도록 주님께서 힘을 주시고, 발을 잘못 디디는 일이 없게 하셨습니다.

37 나는 원수를 뒤쫓아가서 다 죽였으며, 그들을 전멸시키기까지 돌아서지 않았습니다. 38 그들이 나의 발 아래에 쓰러져서 다시는 일어서지 못하도록, 그들을 내가 무찔렀습니다. 39 주님께서 나에게 싸우러 나갈 용기를 북돋우어주시고, 나를 치려고 일어선 자들을 나의 발 아래에서 무릎 꿇게 하셨습니다. 40 주님께서는 나의 원수들을 내 앞에서 등을 보이고 도망가게 하시고, 나를 미워하는 자들을 내가 완전히 무찌르게 하셨습니다. 41 그들이 아무리 둘러보아도, 그들을 구해줄 사람은 하나도 없고, 주님께 부르짖었지만, 주님께서는 끝내 응답하지

다윗에게 굴복한 이방 백성들은 누구이며, 어떤 특징을 가진 사람들이었나요?(43-45절) 이스라엘 인근의 이방 나라에는 블레셋, 암몬, 모압, 에돔, 두로, 시돈 등이 있었습니다. 다윗과 솔로몬의 시대에는 이스라엘의 힘이 가장 강성했고, 주변 나라들은 대부분 이스라엘에 항복해 조공을 바치기도 했습니다. 그렇다고 해서 다윗의 나라가 끝없이 세력을 확장해 저 멀리에 있는 나라까지 정복하지는 않았습니다. 이스라엘은 광대한 영역을 지배하는 제국이었던 적이 없습니다. 본문의 이방 나라에 대한 언급은 다윗과 그의 나라가 하나님을 경외하며 나아갈 때, 하나님께서 먼 이방 나라까지도 다윗에게 굴복하게 하신다는 믿음의 선포라고 이해할 수 있습니다.

않으셨습니다. 42 그래서 나는 그들을 산산이 부수어서, 먼지처럼 바람에 날려 보냈고, 길바닥의 진흙처럼 짓이겨버렸습니다.

43 주님께서는 반역하는 백성에게서 나를 구하여주시고, 나를 지켜주셔서 뭇 민족을 다스리게 하시니, 내가 모르는 백성들까지 나를 섬깁니다. 44 나에 대한 소문을 듣자마자, 모두가 나에게 복종합니다. 이방 사람들조차도 나에게 와서 굴복합니다. 45 이방 사람이 사기를 잃고, 숨어 있던 요새에서 나옵니다.

46 주님은 살아계신다! 나의 반석이신 주님을 찬양하여라. 나를 구원하신 하나님을 높여라.

47 하나님께서 나의 원수를 갚아주시고, 뭇 백성을 나의 발 아래 굴복시켜주셨습니다. 48 주님은 원수들에게서 나를 구하여주셨습니다. 나를 치려고 일어서는 자들보다 나를 더욱 높이 셔서, 포악한 자들에게서도 나를 건지셨습니다.

49 그러므로 주님, 뭇 백성이 보는 앞에서 내가 주님께 감사를 드리며, 주님의 이름을 찬양하겠습니다.

50 주님은 손수 세우신 왕에게 큰 승리를 안겨주시는 분이시다. 손수 기름을 부어 세우신 다윗과 그 자손에게, 한결같은 사랑을 영원무궁하도록 베푸시는 분이시다.

{ 제19편 }

창조에 나타난 하나님의 영광과 하나님의 선한 율법

[지휘자를 따라 부르는 다윗의 노래]

1 하늘은 하나님의 영광을 드러내고, 창공은 그의 솜씨를 알려준다. 2 낮은 낮에게 말씀을 전해주고, 밤은 밤에게 지식을 알려준다. 3 그 이야기 그 말소리, 비록 아무 소리가 들리지 않아도 4 그 소리 온 누리에 울려 퍼지고, 그 말씀 세상 끝까지 번져간다.

해에게는, 하나님께서 하늘에 장막을 쳐주시니, 5 해는 신방에서 나오는 신랑처럼 기뻐하고, 제 길을 달리는 용사처럼 즐거워한다. 6 하늘 이 끝에서 나와서 하늘 저 끝으로 돌아가니, 그 뜨거움을 피할 자 없다.

7 주님의 교훈은 완전하여서 사람에게 생기를 북돋우어주고, 주님의 증거는 참되어서 어리석은 자를 깨우쳐준다. 8 주님의

다윗은 많은 전투를 치른 장수이기도 한데, 그가 지은 시편들은 대단히 감성적인 부분이 많이 보입니다. 다윗을 어떤 인물로 이해해야 하나요? 시편 첫머리에 언급된 다윗을 오늘날의 저자 개념으로 생각하는 것은 그리 적절하지 않습니다. 실제로 다윗의 이름이 부착된 대부분의 시를 보면, 저자가 성공해서 대단한 업적을 이룬 왕이라고 알려주거나 짐작하게 하는 내용은 그리 많지 않습니다. 아마도 좀 더 현실적으로는 평범하고 이름 없는 수많은 시인들이 자신의 삶에서 하나님을 찾으며 경배했던 것을 노래하되, 하나님 앞에 서 있는 신앙인의 상징이요 대표인 다윗의 이름을 사용한 것이라 볼 수 있습니다. 그 가운데 어떤 이들은 '다윗에게 헌정'하는 시로 지었을 수도 있고, 다윗을 기억하고 기념하며 지었을 수도 있습니다. 어찌 되었건, 시편의 다윗은 하나님을 믿으며 쉽지 않은 일상을 걸어가는 신앙인을 상징하는 인물로 이해하는 것이 좋겠습니다.

교훈은 정직하여서 마음에 기쁨을 안겨주고, 주님의 계명은 순수하여서 사람의 눈을 밝혀준다. 9 주님의 말씀은 티 없이 맑아서 영원토록 견고히 서 있으며, 주님의 법규는 참되어서 한결같이 바르다. 10 주님의 교훈은 금보다, 순금보다 더 탐스럽고, 꿀보다, 송이꿀보다 더 달콤하다.

11 그러므로 주님의 종이 그 교훈으로 경고를 받고, 그것을 지키면, 푸짐한 상을 받을 것이다.

12 그러나 어느 누가 자기 잘못을 낱낱이 알겠습니까? 미처 깨닫지 못한 죄까지도 깨끗하게 씻어주십시오. 13 주님의 종이 죄인 줄 알면서도 고의로 죄를 짓지 않도록 막아주셔서 죄의 손아귀에 다시는 잡히지 않게 지켜주십시오. 그때에야 나는 온전하게 되어서, 모든 끔찍한 죄악을 벗어버릴 수 있을 것입니다.

14 나의 반석이시요 구원자이신 주님, 내 입의 말과 내 마음의 생각이 언제나 주님의 마음에 들기를 바랍니다.

주님의 교훈, 주님의 계명, 주님의 말씀, 주님의 법규(7-10절)는 무엇을 말하나요? 이스라엘이 하나님의 말씀으로 간직한 율법을 가리킨다고 볼 수 있습니다. 율법을 히브리어로 '토라'라고 하는데, 개별적인 규정 하나하나를 토라라고 부르기도 하고, 그렇게 모인 규정집으로서의 율법을 토라라고도 하며, 가장 크게는 우리가 구약성경이라고 부르는 책 전체를 하나님의 말씀인 토라라고 부를 수 있습니다. 시편 1편은 하나님의 율법인 토라를 묵상하는 삶이야말로 복된 삶이라고 노래했고, 이 19편 역시 율법이야말로 우리의 모든 부족함과 곤고함을 바로잡고 회복하며 올바른 길로 걸어가게 하는 힘이요 능력이라고 노래합니다.

{ 제20편 }

승리를 위한 기도

[지휘자를 따라 부르는 다윗의 노래]

1 우리의 임금님께서 고난 가운데서 주님께 기도하실 때에 주님께서 임금님께 응답하여주시기를 원합니다. 야곱의 하나님께서 친히 임금님을 지켜주시기를 바랍니다. 2 성소에서 임금님을 도우시고, 시온에서 임금님을 붙들어주시기를 원합니다. 3 임금님께서 바치는 모든 제물을 주님께서 기억하여주시고 임금님께서 올리는 번제를 주님께서 기쁘게 받아주시기를 바랍니다. (셀라) 4 임금님의 소원대로, 주님께서 임금님께 모든 것을 허락하여주시고, 임금님의 계획대로, 주님께서 임금님께 모든 것을 이루어주시기를 원합니다. 5 우리는 임금님의 승리를 소리 높여 기뻐하고, 우리 하나님의 이름으로 깃발을 높이 세워 승리를 기뻐할 수 있도록, 주님께서 임금님의 모든 소원을 이루어주시기를 원합니다.

20편 내용은 다윗을 위해 누군가 부르는 노래처럼 보입니다. 백성들이 지어 부른 노래인가요? 본문에서 '임금님'이라고 번역된 부분은 원래 히브리어로는 모두 '너' 혹은 '당신'이라는 뜻을 가진 대명사가 쓰였습니다. 마지막 9절에 있는 '우리의 왕'이라는 언급에서 미루어 보건대, 이 시는 성전에서 진행된 어떤 공식적인 종교 모임에서 임금을 위해 드리는 기도로 활용되었을 것입니다. 성전 성가대가 부르겠지만, 임금을 위한 백성의 마음이요, 기도라고 할 수 있습니다. 임금의 힘은 그 자신의 능력에서 나오지 않으며, 그가 거느린 전차나 군사력에서도 나오지 않습니다. 오직 그를 붙드시는 하나님으로부터 나옵니다. 그래서 이스라엘은 왕정 체제지만, 실상 왕이라 할지라도 하나님께 순종하고 따라야 하는 체제라고 할 수 있습니다.

6 나는 이제야 알았습니다. 주님께서는 기름을 부으신 왕에게 승리를 주시고, 그 거룩한 하늘에서 왕에게 응답하여주시고, 주님의 힘찬 오른손으로 왕에게 승리를 안겨주시는 분이심을 알았습니다. 7 어떤 이는 전차를 자랑하고, 어떤 이는 기마를 자랑하지만, 우리는 주 우리 하나님의 이름만을 자랑합니다. 8 대적들은 엎어지고 넘어지지만, 우리는 일어나서 꿋꿋이 섭니다.

9 주님, 우리의 왕에게 승리를 안겨주십시오. 우리가 주님을 부를 때에, 응답하여주십시오.

다윗은 백성들에게 어떤 평가를 받는 인물이었나요? 구약성경의 사무엘기상과 사무엘기하는 다윗이 아들 많은 집의 막내로 태어나 그리 주목받지 못했던 인물이라고 알려줍니다(삼상 16:1-13). 겉보기에는 특별한 게 전혀 없었지만, 다윗이 등장하는 첫 장면에서 그는 모든 위협으로부터 양을 지키기 위해 애쓰는 충성된 목자로 그려집니다(삼상 16:11; 17:34-35). 특히 블레셋 장수 골리앗과 싸울 때 모든 점에서 불리했음에도 불구하고 그가 오직 주 하나님을 믿는 믿음으로 골리앗과 맞서 싸워 승리한 사건은 유명합니다(삼상 17:41-49). 성경에 전해지는 이와 같은 본문은 고대 이스라엘이 다윗을 어떤 인물로 여겼는지를 알려줍니다. 더불어 그의 잘못과 실수까지도 성경에 전해진다는 점에서 다윗은 연약하지만 믿음으로 강했던 인물이었습니다.

{ 제21편 }

승리하게 하신 주님께 감사

[지휘자의 지휘를 따라 부르는 다윗의 노래]

1 주님, 주님께서 우리 왕에게 힘을 주시므로 왕이 기뻐하며 주님께서 승리를 주시므로 왕이 크게 즐거워합니다. 2 왕이 소원하는 바를 주님께서 들어주시고, 왕이 입술로 청원하는 바를 주님께서 물리치지 않으셨습니다. (셀라)

3 온갖 좋은 복을 왕에게 내려주시고, 왕의 머리에 순금 면류관을 씌워주셨습니다. 4 왕이 주님께 생명을 구했을 때, 주님께서는 그에게 장수를 허락하셨습니다. 오래오래 살도록 긴긴 날을 그에게 허락하셨습니다.

5 주님께서 승리를 안겨주셔서 왕이 크게 영광을 받게 하셨으며, 위엄과 존귀를 그에게 입혀주셨습니다. 6 주님께서 영원한 복을 왕에게 내려주시고, 주님께서 그와 함께 계시니, 왕의 기쁨이 넘칩니다. 7 왕이 오직 주님을 의지하고, 가장 높으신 분의

오해하고 들면 21편은 왕을 한없이 칭송하고 찬양하는 내용이라 언뜻 용비어천가 같은 분위기가 느껴집니다. 백성들의 노래는 진정성 있는 것이었나요? 1절은 왕의 기쁨과 즐거움의 근원이 하나님께 있음을 표현합니다. 그리고 7절은 왕이 오직 주님을 의지하기에 흔들리지 않을 것이라고 노래합니다. 대개 왕이라고 하면 대단한 권세와 영광, 범접할 수 없는 위엄 같은 것과 결부되지만, 시편에 등장하는 왕은 그의 모든 힘과 기쁨, 영광의 원천이 그 자신에게 있지 않으며 오직 하나님을 의뢰함에 있습니다. 그래서 이 왕은 자신의 권세를 휘둘러 백성을 억압하거나 누를 수 없는 존재입니다. 왜냐하면 그의 권위가 철저히 하나님께로부터 오기 때문입니다. 이 시는 하나님이야말로 진정하고도 유일한 왕이시라고 고백하는 왕을 노래하고 있습니다.

사랑에 잇닿아 있으므로, 그는 결코 흔들리지 않을 것입니다.

8 임금님, 임금님의 손이 임금님의 모든 원수를 찾아내며, 임금님의 오른손이 임금님을 미워하는 자를 사로잡을 것입니다. 9 임금님께서 나타나실 때에, 원수들을 불구덩이 속에 던지실 것입니다. 주님께서도 진노하셔서 그들을 불태우시고 불이 그들을 삼키게 하실 것입니다. 10 임금님께서는 원수의 자손을 이 땅에서 끊어버리실 것이며, 그들의 자손을 사람들 가운데서 씨를 말리실 것입니다. 11 그들이 임금님께 악한 손을 뻗쳐서 음모를 꾸민다 해도, 결코 이루지 못할 것입니다. 12 오히려, 임금님께서 그들의 얼굴에 활을 겨누셔서, 그들이 겁에 질려 달아나게 하실 것입니다.

13 주님, 힘을 떨치시면서 일어나주십시오. 우리가 주님의 힘을 기리며, 노래하겠습니다.

{ 제22편 }

고난과 찬양

[지휘자의 지휘를 따라 '새벽 암사슴'의 가락으로 부르는 다윗의 노래]

1 나의 하나님, 나의 하나님, 어찌하여 나를 버리십니까? 어찌하여 그리 멀리 계셔서, 살려달라고 울부짖는 나의 간구를 듣지 아니하십니까? 2 나의 하나님, 온종일 불러도 대답하지 않으시고, 밤새도록 부르짖어도 모르는 체하십니다.

3 그러나 주님은 거룩하신 분, 이스라엘의 찬양을 받으실 분이십니다. 4 우리 조상이 주님을 믿었습니다. 그들은 믿었고, 주님께서는 그들을 구해주셨습니다. 5 주님께 부르짖었으므로, 그들은 구원을 받았습니다. 주님을 믿었으므로, 그들은 수치를 당하지 않았습니다.

6 그러나 나는 사람도 아닌 벌레요, 사람들의 비방거리, 백성

1절은 마치 예수님이 십자가에 달려 돌아가실 때 하셨던 말씀과 비슷합니다. 다윗의 상황은 그만큼 절박했나요? 앞에서도 설명했듯, 시편 첫머리에 다윗의 이름이 언급되지만 오늘날의 저자 개념과는 거리가 멉니다. 시편의 다윗은 왕이라기보다, 힘겹고 고통스러운 현실을 살아가면서 하나님에 대한 믿음을 지키느라 모욕과 고난을 겪는 하나님의 사람, 가난한 신앙인을 상징합니다. 특히 22편 1절은 어찌나 상황이 곤고했던지 하나님께서 자신을 버리셨다고까지 말합니다. 이와 같은 탄식은 하나님을 부정하거나 거부하는 말이 아니라, 하나님 외에는 의지할 곳이 전혀 없는 가난한 이가 오직 하나님의 도우심만을 구하는 기도입니다. 그리고 하나님을 신뢰하며 걸어가는 삶에 닥쳐온 고난과 고통을 가장 또렷이 보여주신 분이 예수 그리스도이며, 그분의 십자가입니다. 십자가 위에서 예수님께서는 22편 1절처럼 부르짖으셨고(마 27:46; 막 15:34), 이를 통해 인간의 고통과 괴로움, 불의한 세상, 그리고 그 가운데 믿음으로 걸어가는 하나님의 사람을 보여주셨습니다.

의 모욕거리일 뿐입니다. 7 나를 보는 사람은 누구나 나를 빗대어서 조롱하며, 입술을 비쭉거리고 머리를 흔들면서 얄밉게 빈정댑니다. 8 "그가 주님께 그토록 의지하였다면, 주님이 그를 구하여주시겠지. 그의 주님이 그토록 그를 사랑하신다니, 주님이 그를 건져주시겠지" 합니다.

9 그러나 주님은 나를 모태에서 이끌어내신 분, 어머니의 젖을 빨 때부터 주님을 의지하게 하신 분이십니다. 10 나는 태어날 때부터 주님께 맡긴 몸, 모태로부터 주님만이 나의 하나님이었습니다.

11 나를 멀리하지 말아 주십시오. 재난이 가까이 닥쳐왔으나, 나를 도와줄 사람이 없습니다.

12 황소 떼가 나를 둘러쌌습니다. 바산의 힘센 소들이 이 몸을 에워쌌습니다. 13 으르렁대며 찢어발기는 사자처럼 입을 벌리고 나에게 달려듭니다.

14 나는 쏟아진 물처럼 기운이 빠져버렸고 뼈마디가 모두 어그러졌습니다. 나의 마음이 촛물처럼 녹아내려, 절망에 빠졌습니다. 15 나의 입은 옹기처럼 말라버렸고, 나의 혀는 입천장에

황소, 바산의 힘센 소, 사자, 개, 들소 등등 다윗의 비유에는 동물이 많이 등장합니다. 이스라엘의 생태 환경을 볼 때 그런 동물들이 흔했나요? 고대 이스라엘은 소나 양, 염소, 비둘기와 같은 동물을 집에서 길렀습니다. 특히 바산 지역은 예로부터 소를 키우는 목축으로 유명했습니다. 개는 성경에서 그리 많이 언급되는 동물은 아니지만, 일찍부터 사람과 함께 살았던 것으로 보입니다. 양을 치는 곳은 대개 사람 사는 마을에서 좀 떨어진 곳이었고, 양을 치다 보면 사자나 곰이 출몰하는 경우도 가끔 있었던 것 같습니다. 22편에서 시인은 자신을 둘러싸고 위협하는 이들을 바산의 황소 떼, 사자, 개에 비유합니다. 자신보다 훨씬 강한 세력, 혼자인 자신과 달리 무리와 떼를 이루어 자신을 누르고 모함하고 모략하는 세력을 이와 같은 동물로 표현합니다.

붙어 있으니, 주님께서 나를 완전히 매장되도록 내버려두셨기 때문입니다.

16 개들이 나를 둘러싸고, 악한 일을 저지르는 무리가 나를 에워싸고 내 손과 발을 묶었습니다. 17 뼈마디 하나하나가 다 셀 수 있을 만큼 앙상하게 드러났으며, 원수들도 나를 보고 즐거워합니다. 18 나의 겉옷을 원수들이 나누어 가지고, 나의 속옷도 제비를 뽑아서 나누어 가집니다.

19 그러나 나의 주님, 멀리하지 말아 주십시오. 나의 힘이신 주님, 어서 빨리 나를 도와주십시오. 20 내 생명을 원수의 칼에서 건져주십시오. 하나뿐인 나의 목숨을 개의 입에서 빼내어 주십시오. 21 사자의 입에서 나를 구하여주십시오. 들소의 뿔에서 나를 구하여주십시오.

주님께서 나의 기도를 들어주셨습니다. 22 주님의 이름을 나의 백성에게 전하고, 예배드리는 회중 한가운데서, 주님을 찬양하렵니다.

23 주님을 경외하는 사람들아, 너희는 그를 찬양하여라. 야곱

다윗이 쓴 시편은 대부분 서원과 작심으로 마무리되는 것 같습니다. 이것 또한 어떤 형식이 있었던 건가요? 그렇습니다. 곤고한 삶을 토로하는 탄식시는 거의 대부분 찬양 혹은 다짐으로 마무리됩니다. 시편을 읽고 연구하는 이들 또한 방금 전까지도 그토록 격렬하게 고통을 호소하던 내용이 어떻게 갑자기 이런 찬양으로 전환되는지 궁금하게 여겼습니다. 아마도 기도하던 이는 탄식의 기도 후 성전에서 제사장이나 예언자를 통해 하나님의 위로와 구원의 말씀을 들었을 겁니다. 그로 인해 아직 구원이 자기 삶에 완전히 임하지 않았지만, 하나님의 약속의 말씀에 힘입어 하나님을 찬양하고 높였을 것이라 여겨집니다. 오늘날의 그리스도인들 역시 현실에 무척 힘들어하다가도 예배 도중 혹은 성경을 읽거나 기도하다가, 앞길은 여전히 보이지 않지만 하나님께서 함께하시는구나 깨닫고 기쁨이 밀려올 때가 있지 않습니까? 시편의 분위기 전환은 그와 같은 상황이 반영된 것이라 볼 수 있습니다.

자손아, 그에게 영광을 돌려라. 이스라엘 자손아, 그를 경외하여라. 24 그는 고통받는 사람의 아픔을 가볍게 여기지 않으신다. 그들을 외면하지도 않으신다. 부르짖는 사람에게는 언제나 응답하여주신다. 25 주님께서 하신 이 모든 일을, 회중이 다 모인 자리에서 찬양하겠습니다. 내가 서원한 희생제물을 주님을 경외하는 사람들 앞에서 바치겠습니다.

26 가난한 사람들도 "여러분들의 마음이 늘 유쾌하길 빕니다!" 하면서 축배를 들고, 배불리 먹을 수 있을 것이다. 주님을 찾는 사람은 누구나 주님을 찬양할 것이다.

27 땅끝에 사는 사람들도 생각을 돌이켜 주님께로 돌아올 것이며, 이 세상 모든 민족이 주님을 경배할 것이다. 28 주권은 주님께 있으며, 주님은 만국을 다스리시는 분이시다.

29 땅속에서 잠자는 자가 어떻게 주님을 경배하겠는가? 무덤으로 내려가는 자가 어떻게 주님 앞에 무릎 꿇겠는가? 그러나 나는 주님의 능력으로 살겠다. 30 내 자손이 주님을 섬기고 후세의 자손도 주님이 누구신지 들어 알고, 31 아직 태어나지 않은 세대도 주님께서 하실 일을 말하면서 '주님께서 그의 백성을 구원하셨다' 하고 선포할 것이다.

{ 제23편 }

선한 목자

[다윗의 노래]

1 주님은 나의 목자시니, 내게 부족함 없어라. 2 나를 푸른
풀밭에 누이시며 쉴 만한 물가로 인도하신다. 3 나에게 다시
새 힘을 주시고, 당신의 이름을 위하여 바른길로 나를 인도
하신다.

4 내가 비록 죽음의 그늘 골짜기로 다닐지라도, 주님께서 나와
함께 계시고, 주님의 막대기와 지팡이로 나를 보살펴주시니,
내게는 두려움이 없습니다. 5 주님께서는, 내 원수들이 보는 앞
에서 내게 잔칫상을 차려주시고, 내 머리에 기름 부으시어 나를
귀한 손님으로 맞아주시니, 내 잔이 넘칩니다. 6 진실로 주님의
선하심과 인자하심이 내가 사는 날 동안 나를 따르리니, 나는
주님의 집으로 돌아가 영원히 그곳에서 살겠습니다.

"막대기와 지팡이로 나를 보살펴주신다"(4절)는 부분에서, 막대기와 지팡이의 역할
이 따로 있나요? '막대기'로 옮겨진 히브리어는 임금의 권위를 상징하기도 하고, 다
른 사람이나 짐승을 치는 무기로 쓰이기도 합니다. 그런 점에서 주님의 막대기는 그
분의 양인 백성을 외부의 위협으로부터 보호하고 지키시는 주님을 상징한다고 볼 수
있습니다. 반면 '지팡이'로 옮겨진 단어의 어근은 '의지'이며, 그래서 나이 든 노인들
이 짚고 다니는 지팡이를 가리킵니다. '의지할 만한 것'을 가리키기도 합니다. 주 하
나님만이 참으로 의지할 분이시라는 것을 '주님의 지팡이'를 통해 생각해보게 됩니
다. 세밀하게 따지자면 이처럼 막대기와 지팡이는 나름의 의미가 있지만, 사실 히브
리 시에서는 같은 의미를 가진 다른 단어를 대응되게 쓰는 일이 허다하기에, 여기서
굳이 막대기와 지팡이를 구분하는 것은 크게 의미가 없습니다. 어느 것이든, 그 백성
을 지키고 인도하신다는 것을 표현합니다.

{ 제24편 }

누가 주님의 성전에 들어갈 수 있는가?

[다윗의 시]

1 땅과 그 안에 가득 찬 것이 모두 다 주님의 것, 온 누리와 그 안에 살고 있는 모든 것도 주님의 것이다. 2 분명히 주님께서 그 기초를 바다를 정복하여 세우셨고, 강을 정복하여 단단히 세우셨구나.

3 누가 주님의 산에 오를 수 있으며, 누가 그 거룩한 곳에 들어설 수 있느냐?

4 깨끗한 손과 해맑은 마음을 가진 사람, 헛된 우상에게 마음이 팔리지 않고, 거짓 맹세를 하지 않는 사람이다. 5 그런 사람은 주님께서 주시는 복을 받고, 그를 구원하시는 하나님께로부터 의롭다고 인정받을 사람이다. 6 그런 사람은 주님을 찾는 사람이요, 야곱의 하나님의 얼굴을 사모하는 사람이다. (셀라)

7 문들아, 너희 머리를 들어라. 영원한 문들아, 활짝 열려라.

"문들아, 너희 머리를 들어라. 영원한 문들아, 활짝 열려라"(7절). 이 부분은 시적 표현으로 이해해야 하나요, 아니면 이스라엘의 문이 좀 특별했나요? 이 문은 아래에서 위로 들리는 방식의 문이었습니다. 이 시는 아마도 전쟁에서 승리하고 돌아오는 임금의 개선 행렬이 성문 앞에 다다른 광경을 염두에 두었을 것입니다. 그리고 '영원한 문'은 오랜 세월 동안 닫혀 있었던 문을 가리킵니다. 그렇다면 이 시는 결코 열리지 않을 것 같았던 오래된 문까지도 영광의 왕이신 주님의 입성 앞에 열린다는 의미로 읽을 수 있습니다. 주 하나님을 믿는다는 것은 단순히 또 하나의 종교를 가진다는 의미가 아닙니다. 결코 바뀌지 않을 것 같은 현실, 너무 오래 포기해서 아예 질서처럼 여겨졌던 '영원한 문'이 열릴 것임을 믿는 것입니다.

영광의 왕께서 들어가신다. 8 영광의 왕이 뉘시냐?
힘이 세고 용맹하신 주님이시다. 전쟁의 용사이신 주님이시다.
9 문들아, 너희 머리를 들어라. 영원한 문들아, 활짝 열려라.
영광의 왕께서 들어가신다. 10 영광의 왕이 뉘시냐?
만군의 주님, 그분이야말로 영광의 왕이시다. (셀라)

{ 제25편 }

인도와 도움을 구하는 기도

[다윗의 시]

1 주님, 내 영혼이 주님을 기다립니다. 2 나의 하나님, 내가 주
님께 의지하였으니, 내가 부끄러움을 당하지 않게 하시고 내
원수가 나를 이기어 승전가를 부르지 못하게 해주십시오. 3 주
님을 기다리는 사람은 수치를 당할 리 없지만, 함부로 속이는
자는 수치를 당하고야 말 것입니다.

다윗이 주님을 철저히 의지하고 있다는 사실이 시편 구석구석 배어 있습니다. 이와
같은 자세를 다윗의 신앙과 연결 지을 수 있을까요? 시편이 다윗의 이름과 많이
연관된 까닭은 그의 삶이 원체 파란만장했기 때문일 겁니다. 그는 누구도 주목하지
않은 어린 시절을 보냈고, 그를 따르던 부하들과 수많은 전쟁을 치른 군인이었습니
다. 임금이 된 후에는 임금에게는 당연할 수 있으나 하나님을 믿는 사람이라면 저질
러서는 안 되는 죄, 충성스러운 신하를 제거하고 그의 아내를 빼앗는 죄를 범했습니
다. 그리고 사랑하는 아들의 반역까지도 경험했습니다. 위대한 왕이라는 표현보다
는 참으로 인간적이었고 그러면서도 끊임없이 하나님을 의지하고 찾았던 사람, 결
국 하나님 외에는 기댈 것이 없었던 사람이 다윗이라고 할 수 있습니다.

4 주님, 주님의 길을 나에게 보여주시고, 내가 마땅히 가야 할 그 길을 가르쳐주십시오. 5 주님은 내 구원의 하나님이시니, 주님의 진리로 나를 지도하시고 가르쳐주십시오. 나는 종일 주님만을 기다립니다.

6 주님, 먼 옛날부터 변함없이 베푸셨던, 주님의 긍휼하심과 한결같은 사랑을 기억하여주십시오. 7 내가 젊은 시절에 지은 죄와 반역을 기억하지 마시고, 주님의 자비로우심과 선하심으로 나를 기억하여주십시오.

8 주님은 선하시고 올바르셔서, 죄인들이 돌이키고 걸어가야 할 올바른 길을 가르쳐주신다. 9 겸손한 사람을 공의로 인도하시며, 겸비한 사람에게는 당신의 뜻을 가르쳐주신다. 10 주님의 언약과 계명을 지키는 사람을 진실한 사랑으로 인도하신다.

11 주님, 주님의 이름을 생각하셔서라도, 내가 저지른 큰 죄악을 용서하여주십시오. 12 주님을 경외하는 사람이 누굽니까? 그가 선택해야 할 길을 주님께서 그에게 가르쳐주실 것입니다.

13 그가 한 생애를 편안히 살 것이니, 그 자손이 땅을 유업으로

다윗은 '하나님'이라는 호칭보다는 '주님'이라는 단어를 자주 사용합니다. 무슨 차이가 있나요? 새번역 성경에서 '주님'으로 번역한 히브리어는 본디 하나님의 이름으로 알려진 표현입니다. '하나님'은 보편적인 신의 이름, 즉 어느 종교에서나 어느 민족이나 자신들의 신을 가리킬 때 일반적으로 부르는 이름입니다. 그래서 창세기 1장은 온 세상을 지으신 분을 하나님이라는 보편적인 이름으로 부릅니다. 반면 '주님'으로 번역된 표현은 이스라엘의 하나님의 어떤 고유한 특징을 부각시킨다고 할 수 있습니다. 천하 만민 가운데 이스라엘을 택하시고 그들의 삶과 현실에 함께하신 분을 주님으로 부르며 고백하고 찬송합니다. 시편에서는 '주님'이라는 이름이 '하나님'보다 더 많이 쓰이지만, 42-83편에 있는 시들에서는 특이하게도 '하나님'이 훨씬 더 많이 쓰입니다.

받을 것이다. 14 주님께서는, 주님을 경외하는 사람과 의논하시며, 그들에게서 주님의 언약이 진실함을 확인해주신다.

15 주님만이 내 발을 원수의 올무에서 건지는 분이시기에, 내 눈은 언제나 주님을 바라봅니다. 16 주님, 나를 돌보아주시고, 나에게 은혜를 베풀어주십시오. 나는 외롭고 괴롭습니다. 17 내 마음의 고통에서 벗어나게 해주시고, 나를 이 아픔에서 건져주십시오. 18 내 괴로움과 근심을 살펴주십시오. 내 모든 죄를 용서하여주십시오.

19 내 원수들을 지켜봐 주십시오. 그들의 수는 많기도 합니다. 그들은 불타는 증오심을 품고, 나를 미워합니다. 20 내 생명을 지켜주십시오. 나를 건져주십시오. 내가 수치를 당하지 않게 하여주십시오. 나의 피난처는 오직 주님뿐입니다. 21 완전하고 올바르게 살아가도록, 지켜주십시오. 주님, 나는 주님만 기다립니다.

22 하나님, 이스라엘을 그 모든 고난에서 건져주십시오.

{ 제26편 }

정직한 사람의 기도

[다윗의 시]

1 주님, 나를 변호해주십시오. 나는 올바르게 살아왔습니다. 주님만을 의지하고 흔들리지 않았습니다. 2 주님, 나를 샅샅이 살펴보시고, 시험하여보십시오. 나의 속 깊은 곳과 마음을 달구어보십시오. 3 나는 주님의 한결같은 사랑을 늘 바라보면서 주님의 진리를 따라서 살았습니다.

4 나는 헛된 것을 좋아하는 자들과 한자리에 앉지 않고, 음흉한 자들과도 어울리지 않았습니다. 5 나는 악인들의 모임에서 그들과 어울리기를 싫어하고, 한자리에 있지도 않았습니다.

6 주님, 내가 손을 씻어 내 무죄함을 드러내며 주님의 제단을 두루 돌면서, 7 감사의 노래를 소리 높여 부르며, 주님께서 나에게 해주신 놀라운 일들을 모두 다 전하겠습니다.

4–5절 내용은 자부심이 될 수 있을지 몰라도, 요즘 같은 시절에 평범한 사람들에게 적용하려면 사회성이 부족한 사람으로 오해받을 수도 있을 것 같습니다. 이런 시편은 어떻게 읽어야 할까요? 어쩌면 시편에 등장하는 시인은 요즘 시각으로는 거의 대부분 그렇게 보일 수 있을 것 같습니다. 그렇지만 시편이 배경으로 하는 사회는 많은 사람들이 하나님을 신뢰하는 신앙을 그리 중요하게 생각하지 않으면서 서슴지 않고 정략과 모략을 꾸미던 시기, 하나님을 믿는 신앙이 일상의 삶과는 분리된 시기입니다. 직장에서 벌어지는 불의를 견디지 못하는 사람이 있다면, 우리는 그를 "사회성이 부족하다" 혹은 "저 혼자 정직한 척은 다 한다"라고 평가하지 않을까요? 이렇게 따돌림당하고 조롱당하는 이는 하나님께 어떻게 기도해야 할까요? 그래서 이와 같은 시는 부족하고 연약하지만 정직하고 정의로운 삶을 걸어가려는 이의 몸부림으로 읽으면 좋겠습니다.

8 주님, 주님께서 계시는 집을 내가 사랑합니다. 주님의 영광이 머무르는 그곳을 내가 사랑합니다. 9 나의 이 목숨을 죄인의 목숨과 함께 거두지 말아 주십시오. 나의 이 생명을 살인자들의 생명과 함께 거두지 말아 주십시오. 10 그들의 왼손은 음란한 우상을 들고 있고, 그들의 오른손은 뇌물로 가득 차 있습니다.

11 그러나 나는 깨끗하게 살려고 하오니, 이 몸을 구하여주시고, 은혜를 베풀어주십시오. 12 주님, 내가 선 자리가 든든하오니, 예배하는 모임에서 주님을 찬양하렵니다.

{ 제27편 }

찬양의 기도

[다윗의 시]

1 주님이 나의 빛, 나의 구원이신데, 내가 누구를 두려워하랴?
주님이 내 생명의 피난처이신데, 내가 누구를 무서워하랴?
2 나의 대적자들, 나의 원수들, 저 악한 자들이, 나를 잡아먹으
려고 다가왔다가 비틀거리며 넘어졌구나. 3 군대가 나를 치려
고 에워싸도, 나는 무섭지 않네. 용사들이 나를 공격하려고 일
어날지라도, 나는 하나님만 의지하려네.
4 주님, 나에게 단 하나의 소원이 있습니다. 나는 오직 그 하나
만 구하겠습니다. 그것은 한평생 주님의 집에 살면서 주님의
자비로우신 모습을 보는 것과, 성전에서 주님과 의논하면서
살아가는 것입니다. 5 재난의 날이 오면, 주님의 초막 속에 나
를 숨겨주시고, 주님의 장막 은밀한 곳에 나를 감추시며, 반석

신변의 위협이 고조되었을 때 다윗은 끊임없이 하나님께 도움을 청하고 하나님을 찬
양합니다. 하나님을 의지하기 때문에 그랬던 건가요, 아니면 불안이 극에 달했기 때
문인가요? 시인은 정말 불안과 두려움이 극에 달했을 겁니다. 2~3절은 시인의 대적
자들이 그를 '잡아먹으려고' 다가왔으며, "군대가 둘러쌌다"고 표현합니다. 젊은 시절
부터 다윗은 수많은 전쟁을 치렀고, 특히 사울로부터 극심한 미움을 받아 늘 생명의
위협을 겪어야 했습니다. 그렇지만 오늘의 우리 역시 "저 사람들이 나를 잡아먹으려
고 하는구나" 싶을 때가 있지 않습니까? 시편의 표현은 다소 두루뭉술한 면이 있지
만, 오히려 그렇기 때문에 수많은 시대, 수많은 상황 속의 사람들과 통합니다. 늘 그
렇듯이, 시인은 하나님의 도우심을 구합니다. 실제로 자신의 힘으로 전쟁도 치르고
도망치기도 했겠지만, 시인의 모든 행동의 근원에는 "주님이 나의 빛, 나의 구원이시
니 내가 누구를 두려워하리오"와 같은 담대한 신앙 고백이 있습니다.

위에 나를 올려서 높여주실 것이니, 6 그때에 나는 나를 에워
싼 저 원수들을 내려다보면서, 머리를 높이 치켜들겠다. 주님
의 장막에서 환성을 올리며 제물을 바치고, 노래하며 주님을
찬양하겠다.

7 내가 주님을 애타게 부를 때에, 들어주십시오. 나를 불쌍히
여기시고, 응답하여주십시오. 8 주님께서 나더러 "내게 와서 예
배하여라" 하셨을 때 "주님, 내가 가서 예배하겠습니다" 하고
대답하였으니, 9 주님의 얼굴을 내게 숨기지 말아 주십시오.
주님의 종에게 노하지 마십시오. 나를 물리치지 말아 주십시
오. 주님은 나의 도움이십니다. 나를 버리지 마시고, 외면하지
말아 주십시오. 주님은 나를 구원하신 하나님이십니다. 10 나
의 아버지와 나의 어머니는 나를 버려도, 주님은 나를 돌보아
주십니다.

11 주님, 주님의 길을 나에게 가르쳐주십시오. 내 원수들이 엿
보고 있으니, 나를 안전한 길로 인도하여주십시오. 12 그들이
거짓으로 증언하며, 폭력을 휘둘러서 나에게 대항해오니, 내

주님의 집, 주님의 초막, 주님의 장막(4-5절)…. 이런 장소는 무엇인가요? 이와 같
은 표현은 모두 주 하나님께서 거하시는 성소를 가리키며, 그 성소를 대표하는 것은
예루살렘 성전일 것입니다. 27편을 비롯해서 여러 시편들이 성전을 사모하는 내용을
담고 있습니다. 당연히 성전이라는 건물에 대한 마음이 아니라, 성전에 거하시는 하
나님을 향한 사모함입니다. 5절에서처럼 성전은 '피난처'로 자주 표현되는데, 이 역
시 하나님이야말로 모든 가난하고 힘없는 자를 지키고 보호하시는 분이라는 믿음의
표현입니다. 아울러 4절에서는 이렇게 성전에, 즉 하나님의 보호 안에 피한 이가 그
의 사는 날 동안 하나님의 자비를 묵상하며 그분의 뜻을 찾겠다고 고백합니다. 하나
님께로 피하는 것, 성전으로 피하는 것은 그저 삶의 도피가 아닙니다. 힘겨운 삶을
살던 자가 온 땅에 임하시는 하나님의 은혜를 기억하며 그분의 뜻을 찾고 구하는 변
화로 이어집니다.

목숨을 내 원수의 뜻에 내맡기지 마십시오.

13 이 세상에 머무는 내 한 생애에, 내가 주님의 은덕을 입을 것을 나는 확실히 믿는다. 14 너는 주님을 기다려라. 강하고 담대하게 주님을 기다려라.

{ 제28편 }

도움을 구하는 기도

[다윗의 시]

1 반석이신 나의 주님, 내가 주님께 부르짖으니, 귀를 막고 계시지 마십시오. 주님께서 입을 다무시면, 내가 무덤으로 내려가는 사람같이 될까 두렵기만 합니다. 2 주님의 지성소를 바라보며, 두 손을 치켜들고 주님께 울부짖을 때에, 나의 애원하는 소리를 들어주십시오.

다윗이 드리는 간절한 기도 내용을 보면 다윗과 주님은 마치 매우 가까운 사이여서 쉽게 통할 수 있는 관계처럼 보입니다. 실제로 하나님과 사람 사이에 그런 친밀감이 가능한가요? 그럼요! 하나님은 결코 눈으로 볼 수 없는 존재시지만, 하나님 외에 달리 의지할 곳이 없는 이들이 하나님을 구하고 찾을 때 여러 방식으로 그분의 사랑과 은혜를 발견하고 깨달으며 고백하게 됩니다. 그렇기에 주를 믿는 신앙은 까마득한 고대 이스라엘 이래 지금까지 무수한 사람들을 통해 전해지고 생생하게 존재할 수 있습니다. 주님을 가까이하는 자는 주님께서 가까이하심을 경험하게 됩니다. 이런 경험을 가진 사람은 때로 죽을 것 같은 어두침침한 인생의 골짜기를 걸으며 주님의 도우심을 전혀 경험하지 못하는 순간일지라도 낙심하지 않고 주님을 찾을 수 있습니다. 그래서 어쩌면 캄캄한 인생길이야말로 주님의 보이지 않는 도우심, 또 나와 함께 고난받으심을 가장 생생히 경험하는 시간일 수 있습니다.

3 악인들과 사악한 자들과 함께 나를 싸잡아 내동댕이치지 마십시오. 그들은 이웃에게 평화를 말하지만 마음에는 악을 품고 있습니다.

4 그들의 행위와 그 악한 행실을 따라 그들에게 고스란히 갚아주십시오. 그들이 한 그대로 그들에게 갚아주십시오. 그들이 받을 벌을 그들에게 되돌려주십시오. 5 주님께서 하신 놀라운 일들을 대수롭지 않게 여기고 손수 하신 일들을 하찮게 여기는 그들. 그들이 다시는 일어서지 못하게 멸하십시오.

6 애원하는 나의 간구를 들어주셨으니, 주님을 찬양하여라.

7 주님은 나의 힘, 나의 방패이시다. 내 마음이 주님을 굳게 의지하였기에, 주님께서 나를 건져주셨다. 내 마음 다하여 주님을 기뻐하며 나의 노래로 주님께 감사하련다.

8 주님은 주님의 백성에게 힘이 되시며, 기름 부어 세우신 왕에게 구원의 요새이십니다. 9 주님의 백성을 구원하여주십시오. 주님의 소유인 이 백성에게 복을 내려주십시오. 영원토록 그들의 목자가 되시어, 그들을 보살펴주십시오.

원수에 대한 다윗의 기도는 인과응보와 자업자득이라는 전제를 깔고 있습니다. 주님의 심판도 그렇게 임했나요? "행한 대로 갚으신다"는 인과응보는 결코 가볍게 여기지 말아야 할 삶의 진리입니다. 세상에 가득한 불의, 불의한 자들의 득세와 횡행을 볼 때, 만약 행한 대로 갚으시는 하나님에 대한 믿음이 없다면 우리는 진즉 무너졌을 것이고, 더 나아가 그러한 불의에 일찍부터 참여했을 겁니다. 그와 더불어, 시편의 '나'는 힘을 휘둘러 악을 행하며 사람을 짓밟는 악인에게 자신의 손으로 직접 복수하지 않습니다. 만일 우리 스스로 악에게 복수한다면 세상은 금세 폭력 가득한 혼돈의 현장이 되고 말 것입니다. 그래서 시인은 하나님의 손에 복수를 맡깁니다. 그렇기에 때로 잔인해 보이는 그의 기도는 실제로는 철저한 '비폭력의 기도'라고 할 수 있습니다.

{ 제29편 }

폭풍 속 주님의 음성

[다윗의 시]

1 하나님을 모시는 권능 있는 자들아, 영광과 권능을 주님께 돌려드리고 또 돌려드려라. 2 그 이름에 어울리는 영광을 주님께 돌려드려라. 거룩한 옷을 입고 주님 앞에 꿇어 엎드려라.

3 주님의 목소리가 물 위로 울려 퍼진다. 영광의 하나님이 우렛소리로 말씀하신다. 주님께서 큰 물을 치신다. 4 주님의 목소리는 힘이 있고, 주님의 목소리는 위엄이 넘친다.

5 주님께서 목소리로 백향목을 쪼개고, 레바논의 백향목을 쪼개신다. 6 레바논 산맥을 송아지처럼 뛰놀게 하시고, 시룐산을 들송아지처럼 날뛰게 하신다.

7 주님의 목소리에 불꽃이 튀긴다. 8 주님의 목소리가 광야를 흔드시고, 주님께서 가데스 광야를 뒤흔드신다.

여러 표현들을 볼 때 주님의 목소리가 자연과 닿아 있습니다. 여기서 주님의 목소리란 무엇을 말하나요? 시인은 우렛소리에서, 많은 물소리에서 주님의 소리를 듣습니다. 오늘날의 과학적 시각에서는 착각일 것 같지만, 시인이 듣는 것을 어떻게 우리가 과학이나 상식만 가지고 평가할 수 있을까요? 같은 소리라도 누구에게는 그저 그런 소리이고, 누구에게는 주님의 소리입니다. 시인은 온 땅에 가득한 주님의 목소리를 듣습니다. 특히 29편은 오직 하나님의 도우심만을 간절히 구하는 25~28편 다음에 놓여서, 가난하고 고통받는 자들에게 응답하고 임하시는 주님을 선포하는 내용으로 흐름이 이어집니다. 그래서 29편은 주님이야말로 영원토록 왕이시라고 선포합니다(10절). 주님의 소리는 과학으로 듣는 소리가 아니라 믿음으로 듣는 소리입니다. 그 소리를 듣는 이들은 세상에 가득한 악에 굴복하지 않고 끝까지 믿음의 길을 걸어갈 수 있습니다.

9 주님의 목소리가, 암사슴을 놀래켜 낙태하게 하고, 우거진 숲조차 벌거숭이로 만드시니, 그분의 성전에 모인 사람들이 하나같이, "영광!" 하고 외치는구나.

10 주님께서 범람하는 홍수를 정복하신다. 주님께서 영원토록 왕으로 다스리신다. 11 주님은 당신을 따르는 백성에게 힘을 주신다. 주님은 당신을 따르는 백성에게 평화의 복을 내리신다.

{ 제30편 }

감사의 기도

[성전 봉헌가, 다윗의 시]

1 주님, 주님께서 나를 수렁에서 건져주시고, 내 원수가 나를 비웃지 못하게 해주셨으니, 내가 주님을 우러러 찬양하렵니다. 2 주, 나의 하나님, 내가 주님께 울부짖었더니, 주님께서 나를 고쳐주셨습니다. 3 주님, 스올에서 이 몸을 끌어올리셨고, 무덤으로 내려간 사람들 가운데서, 나를 회복시켜주셨습니다.

'무덤으로 내려간 사람들'(3절)은 누구를 말하는 것인가요? 스올과 무덤은 무엇이 다른가요? 여러 시편에서 빈번하게 사용된 것처럼, 3절에서 스올과 무덤은 같은 의미를 가리키는 다른 표현으로 서로 대응되어 쓰였습니다. 스올과 무덤은 '죽음'을 가리키는 상징적인 단어입니다. 그렇다고 시편 기자가 정말 죽었다가 다시 살아났다는 것은 아닙니다. 극심하게 고통스러운 지경에 처했다가 회복된 경험을 마치 죽다가 살아난 것에 비유해 표현한 것입니다. 특별히 구약의 신앙인들은 자신의 목숨이 붙어 있다 하더라도 만약 공동체와 더불어 하나님을 예배할 수 없다면 마치 자신이 죽은 자와 같다 여겼습니다.

4 주님을 믿는 성도들아, 주님을 찬양하여라. 그 거룩한 이름을 찬양하여라. 5 주님의 진노는 잠깐이요, 그의 은총은 영원하니, 밤새도록 눈물을 흘려도, 새벽이 오면 기쁨이 넘친다.

6 내가 편히 지낼 때에는 "이제는 영원히 흔들리지 않겠지" 하였지만, 7 아, 태산보다 더 든든하게 은총으로 나를 지켜주시던 주님께서 나를 외면하시자마자 나는 그만 두려움에 사로잡히고 말았습니다.

8 주님, 내가 주님께 부르짖었고, 주님께 은혜를 간구하였습니다. 9 내가 죽은들 주님께 무슨 유익이 되겠습니까? 내가 죽어 구덩이에 던져지는 것이 주님께 무슨 유익이 되겠습니까? 한 줌의 티끌이 주님을 찬양할 수 있습니까? 한 줌의 흙이 주님의 진리를 전파할 수 있습니까? 10 주님, 귀를 기울이시고 들어주십시오. 나에게 은혜를 베풀어주십시오. 주님, 주님께서 나를 돕는 분이 되어주십시오.

11 주님께서는 내 통곡을 기쁨의 춤으로 바꾸어주셨습니다. 나에게서 슬픔의 상복을 벗기시고, 기쁨의 나들이옷을 갈아입히셨기에 12 내 영혼이 잠잠할 수 없어서, 주님을 찬양하렵니다. 주, 나의 하나님, 내가 영원토록 주님께 감사를 드리렵니다.

9절을 보면 능청스러운 협박처럼 들립니다. 너무 경망스러운 것 아닌가요? 신약성경과는 달리 구약성경은 죽음 이후의 세계를 거의 다루지 않습니다. 이것은 구약성경과 고대 이스라엘의 신앙이 이 땅에서 살아가는 순간순간의 소중함에 집중하고 있음을 보여줍니다. 30편의 시인 역시 이 땅에서 살아가는 동안 하나님을 찬양하고 경배하는 것을 두드러지게 강조해 표현합니다. 그래서 9절은 사실 죽음과 같은 현실에서 건져주시기를 구하는, 매우 절절하면서도 고통스러운 기도라고 할 수 있습니다. 그가 오직 구하고 바랄 것은 주 하나님밖에 없기에 이토록 간절히 기도합니다. 아무것도 바랄 수 없을 때 하나님은 유일한 희망이요, 생명의 길입니다.

{ 제31편 }

보호를 구하는 기도

[성가대 지휘자를 따라 부르는 다윗의 노래]

1 주님, 내가 주님께 피하오니, 내가 결코 부끄러움을 당하지 않게 하여주십시오. 주님의 구원의 능력으로 나를 건져주십시오. 2 나에게 귀를 기울이시고, 속히 건지시어, 내가 피하여 숨을 수 있는 바위, 나를 구원하실 견고한 요새가 되어주십시오. 3 주님은 진정 나의 바위, 나의 요새이시니, 주님의 이름을 위하여 나를 인도해주시고 이끌어주십시오. 4 그들이 몰래 쳐놓은 그물에서 나를 건져내어 주십시오. 주님은 나의 피난처입니다. 5 주님의 손에 나의 생명을 맡깁니다. 진리의 하나님이신 주님, 나를 속량하여주실 줄 믿습니다. 6 썩어 없어질 우상을 믿고 사는 사람들을 주님께서는 미워하시니, 나는 오직 주님만 의지합니다. 7 주님의 한결같은 그 사랑을 생각할 때마다 나는 기쁘고 즐겁습니다. 주님은 나의 고난을 돌아보시며, 내

안전한 곳으로 바위와 요새가 자주 등장합니다. 실제로 그런 지형을 이스라엘에서는 흔히 볼 수 있나요? 팔레스타인의 지형은 지중해 쪽 해변이 비옥하고 평평하며, 요단강 방향의 내륙으로 갈수록 조금씩 높아지다가 요단강에서 급격히 고도가 낮아집니다. 이스라엘은 유다 산지, 에브라임 산지, 갈릴리 산지와 같은 산지 지형에 주로 정착했습니다. 그러다 보니 바위는 흔히 볼 수 있는 풍경이었을 것입니다. 특히 다윗이 사울에게 쫓기며 도망 다니던 유다 광야 지역은 그러한 바위가 곳곳에 있는 황무지였습니다. 아울러 외부의 침략으로부터 보호하기 위해 어느 정도 규모가 되는 곳마다 요새, 즉 성을 쌓았습니다. 시편의 시인들은 그들이 주로 살아가던 산지 곳곳에 있는 커다란 바위나 견고한 요새를 보며, 주 하나님이야말로 모든 피하는 자를 지키고 보호하시는 바위요, 요새라고 깨닫고 노래했습니다.

영혼의 아픔을 알고 계십니다. 8 주님은 나를 원수의 손에 넘기지 않으시고, 내 발을 평탄한 곳에 세워주셨습니다.

9 주님, 나를 긍휼히 여겨주십시오. 나는 고통을 받고 있습니다. 울다 지쳐, 내 눈이 시력조차 잃었습니다. 내 몸과 마음도 활력을 잃고 말았습니다. 10 나는 슬픔으로 힘이 소진되었습니다. 햇수가 탄식 속에서 흘러갔습니다. 근력은 고통 속에서 말라버렸고, 뼈마저 녹아버렸습니다.

11 나를 대적하는 자들이 한결같이 나를 비난합니다. 이웃 사람들도 나를 혐오하고, 친구들마저도 나를 끔찍한 것 보듯 합니다. 거리에서 만나는 이마다 나를 피하여 지나갑니다. 12 내가 죽은 사람이라도 된 것처럼, 나는 사람들의 기억 속에서 잊혀졌으며, 깨진 그릇과 같이 되었습니다. 13 많은 사람이 나를 비난하는 소리가 들려옵니다. 사방에서 협박하는 소리도 들립니다. 나를 대적하는 사람들이 함께 모여, 내 생명을 빼앗으려고 음모를 꾸밉니다. 14 누가 뭐라고 해도 나는 주님만 의지하며, 주님이 나의 하나님이라고 말할 것입니다. 15 내 앞날은 주님의 손에 달렸으니, 내 원수에게서, 내 원수와 나를 박해하는

11-13절은 요즘으로 보면 악플러들로 고통받는 이들이 떠오릅니다. 악플로 고통받는 이들에게 이런 시편은 힘이 될 수 있나요? 억울하고 부당하게 고난을 겪고 있는 이들이라면 누구라도 시편을 읽고 공감할 것입니다. 앞에서도 이야기했듯이 시편은 가난한 자의 노래입니다. 여기서 '가난한 자'는 단지 경제적으로 어려운 사람이 아니라, 달리 그 누구에게 의지하거나 도움을 받을 길이 전혀 없는 상태를 가리킵니다. 그래서 억울하게 사람들로부터 일방적인 비난을 당하지만 자신의 억울함을 제대로 말할 기회조차 주어지지 않은 원통한 사람들, 다른 사람에게 해를 끼치는 잘못이 아님에도 대다수의 사람과 다르다는 이유로 혐오 가득한 말을 듣는 이들, 바로 이들이 시편이 말하는 가난한 자와 통합니다. 그래서 시편은 약자의 노래이기도 합니다. 하나님께서는 그 가난한 자와 약자의 기도를 반드시 들으실 것입니다.

자들의 손에서, 나를 건져주십시오. 16 주님의 환한 얼굴로 주님의 종을 비추어주십시오. 주님의 한결같은 사랑으로 나를 구원하여주십시오. 17 내가 주님께 부르짖으니, 주님, 내가 부끄러움을 당하지 않게 해주십시오. 오히려 악인들이 부끄러움을 당하고 죽음의 세계로 내려가서, 잠잠하게 해주십시오. 18 오만한 자세로, 경멸하는 태도로, 의로운 사람을 거슬러서 함부로 말하는 거짓말쟁이들의 입을 막아주십시오.

19 주님을 경외하는 사람에게 주시려고 주님께서 마련해두신 복이 어찌 그리도 큰지요? 주님께서는 주님께로 피하는 사람들에게 복을 베푸십니다. 사람들이 보는 앞에서 복을 베푸십니다. 20 주님은 그들을 주님의 날개 그늘에 숨기시어 거짓말을 지어 헐뜯는 무리에게서 그들을 지켜주시고, 그들을 안전한 곳에 감추시어 말다툼하는 자들에게서 건져주셨습니다.

21 주님, 내가 주님을 찬양합니다. 내가 포위당했을 때에, 주님께서 나에게 놀라운 은총을 베푸셨기에, 내가 주님을 찬양합니다. 22 내가 포위되었을 그때, 나는 놀란 나머지 "내가 이제 주님의 눈 밖에 났구나" 생각하며 좌절도 했지만, 주님께서는 내가 주님께 부르짖을 때에는, 내 간구를 들어주셨습니다.

'죽음의 세계'(17절)는 죽은 후에 가는 세계를 말하는 건가요? 그렇습니다. 그리고 죽음으로 상징되는, 살아도 산 것 같지 않은 현실을 가리키기도 합니다. 하나님을 바라는 시인을 괴롭히고 비난하는 이들, 살아도 산 것 같지 않고 마치 죽은 것과 같은 삶을 살게 만드는 이 악인들이 그런 죽음의 세계에 가게 해달라고 시인은 기도합니다. 언뜻 복수 같아 보이지만, 자신의 힘과 손으로 복수하는 것이 아니라 하나님의 손에 맡긴다는 점이 다릅니다. 타인에게 악을 행한 사람은 반드시 자신의 삶에 그와 같은 악이 임하는 것을 경험하게 된다는 것은 구약의 신앙인들이 늘 간직한 믿음입니다. 그래서 이 믿음은 나의 몸과 다른 이의 몸이 다르지 않음을 깨닫게 합니다.

23 주님을 믿는 성도들아, 너희 모두 주님을 사랑하여라. 주님께서 신실한 사람은 지켜주시나, 거만한 사람은 가차 없이 벌하신다. 24 주님을 기다리는 사람들아, 힘을 내어라. 용기를 내어라.

{ 제32편 }

용서받은 기쁨
[다윗의 마스길]

1 복되어라! 거역한 죄 용서받고 허물을 벗은 그 사람! 2 주님께서 죄 없는 자로 여겨주시는 그 사람! 마음에 속임수가 없는 그 사람! 그는 복되고 복되다!
3 내가 입을 다물고 죄를 고백하지 않았을 때에는, 온종일 끊임없는 신음으로 내 뼈가 녹아내렸습니다. 4 주님께서 밤낮 손으로 나를 짓누르셨기에, 나의 혀가 여름 가뭄에 풀 마르듯 말라버렸습니다. (셀라)

1절에서 말하는 '그 사람'은 다윗인가요, 아니면 특정한 어떤 사람인가요? 여러 번 이야기한 대로, 시편의 다윗을 꼭 그 다윗으로만 생각할 필요는 전혀 없습니다. 시편의 다윗은 위대한 영웅이 아니라, 대적들에게 둘러싸여 고통을 당하기도 하고, 질병 때문에 신음하기도 하며, 32편에서처럼 자신이 저질렀던 죄악으로 인해 극심한 괴로움을 겪기도 하는 사람이니, 그야말로 이스라엘의 신앙인을 대표한다고 볼 수 있습니다. 대개 사람들은 죄를 저지르고도 크게 문제의식을 느끼지 못하거나 다른 사람과 비교하며 스스로를 정당화하고 안심하지만, 이 시의 주인공은 자신의 죄로 인해 마치 온몸이 완전히 녹아내리는 것 같은 고통을 겪습니다. 마침내 하나님께 모든 죄를 아뢰었을 때, 뜻밖에도 하나님께서 그 죄를 사해주시는 것을 경험한 사람의 예상치 못한 기쁨이 이 시에 가득합니다.

5 드디어 나는 내 죄를 주님께 아뢰며 내 잘못을 덮어두지 않고 털어놓았습니다. "내가 주님께 거역한 나의 죄를 고백합니다" 하였더니, 주님께서는 나의 죄악을 기꺼이 용서하셨습니다. (셀라)

6 경건한 사람이 고난을 받을 때에, 모두 주님께 기도하게 해 주십시오. 고난이 홍수처럼 밀어닥쳐도, 그에게는 미치지 못할 것입니다. 7 주님은 나의 피난처, 나를 재난에서 지켜주실 분! 주님께서 나를 보호하시니, 나는 소리 높여 주님의 구원을 노래하렵니다. (셀라)

8 주님께서 말씀하신다. "네가 가야 할 길을 내가 너에게 지시하고 가르쳐주마. 너를 눈여겨보며 너의 조언자가 되어주겠다."
9 "너희는 재갈과 굴레를 씌워야만 잡아둘 수 있는 분별없는 노새나 말처럼 되지 말아라."

10 악한 자에게는 고통이 많으나, 주님을 의지하는 사람에게는 한결같은 사랑이 넘친다. 11 의인들아, 너희는 주님을 생각하며, 즐거워하고 기뻐하여라. 정직한 사람들아, 너희는 다 함께 기뻐 환호하여라.

{ 제33편 }

주님을 찬양하는 노래

1 의인들아, 너희는 주님을 생각하며 기뻐하여라. 정직한 사람들아, 찬양은, 너희가 마땅히 해야 할 일이다. 2 수금을 타면서, 주님을 찬양하여라. 열 줄 거문고를 타면서, 주님께 노래하여라. 3 새 노래로 주님을 찬양하면서, 아름답게 연주하여라.

4 주님의 말씀은 언제나 올바르며, 그 하시는 일은 언제나 진실하다. 5 주님은 정의와 공의를 사랑하시는 분, 주님의 한결같은 사랑이 온 땅에 가득하구나.

6 주님은 말씀으로 하늘을 지으시고, 입김으로 모든 별을 만드셨다. 7 주님은 바닷물을 모아 독에 담으셨고 그 깊은 물을 모아 창고 속에 넣어두셨다.

8 온 땅아, 주님을 두려워하여라. 세상 모든 사람아, 주님을 경외하여라. 9 한마디 주님의 말씀으로 모든 것이 생기고, 주님의 명령 한마디로 모든 것이 견고하게 제자리를 잡았다.

10 주님은, 뭇 나라의 도모를 흩으시고, 뭇 민족의 계획을 무

8절에 나오는 '두려워하다'와 '경외하다'는 그 의미가 어떻게 다른가요? 두 표현의 의미는 다르지 않습니다. 구약성경의 시편과 같은 글에서는 같은 내용을 가리키되 다른 단어를 써서 표현하는 경우가 많습니다. 이런 방식을 가리켜 '동의평행법'이라고 부르기도 합니다. 같은 의미를 다른 단어로 표현하면 글에서 좀 더 생기가 느껴집니다. 시편은 그저 전하고자 하는 바를 전하는 데만 목적을 두지 않고, 이처럼 이런 저런 수사법이나 문학적인 기법을 다채롭게 활용했기 때문에 미적으로도 아름답습니다. 그래서 당장 삶의 변화와 거리가 있더라도, 시가 전하는 이미지와 아름다움을 누리는 것도 시편을 읽는 하나의 방법입니다.

효로 돌리신다. 11 주님의 모략은 영원히 흔들리지 않으며, 마음에 품으신 뜻은 대대로 끊어지지 않는다. 12 주님이 그들의 하나님이 되시기로 한 나라 곧 주 하나님이 그의 기업으로 선택한 백성은 복이 있다.

13 주님은 하늘에서 굽어보시며, 사람들을 낱낱이 살펴보신다. 14 계시는 그곳에서 땅 위에 사는 사람을 지켜보신다. 15 주님은 사람의 마음을 지으신 분, 사람의 행위를 모두 아시는 분이시다. 16 군대가 많다고 해서 왕이 나라를 구하는 것은 아니며, 힘이 세다고 해서 용사가 제 목숨을 건지는 것은 아니다. 17 나라를 구하는 데 군마가 필요한 것은 아니며, 목숨을 건지는 데 많은 군대가 필요한 것은 아니다.

18 그렇다. 주님의 눈은 주님을 경외하는 사람들을 살펴보시며, 한결같은 사랑을 사모하는 사람들을 살펴보시고, 19 그들의 목숨을 죽을 자리에서 건져내시고, 굶주릴 때에 살려주신다.

20 주님은 우리의 구원자이시요, 우리의 방패이시니, 우리가 주님을 기다립니다. 21 우리가 그 거룩한 이름을 의지하기에 우리 마음이 그분 때문에 기쁩니다. 22 우리는 주님을 기다립니다. 주님, 우리에게 주님의 한결같은 사랑을 베풀어주십시오.

주님은 세상의 모든 것을 알고 계시는 것 같은데(18-19절), 왜 세상에는 아직도 불의와 불공정이 판을 치고 있나요? 만일 하나님께서 세상의 모든 불의와 불공정을 심판해 제거하신다면, 사람이 하나님의 형상대로 지음 받았다는 사실은 무슨 의미가 있을까요? 사람은 때로 악하고 때로는 심히 무능하지만, 세상에 존재하는 악을 고발하고 맞서는 일은 하나님의 책임이 아니라 사람의 책임입니다. 사람이 행하는 일이 악하기에 불의가 존재하는 현실을 하나님 책임이라 할 수는 없습니다. 하나님의 도우심을 신뢰하면서, 부족하고 연약한 사람이 한 걸음씩 하나님의 뜻을 실천하며 걸어갈 때 부르는 노래가 시편이라 할 수 있습니다.

{ 제34편 }

주님을 공경하라

[아비멜렉 앞에서 미친 체하다가, 쫓겨나서 지은 다윗의 시]

1 내가 주님을 늘 찬양할 것이니, 주님을 찬양하는 노랫소리, 내 입에서 그치지 않을 것이다. 2 나 오직 주님만을 자랑할 것이니, 비천한 사람들아, 듣고서 기뻐하여라. 3 나와 함께 주님을 높이자. 모두 함께 그 이름을 기리자.

4 내가 주님을 간절히 찾았더니, 주님께서 나에게 응답하시고, 내 모든 두려움에서 나를 건져내셨다. 5 주님을 우러러보아라. 네 얼굴에 기쁨이 넘치고 너는 수치를 당하지 않을 것이다. 6 이 비천한 몸도 부르짖었더니, 주님께서 들으시고, 온갖 재난에서 구원해주셨다. 7 주님의 천사가 주님을 경외하는 사람을 둘러 진을 치고, 그들을 건져주신다.

8 너희는 주님의 신실하심을 깨달아라. 주님을 피난처로 삼는 사람은 큰 복을 받는다. 9 주님을 믿는 성도들아, 그를 경외하

아비멜렉은 누구인가요? 무슨 사연이 있기에 다윗은 그 사람 앞에서 미친 체하며 춤을 추었나요? 34편의 배경은 사무엘기상 21장 10-15절로 여겨집니다. 자신을 죽이려는 임금 사울에게서 피해야 했던 다윗은 별수 없이 이스라엘의 적국인 블레셋의 가드로 피신합니다. 사무엘기상에는 가드 왕이 아기스로 나오는데, 시편 34편에서는 아비멜렉으로 되어 있습니다. 아마도 '아비멜렉'은 이집트 왕을 '바로' 혹은 '파라오'라고 부르는 것처럼 블레셋의 왕을 가리키는 일반적인 호칭일 겁니다(예, 창 20:2; 26:1). 과거 다윗이 블레셋 군대를 격퇴했다는 사실을 기억한 블레셋 신하들이 다윗을 죽이자 했을 때, 다윗은 미친 사람 흉내를 내고 쫓겨나 위기를 모면했습니다. 그와 같은 사건이 34편의 배경으로 제시되었습니다.

여라. 그를 경외하는 사람에게는, 아무런 부족함이 없을 것이다. 10 젊은 사자들은 먹이를 잃고 굶주릴 수 있으나, 주님을 찾는 사람은 복이 있어 아무런 부족함이 없을 것이다.

11 젊은이들아, 와서 내 말을 들어라. 주님을 경외하는 길을 너희에게 가르쳐주겠다. 12 인생을 즐겁게 지내고자 하는 사람, 그 사람은 누구냐? 좋은 일을 보면서 오래 살고 싶은 사람, 그 사람은 또 누구냐? 13 네 혀로 악한 말을 하지 말며, 네 입술로 거짓말을 하지 말아라. 14 악한 일은 피하고, 선한 일만 하여라. 평화를 찾기까지, 있는 힘을 다하여라.

15 주님의 눈은 의로운 사람을 살피시며, 주님의 귀는 그들이 부르짖는 소리를 들으신다. 16 주님의 얼굴은 악한 일을 하는 자를 노려보시며, 그들에 대한 기억을 이 땅에서 지워버리신다. 17 의인이 부르짖으면 주님께서 반드시 들어주시고, 그 모든 재난에서 반드시 건져주신다. 18 주님은, 마음 상한 사람에게 가까이 계시고, 낙심한 사람을 구원해주신다.

19 의로운 사람에게는 고난이 많지만, 주님께서는 그 모든 고난에서 그를 건져주신다. 20 뼈마디 하나하나 모두 지켜주시

인생을 즐겁게 지내고 좋은 일을 보며 오래 살고 싶은 건 모든 인간의 소망일 텐데요. 다윗은 결론으로 "착하게 살아라"를 주문한 것 같습니다(12–14절). 너무 뻔한 이야기 아닌가요? 참으로 즐거운 삶, 평화로운 삶을 원한다면 악한 말과 거짓말을 하지 말고 선한 일을 행하는 것이 길이라고 시편은 말합니다. 악한 말과 거짓말은 이웃을 이용하거나 해롭게 하더라도 나의 이익과 유익을 얻기 위한 행동입니다. 다른 이의 평화와 행복을 짓밟으며 내가 행복할 수 있는 길은 단연코 없습니다. 일시적으로는 행복을 누릴지 몰라도, 그 행복은 오래가지 못합니다. 하나님께서 살아계시니까요. 결국 행복은 내가 가진 돈이나 힘이 아니라, 나와 내 곁의 사람들이 즐거움과 기쁨, 평안을 누리는 일상이 아닐까요? 참된 행복은 정의로운 삶, 선한 삶에 있습니다.

니, 어느 것 하나도 부러지지 않는다. 21 악인은 그 악함 때문에 끝내 죽음을 맞고, 의인을 미워하는 사람은, 반드시 마땅한 벌을 받을 것이다.

22 주님은 주님의 종들의 목숨을 건져주시니, 그를 피난처로 삼는 사람은, 정죄를 받지 않을 것이다.

{ 제35편 }

원수에게서 보호해주실 것을 구하는 기도
[다윗의 시]

1 주님, 나와 다투는 자와 다투시고, 나와 싸우는 자와 싸워주십시오. 2 큰 방패와 작은 방패를 잡으시고, 일어나 나를 도와주십시오. 3 창과 단창을 뽑으셔서 나를 추격하는 자들을 막아주시고, 나에게는 "내가 너를 구원하겠다" 하고 말씀하여주십시오.

4 내 목숨 노리는 자들을 부끄러워 무색케 하시고, 나를 해치

주님이 언제나 내 편이면 좋겠지만, 악인도 같은 기도를 드리면 어떻게 되는 건가요? 사실 시편의 수많은 탄식 가득한 기도는 악용되기 쉽습니다. 누구나 다 자기가 억울하다며 하나님께 자신의 편이 되어달라고 기도를 하곤 합니다. 누가 봐도 악하게 살아가는 이가 시편을 들어 기도하는 모습을 보다 보면 정말 분노가 차오르기도 합니다. 그래서 시편의 기도는 누구라도 따라 할 수 있지만, 또 반대로 누구라도 자신을 돌아보게 합니다. 시편은 약자의 기도, 가난한 자의 기도, 하나님 외에는 의지할 곳이 없는 이들의 기도입니다. 누구라도 시편으로 기도하는 것을 막을 수는 없지만, 이와 같은 기도를 한다고 하나님께서 모두 응답하시는 것이 아닙니다. 하나님께서는 가난한 자의 기도를 들으실 것입니다.

려는 자들도 뒤로 물러나 수치를 당하게 하여주십시오. 5 그들을 바람에 날리는 겨처럼 흩으시고, 주님의 천사에게서 쫓겨나게 하여주십시오. 6 그들이 가는 길을 어둡고 미끄럽게 하시어, 주님의 천사가 그들을 추격하게 해주십시오.

7 몰래 그물을 치고 구덩이를 파며, 이유 없이 내 생명을 빼앗으려는 저 사람들, 8 저 사람들에게 멸망이 순식간에 닥치게 하시고, 자기가 친 그물에 자기가 걸려서 스스로 멸망하게 해주십시오.

9 그때에 내 영혼이 주님을 기뻐하며, 주님의 구원을 크게 즐거워할 것이다. 10 "주님, 주님과 같은 분이 누굽니까? 주님은 약한 사람을 강한 자에게서 건지시며, 가난한 사람과 억압을 받는 사람을 약탈하는 자들에게서 건지십니다. 이것은 나의 뼈 속에서 나오는 고백입니다."

11 거짓 증인들이 일어나서, 내가 알지도 못하는 일을 캐묻는 구나. 12 그들이 나에게 선을 악으로 갚다니! 내 영혼을 이토록 외롭게 하다니! 13 그들이 병들었을 때에, 나는 굵은 베옷을 걸치고, 나를 낮추어 금식하며 기도했건만! 오, 내 기도가 응답

배신에 치를 떨며 하나님께 호소하는 기도입니다. 이렇게 개인적인 앙금을 가지고 기도하는 건 너무 자기중심적인 기도가 되지 않을까요? 상대가 내가 베푼 선을 악으로 갚을 뿐 아니라 계속해서 내가 망하고 쓰러지기를 바라며 모함하고 모략한다면, 누구라도 견디기 어려울 겁니다. 그 모든 괴로움과 쓰라림 역시 하나님께 아뢰는 기도가 됩니다. 악을 행하고 그 힘을 휘두르는 이들에 비해, 시인이 할 수 있는 것은 하나님을 향한 기도밖에 없습니다. 이러한 부르짖음을 '자기중심적'이라고 말할 수는 없겠지요. 하나님의 도우심을 구하고 찾는 이를 하나님께서 지키고 보호하신다는 것은 시편과 구약성경, 신약성경이 줄기차게 증언하는 사실이며, 무수한 신앙인들이 역사와 삶을 통해 계속 경험하고 고백하는 내용입니다.

되지 않았더라면 더 좋았을 텐데! 14 친구나 친척에게 하듯이 나는 그들의 아픔을 함께 아파하고, 모친상을 당한 사람처럼 상복을 입고 몸을 굽혀서 애도하였다. 15 그러나 정작 내가 환난을 당할 때에, 오히려 그들은 모여서 기뻐 떠들고, 폭력배들이 내 주위에 모여서는 순식간에 나를 치고, 쉴 새 없이 나를 찢었다. 16 장애자를 조롱하는 망령된 자와 같이 그들은 나를 조롱하고 비웃으며, 나를 보고 이를 갈았다.

17 주님, 언제까지 보고만 계시렵니까? 내 목숨을 저 살인자들에게서 건져주십시오. 하나밖에 없는 이 생명을 저 사자들에게서 지켜주십시오. 18 나는 큰 회중 가운데서 주님께 감사를 드리며, 나는 수많은 백성 가운데서 주님을 찬송하렵니다.

19 거짓말쟁이 원수들이 나를 이겼다면서 기뻐하지 못하게 해주십시오. 까닭 없이 나를 미워하는 자들이 서로 눈짓을 주고받으며 즐거워하지 못하게 해주십시오.

20 그들은 평화에 대해 말하는 법이 없습니다. 평화롭게 사는 백성을 거짓말로 모해합니다. 21 그들은 입을 크게 벌려 "하하!" 하고 웃으면서 "우리가 두 눈으로 그가 저지르는 잘못을

다윗의 기도에는 자존감이 넘칩니다. 하나님 앞에서 당당합니다. 그의 인생은 그렇게 완벽했나요? 그러한 '자존감'은 하나님께서 내 사정과 형편을 아신다는 믿음에서 비롯됩니다. 가난하고 약한 이들은 어려움이 생기면 자신의 무능과 부족함 때문이라 여기는 경우가 있지만, 시편의 시인들은 자신의 모습 그대로 하나님께 나아와 자신을 억압하는 원수를 고발하며 하나님의 도우심을 구합니다. 세상의 주인은 유능하고 실력 있는 사람이 아니라 주 하나님이십니다. 그 하나님의 형상대로 지음 받은 사람은 누구나 하나님께서 지으신 세상에서 풍성한 삶을 살 자격이 있습니다. 시인의 담대함과 당당함은 완벽한 삶의 자신감에서 나오는 것이 아니라, 온 땅의 공정한 재판장이신 하나님에 대한 신뢰에서 나옵니다.

똑똑히 보았다" 하고 위증합니다.

22 주님, 주님께서 친히 보셨으니, 가만히 계시지 마십시오. 주님, 나를 멀리하지 마십시오. 23 나의 하나님, 나의 주님, 분발하여 일어나셔서, 재판을 여시고 시비를 가려주십시오. 24 주님, 나의 하나님, 주님의 공의로 나에게 공정한 판결을 내려주십시오. 그들이 나를 이겼다고 하면서 기뻐하지 못하게 해주십시오. 25 그들이 마음속으로 "하하, 우리의 소원이 이루어졌구나" 하고 고소해하지 못하게 해주십시오. "드디어 우리가 그를 삼켜버렸지" 하고 말하지도 못하게 해주십시오.

26 나의 불행을 기뻐하는 저 사람들은, 다 함께 수치를 당하고 창피를 당하고 말 것이다. 나를 보고서 우쭐대는 저 사람들은, 수치와 창피를 당할 것이다. 27 그러나 내가 받은 무죄판결을 기뻐하는 자들은 즐거이 노래하면서 기뻐할 것이다. 그들은 쉬지 않고, "주님은 위대하시다. 그를 섬기는 사람에게 기꺼이 평화를 주시는 분이시다" 하고 말할 것이다.

28 내 혀로 주님의 의를 선포하겠습니다. 온종일 주님을 찬양하겠습니다.

{ 제36편 }

인간의 사악함과 하나님의 선하심

[지휘자를 따라 부르는 주님의 종 다윗의 노래]

1 악인의 마음 깊은 곳에는 반역의 충동만 있어, 그의 눈에는 하나님을 두려워하는 기색이 조금도 없습니다. 2 그의 눈빛은 지나치게 의기양양하고, 제 잘못을 찾아내 버릴 생각은 전혀 없습니다. 3 그의 입에서 나오는 말이란 사기와 속임수뿐이니, 슬기를 짜내어서 좋은 일을 하기는 이미 틀렸습니다. 4 잠자리에 들어서도 남 속일 궁리나 하고, 범죄의 길을 고집하며, 한사코 악을 버리려고 하지 않습니다.

5 주님, 주님의 한결같은 사랑은 하늘에 가득 차 있고, 주님의 미쁘심은 궁창에 사무쳐 있습니다. 6 주님의 의로우심은 우람한 산줄기와 같고, 주님의 공평하심은 깊고 깊은 심연과도 같습니다. 주님, 주님은 사람과 짐승을 똑같이 돌보십니다.

7 하나님, 주님의 한결같은 사랑이 어찌 그리 값집니까? 사람

다윗은 어떤 생각으로 하나님이 사람과 짐승을 똑같이 돌본다고 노래한 것일까요? 그저 하나의 찬양일 뿐인가요? 창세기 1-2장은 하나님께서 사람만이 아니라 짐승도 지으셨음을 보여줍니다. 그리고 창세기 9장 3-6절에서는 사람의 피든 동물의 피든, 피를 흐르게 한 이는 자신의 피로 갚아야 한다고 선포하셨습니다. 삶에 필요한 양식을 위한 것이 아니라면, 인간에게 저항하기 어려운 동물을 학대하고 함부로 죽이는 행태를 하나님께서는 반드시 벌하실 것입니다. 이 시는 세상을 향한 하나님의 한결같은 사랑과 신실하심을 노래합니다. '주님의 의로우심'은 그 하나님의 사랑과 자비, 인자하심으로 행하시는 모든 일을 가리킵니다. 그러한 사랑과 은혜를 단적으로 보여주는 말이 사람과 짐승을 똑같이 돌보신다는 표현이라 볼 수 있습니다.

들이 주님의 날개 그늘 아래로 피하여 숨습니다. 8 주님의 집에 있는 기름진 것으로 그들이 배불리 먹고, 주님이 그들에게 주님의 시내에서 단물을 마시게 합니다. 9 생명의 샘이 주님께 있습니다. 우리는 주님의 빛을 받아 환히 열린 미래를 봅니다. 10 주님을 사랑하는 사람들에게는, 주님께서 친히 한결같은 사랑을 베풀어주십시오. 마음이 정직한 사람에게는, 주님의 의를 변함없이 베풀어주십시오. 11 오만한 자들이 발로 나를 짓밟지 못하게 하시고, 악한 자들이 손으로 나를 휘두르지 못하게 하여주십시오.

12 그때에 악을 일삼는 자들은 넘어지고, 넘어져서, 다시는 일어나지 못한다.

{ 제37편 }

주님을 신뢰하라

[다윗의 시]

1 악한 자들이 잘된다고 해서 속상해하지 말며, 불의한 자들이 잘산다고 해서 시새워하지 말아라. 2 그들은 풀처럼 빨리 시들고, 푸성귀처럼 사그라지고 만다.

3 주님만 의지하고, 선을 행하여라. 이 땅에서 사는 동안 성실히 살아라. 4 기쁨은 오직 주님에게서 찾아라. 주님께서 네 마음의 소원을 들어주신다.

5 네 갈 길을 주님께 맡기고, 주님만 의지하여라. 주님께서 이루어주실 것이다. 6 너의 의를 빛과 같이, 너의 공의를 한낮의 햇살처럼 빛나게 하실 것이다.

7 잠잠히 주님을 바라고, 주님만을 애타게 찾아라. 가는 길이 언제나 평탄하다고 자랑하는 자들과, 악한 계획도 언제나 이룰 수 있다는 자들 때문에 마음 상해하지 말아라.

8 노여움을 버려라. 격분을 가라앉혀라. 불평하지 말아라. 이

다윗이 쓴 시는 당시에 어떻게 사용되었나요? 시편에 모인 시 대부분은 고대 이스라엘의 예배에서 사용되었습니다. 셀라를 비롯한 여러 음악적 기호와 지휘자에 대한 언급에서 이를 알 수 있습니다. 앞에서도 말했지만, '다윗의 시'라고 해서 모두 다윗이 지은 것은 아닙니다. 성전 성가대에 속한 이들이 다윗을 기념해 사용하기도 하고, 다윗에게 헌정된 시도 있을 것입니다. 다윗이 위대한 왕이라서 칭송했다기보다는, 하나님을 의지하는 신앙인을 대표하는 인물로 그를 기렸다고 할 수 있습니다. 그래서 다윗의 시는 힘겹고 어려운 삶을 살아가는 이라면 누구라도 공감할 수 있습니다. 그렇기에 이 시는 오늘날에도 동서를 막론하고 널리 읽힙니다.

런 것들은 오히려 악으로 기울어질 뿐이다. 9 진실로 악한 자들은 뿌리째 뽑히고 말 것이다. 그러나 주님을 기다리는 사람들은 반드시 땅을 물려받을 것이다.

10 조금만 더 참아라. 악인은 멸망하고야 만다. 아무리 그 있던 자취를 찾아보아도 그는 이미 없을 것이다. 11 겸손한 사람들이 오히려 땅을 차지할 것이며, 그들이 크게 기뻐하면서 평화를 누릴 것이다.

12 악인이 의인을 모해하며, 그를 보고 이를 갈지라도, 13 주님은 오히려 악인을 비웃으실 것이니, 악인의 끝 날이 다가옴을 이미 아시기 때문이다.

14 악인들은 칼을 뽑아 치켜들고, 또 활을 당겨서, 비천하고 가난한 사람들을 쓰러뜨리며, 자기 길을 똑바로 걷는 사람을 죽이려고 하지만, 15 그 칼에 오히려 자기 가슴만 뚫릴 것이니, 그 활도 꺾이고야 말 것이다.

16 의인의 하찮은 소유가 악인의 많은 재산보다 나으니, 17 악인의 팔은 부러지지만, 의인은 주님께서 붙들어주신다.

18 흠 없는 사람의 나날은 주님께서 보살펴주시니, 그 유산은 대대로 이어지고, 19 재난을 당할 때에도 부끄러움을 당하지

시편의 시인은 처음부터 시, 노래, 기도를 구분해서 썼나요? 노래와 기도는 옛날에나 지금에나 소설과 같은 줄글 혹은 산문과는 다릅니다. 우리나라의 전통 문학 가운데 하나인 시조가 3·4조의 운율을 지녔듯이, 고대 이스라엘의 시도 나름의 운율을 지녔습니다. 노래와 기도는 그렇게 운율을 지닌 시로 지어진 것입니다. 다윗으로 대표되는 구약의 신앙인들은 하나님께 자신의 마음을 토로하며 기도했고, 그러한 기도가 시의 형태로 다듬어져서 공동체가 성전에서 함께 부르고 듣는 노래가 되었을 것입니다. 말을 길게 설명해서 쓰는 산문에 비해 짧고 함축적이며 비유를 동원한 시 형식의 기도와 노래는 사람들의 다양한 경험을 표현하기에 적절했을 겁니다.

않고, 기근이 들 때에도 굶주리지 않는다.

20 그러나 악인들은 패망할 것이니, 주님의 원수들은 기름진 풀밭이 시들어 불타듯이, 불타 없어질 것이니, 연기처럼 사라질 것이다.

21 악인은 빌리기만 하고 갚지 않으나, 의인은 은혜를 베풀고 거저 준다. 22 주님께서 베푸시는 복을 받은 사람은 땅을 차지하게 되지만, 주님의 저주를 받은 자들은 땅에서 끊어질 것이다. 23 우리가 걷는 길이 주님께서 기뻐하시는 길이면, 우리의 발걸음을 주님께서 지켜주시고, 24 어쩌다 비틀거려도 주님께서 우리의 손을 잡아주시니, 넘어지지 않는다.

25 나는 젊어서나 늙어서나, 의인이 버림받는 것과 그의 자손이 구걸하는 것을 보지 못하였다. 26 그런 사람은 언제나 은혜를 베풀고, 꾸어주면서 살아가니, 그의 자손은 큰 복을 받는다. 27 악한 일 피하고, 선한 일 힘쓰면, 이 땅에서 길이길이 살 것이니, 28 주님께서는 공의를 사랑하시고, 그의 성도들을 돌보시기 때문이다. 그들은 영원토록 보호를 받으나, 악인의 자손은 끊어질 것이다. 29 의인은 땅을 차지하고, 언제나 거기에서 살 것이다.

내용에 악인 또는 원수라고 생각한 사람들을 향한 저주가 자주 등장합니다. 하나님을 믿는 사람이 그렇게 저주를 일삼아도 되나요? 고대인들은 저주가 효력이 있다여겨 나름의 마술적인 의식을 동원해 저주 의식을 치르곤 했지만, 시편의 기도자들은 그 저주를 당사자에게 퍼붓는 것이 아니라, 오직 하나님께서 악을 심판해달라고 기도로 아뢸 뿐입니다. 시편의 기도자와 같은 처지의 가난하고 어려운 사람을 괴롭히고 억압하는 악인은 그야말로 악의 세력입니다. 그래서 시편의 저주 기도는 효력있는 주술 의식이 아니라, 괴롭고 고통스러운 마음을 하나님께 토로하는 눈물의 기도요, 하나님께서 세상의 악을 심판해 바로잡아 주시는 정의를 구하는 기도입니다.

30 의인의 입은 지혜를 말하고, 그의 혀는 공의를 말한다.
31 그의 마음속에 하나님의 법이 있으니, 그의 발걸음이 흔들리지 않는다.
32 악인이 의인을 엿보며 그를 죽일 기회를 노리지만, 33 주님은 의인을 악인의 손아귀에 버려두지 않으시며, 판결을 내리실 때에 의인에게 유죄를 선고하지 않으실 것이다.
34 주님을 기다리며, 주님의 법도를 지켜라. 주님께서 너를 높여주시어 땅을 차지하게 하실 것이니, 악인들이 뿌리째 뽑히는 모습을 네가 보게 될 것이다.
35 악인의 큰 세력을 내가 보니, 본고장에서 자란 나무가 그 무성한 잎을 뽐내듯 하지만, 36 한순간이 지나고 다시 보니, 흔적조차 사라져, 아무리 찾아도 그 모습 찾아볼 길 없더라.
37 흠 없는 사람을 지켜보고, 정직한 사람을 눈여겨보아라. 평화를 사랑하는 사람에게는 미래가 있으나, 38 범죄자들은 함께 멸망할 것이니, 악한 자들은 미래가 없을 것이다.
39 의인의 구원은 주님께로부터 오며, 재난을 받을 때에, 주님은 그들의 피난처가 되신다. 40 주님이 그들을 도우셔서 구원

이 시에 등장하는 의인과 악인은 개인의 기준에 따른 것인가요, 아니면 보편적인 기준으로 본 것인가요? 만일 의로움과 악함이 개인의 기준으로 결정된다면 온 세상은 독선으로 가득 차고, 결국 힘세고 이긴 사람만이 정의가 될 것입니다. 이를 막기 위해서는 너도 나도 아닌, 제3의 판단 혹은 보편적인 기준이 반드시 필요합니다. 구약성경은 하나님의 율법이야말로 너와 나의 이익을 넘어 온 세상과 사람을 지으신 하나님의 기준을 제시한 것이기에 의와 악의 판단 기준이 된다고 증언합니다. 다윗과 같은 시편의 기도자들은 자신만이 의롭다 말하는 것이 아니라, 하나님의 율법과 행하심을 따라 호소합니다. 그래서 37편에서도 의인의 특징은 하나님을 의지하며 선을 행하는 것입니다(3, 5, 7, 26, 34절).

하여주신다. 그들이 주님을 피난처로 삼았기에, 그들을 악한
자들에게서 건져내셔서 구원하여주신다.

{ 제38편 }

환난을 당할 때의 기도
[기념 예배에서 읊는 다윗의 시]

1 주님, 주님의 분노로 나를 책망하지 마시고, 주님의 진노로
나를 벌하지 말아 주십시오. 2 아, 주님의 화살이 나를 꿰뚫으
며, 주님의 손이 나를 짓누릅니다.
3 주님께서 노하시므로, 나의 살에는 성한 곳이 없습니다. 내
가 지은 죄 때문에, 나의 뼈에도 성한 데가 없습니다. 4 내 죄
의 벌이 나를 짓누르니, 이 무거운 짐을 내가 더는 견딜 수 없
습니다.

"기념 예배에서 읊는다"고 생각하기는 어려울 정도로, 개인적으로 겪는 어려움을 호
소하는 내용들입니다. 제목도 '환난을 당할 때의 기도'로 붙어 있고요. '기념'에는 다
른 뜻이 있나요? '환난을 당할 때의 기도'는 새번역 성경을 편찬한 대한성서공회에
서 38편 내용을 반영해 붙인 제목입니다. 반면 '기념'에 대한 언급은 원래 히브리어
본문에 기록되어 있는 표현입니다. 시편 70편에도 같은 표현이 있는데, 거기서는 '기
념식에서 부르는'으로 번역되었습니다. 공교롭게도 38편과 70편 모두 극심한 고통
과 괴로움 속에서 하나님의 도우심을 구하는 기도를 담고 있습니다. 이를 생각하면,
우리가 기념, 즉 두고두고 기억하고 잊지 말아야 하는 것은 우리의 힘겨웠던 날들이
구나 싶습니다. "개구리 올챙이 적 모른다"는 말처럼, 조금 괜찮아지면 마치 원래 그
랬던 양 오만하고 교만하게 행하며 다른 사람을 우습게 여기는 우리 모습을 돌아보
게 됩니다. 오직 하나님의 도우심만이 절실했던 그 시간을 '기념해야' 하겠습니다.

5 내 몸의 상처가 곪아 터져 악취를 내니 이 모두가 나의 어리석음 때문입니다. 6 더 떨어질 데 없이 무너져내린 이 몸, 온종일 슬픔에 잠겨 있습니다. 7 허리에 열기가 가득하니, 이 몸에 성한 데라고는 하나도 없습니다. 8 이 몸이 이토록 쇠약하여 이지러졌기에, 가슴이 미어지도록 신음하며 울부짖습니다.

9 아, 주님, 나의 모든 탄원, 주님께서 다 아십니다. 나의 모든 탄식, 주님 앞에 숨길 수 없습니다. 10 심장은 거칠게 뛰고, 기력은 다 빠지고, 눈조차 빛을 잃고 말았습니다. 11 나의 사랑하는 자와 친구들이 내 상처를 바라보곤 비켜섭니다. 가족들마저 나를 멀리합니다.

12 내 목숨을 노리는 자들이 올무를 놓고, 내 불행을 바라는 자들이 악담을 퍼부으며, 온종일 해칠 일을 모의합니다.

13 그러나 나는 아예 귀머거리가 되어 듣지 않았고, 벙어리가 되어 입을 열지 않았습니다. 14 참으로 나는 듣지 못하는 사람처럼 되었고, 입은 있어도, 항변할 말이 없는 사람처럼 되었습니다.

기도하는 이는 자신이 지은 죄로 인해 더없이 비참해 보입니다. 그럼에도 불구하고 주님을 부르며 매달립니다. 죄를 지은 사람이 이렇게 기도해도 되나요? 사실 정말로 어려운 것은 자신의 죄를 인정하는 일이지 않을까요? 더구나 사회적 지위도 조금 생기고 나이도 어느 정도 들어 이런저런 체면 같은 것이 생기면, 우리는 자신의 잘못을 인정하지 않고 우기거나 고집부리기 쉽습니다. 반면 시편의 기도자들은 자신의 잘못을 하나님 앞에 고백하고 아룁니다. 그리고 자신의 죄가 가져오는 고통과 괴로움을 생생히 고백합니다. "뼈에도 성한 데가 없고 상처가 곪아 터졌다"(3, 5절)고 말합니다. 죄는 이렇게도 무거운 것인데, 우리는 이를 심각하게 생각조차 하지 않는 것 같습니다. 기도자는 하나님께 이 모든 죄악을 아뢰기에 여전히 그분 앞에 나아올 수 있으며, 하나님의 도우심을 바라고 신뢰하기에 이처럼 간절히 기도할 수 있습니다. 하나님께서는 죄를 짓지 않은 사람을 찾으시는 것이 아니라 언제든 자신의 죄를 인정하고 죄로부터 떠나 하나님께 나아오는 이를 찾으십니다.

15 주님, 내가 기다린 분은 오직 주님이십니다. 나의 주, 나의 하나님, 나에게 친히 대답하여주실 분도 오직 주님이십니다.

16 내가 재난에 빠져 있을 때에 주님께 기도하였습니다. "내 원수들이 나를 비웃지 못하게 하시고, 나의 발이 힘을 잃고 비틀거릴 때에도, 그들이 나를 보고 우쭐거리지 못하게 해주십시오." 17 나는 곧 쓰러질 것 같으며, 고통은 잠시도 나를 떠나지 않습니다. 18 진정으로 나는 나의 잘못을 털어놓고, 나의 죄 때문에 괴로워하지만, 19 강력한 나의 원수들은 점점 많아지기만 하고, 나를 까닭 없이 미워하는 자들도 점점 불어나기만 합니다. 20 나의 선을 악으로 갚는 저 사람들은, 내가 그들의 유익을 도모할 때, 오히려 나를 대적합니다.

21 주님, 나를 버리지 말아 주십시오. 나의 하나님, 나를 멀리하지 말아 주십시오. 22 빨리 나를 구원하여주십시오. 나를 구원하시는 주님!

{ 제39편 }

용서를 비는 기도

[여두둔의 지휘를 따라 부르는 다윗의 노래]

1 내가 속으로 다짐하였다. "나의 길을 내가 지켜서, 내 혀로는 죄를 짓지 말아야지. 악한 자가 내 앞에 있는 동안에는, 나의 입에 재갈을 물려야지." 2 그래서 나는 입을 다물고, 아무 말도 하지 않았다. 심지어 좋은 말도 하지 않았더니, 걱정 근심만 더욱더 깊어갔다. 3 가슴속 깊은 데서 뜨거운 열기가 치솟고 생각하면 할수록 울화가 치밀어 올라서 주님께 아뢰지 않고는 견딜 수 없었다. 4 "주님 알려주십시오. 내 인생의 끝이 언제입니까? 내가 얼마나 더 살 수 있습니까? 나의 일생이 얼마나 덧없이 지나가는 것인지를 말씀해주십시오."

5 주님께서 나에게 한 뼘 길이밖에 안 되는 날을 주셨으니, 내 일생이 주님 앞에서는 없는 것이나 같습니다. 진실로 모든 것은 헛되고, 인생의 전성기조차도 한낱 입김에 지나지 않습

내용이나 형식은 비슷해 보이는데 시편마다 부제가 제각각입니다. 어떤 것은 '다윗의 시', 어떤 것은 '다윗의 노래'…. 어떤 차이가 있나요? 38편 부제에 붙은 '시'와 39편 부제의 '노래'는 같은 히브리어를 달리 옮긴 것입니다. 글로 쓴 시에 곡조를 붙이면 노래가 됩니다. 38편은 기념식과 연관이 있고, 39편은 여두둔의 지휘를 따른다는 표현이 있어서, 한글 성경 번역자들이 전자는 시로, 후자는 노래로 맥락에 맞게 달리 옮긴 것이라 이해할 수 있습니다. 실제로 요즘 우리가 자주 부르는 복음성가나 찬송가 중에는 이와 같은 시편을 가사로 만든 것들이 많습니다. 노래로 부를 뿐 아니라, 우리 역시 하나님 앞에서 우리 삶과 신앙을 이렇게 시로 표현해보는 기회를 만들어보면 좋겠습니다.

니다. (셀라) 6 걸어 다닌다고는 하지만, 그 한평생이 실로 한 오라기 그림자일 뿐, 재산을 늘리는 일조차도 다 허사입니다. 장차 그것을 거두어들일 사람이 누구일지는 아무도 모르는 일입니다.

7 그러므로 주님, 이제, 내가 무엇을 바라겠습니까? 내 희망은 오직 주님뿐입니다. 8 내가 지은 그 모든 죄악에서 나를 건져 주십시오. 나로 어리석은 자들의 조롱거리가 되지 않게 해주십시오. 9 내가 잠자코 있으면서 입을 열지 않음은, 이 모두가 주님께서 하신 일이기 때문입니다. 10 주님의 채찍을 나에게서 거두어주십시오. 주님의 손으로 나를 치시면, 내 목숨은 끊어지고 맙니다.

11 주님께서 인간의 잘못을 벌하시고, 그 아름다움을 좀이 먹은 옷같이 삭게 하시니, 인생이란 참으로 허무할 뿐입니다. (셀라)

12 주님, 내 기도를 들어주십시오. 내 부르짖음에 귀를 기울여 주십시오. 내 눈물을 보시고, 잠잠히 계시지 말아 주십시오. 나 또한 나의 모든 조상처럼 떠돌면서 주님과 더불어 살아가는 길

인생의 덧없음과 짧음을 인정하는 내용이 담긴 이 시편은 인생 끝자락에 지은 것인가요? 노년의 어려움인가요? 인생의 덧없음을 표현하기에 가장 어울리는 나이는 노년이겠지만, 비록 젊은 시절이라 해도 자신의 뜻대로 되지 않는 어려움과 고통을 겪노라면 절로 이와 같은 고백이 나올 것입니다. 그래서 꼭 이 시를 노년 시절과 연관 지을 필요는 없습니다. 사람이 아무리 강건하다 해도 인생이라는 것이 우리 뜻대로 되지 않는 경우를 허다하게 경험합니다. 때로 아예 우리 힘으로 할 수 있는 것이 아무것도 없음을 젊은 나이에도 경험하곤 합니다. 금수저니 흙수저니 하는 말이 떠돈다는 것은 이미 많은 이들이 몸부림쳐도 어쩔 수 없는 현실을 경험하고 있음을 알려줍니다.

손과 나그네이기 때문입니다. 13 내가 떠나 없어지기 전에 다시 미소 지을 수 있도록 나에게서 눈길을 단 한 번만이라도 돌려주십시오.

다윗은 이스라엘의 왕인데도, 왜 자신을 길손과 나그네라고 표현했나요? 시편에 표현된 다윗은 위대한 왕이 아니라 끊임없는 고통과 괴로움 속에서 스스로 어찌할 수 없는 곤고한 인생길을 걸어가는 사람입니다. 다윗의 이름이 부착된 이제까지 시들은 대부분 인생의 괴로움과 대적의 핍박 앞에서 하나님 말고는 도움을 청할 데가 없는 힘겨운 다윗의 모습을 보여줍니다. 설령 왕이라 할지라도 이 땅에서 자신의 운명을 제 마음대로 할 수는 없을 것이며, 사람들이 공격하고 대적하기 쉬운 처지의 사람이라면 더더욱 아무것도 손에 쥘 수 없는 인생길을 걸어갈 것입니다. 구약성경은 사람의 일생을 자주 나그네와 길손에 비유합니다. 우리의 힘겨운 삶을 반영하는 표현이면서, 우리의 욕심과 욕망을 내려놓게 만드는 표현이기도 합니다.

{ 제40편 }

도움을 구하는 기도

[지휘자를 따라 부르는 노래, 다윗의 시]

1 내가 간절히 주님을 기다렸더니, 주님께서 나를 굽어보시고, 나의 울부짖음을 들어주셨네. 2 주님께서 나를 멸망의 구덩이에서 건져주시고, 진흙탕에서 나를 건져주셨네. 내가 반석을 딛고 서게 해주시고 내 걸음을 안전하게 해주셨네.

3 주님께서 나의 입에 새 노래를, 우리 하나님께 드릴 찬송을 담아주셨기에, 수많은 사람들이 나를 보고 두려운 마음으로 주님을 의지하네. 4 주님을 신뢰하여 우상들과 거짓 신들을 섬기지 않는 사람은 복되어라.

5 주, 나의 하나님, 주님께서는 놀라운 일을 많이 하시며, 우리 위한 계획을 많이도 세우셨으니, 아무도 주님 앞에 이것들을 열거할 수 없습니다. 내가 널리 알리고 전파하려 해도 이루 헤아릴 수도 없이 많습니다.

마치 두 편을 하나로 합친 듯 전반부와 후반부의 내용이 판이하게 다르고, 연결도 매끄럽지 않습니다. 특별한 이유가 있나요? 1-10절은 구덩이와 진흙탕 같은 고난에서 건져주신 하나님께 감사하는 기도라면, 11-17절은 헤아릴 수 없는 많은 재앙 속에서 오직 하나님의 도우심과 구원을 간구하는 탄식의 기도라고 할 수 있습니다. 이렇게 감사와 탄식이 연결된 경우는 현재의 괴롭고 힘든 상황 속에서 이전에 주 하나님께서 베푸신 구원 경험을 떠올리고 되새기면서 다시금 하나님께서 건져주시기를 부르짖는 상황을 생각해볼 수 있습니다. 이전의 구원 경험에 대한 회고는 시편에 자주 등장합니다. 하나님의 건지심은 한 번 경험하면 그것으로 끝이 아닙니다. 그 경험은 다음에 닥쳐올 또 다른 곤경과 괴로움 속에서도 낙심하거나 좌절하지 않고 다시 하나님께 부르짖고 일어날 수 있는 힘의 원천이 됩니다.

6 주님께서는 내 두 귀를 열어주셨습니다. 주님은 제사나 예물도 기뻐하지 아니합니다. 번제나 속죄제도 원하지 않습니다. 7 그때에 나는 주님께 아뢰었습니다. "나에 관하여 기록한 두루마리 책에 따라 내가 지금 왔습니다. 8 나의 하나님, 내가 주님의 뜻 행하기를 즐거워합니다. 주님의 법을 제 마음속에 간직하고 있습니다."

9 나는 많은 회중 앞에서, 주님께서 나를 구원하신 기쁜 소식을 전합니다. 주님께서 아시듯이, 내가 입을 다물고 있지 않을 것입니다. 10 나를 구원하신 주님의 의를 나의 가슴속에 묻어 두지 않았고, 주님의 성실하심과 구원을 말합니다. 주님의 한결같은 사랑과 그 미쁘심을 많은 회중 앞에서 감추지 않을 것입니다.

11 하나님은 나의 주님이시니, 주님의 긍휼하심을 나에게서 거두지 말아 주십시오. 주님은 한결같은 사랑과 미쁘심으로, 언제나 나를 지켜주십시오. 12 이루 다 헤아릴 수도 없이 많은 재앙이 나를 에워쌌고, 나의 죄가 나의 덜미를 잡았습니다. 눈앞이 캄캄합니다. 나의 죄가 내 머리털보다도 더 많기에, 나는

얼핏 보면 비슷한 내용들이 반복될 뿐 새로운 것이 없다는 느낌이 듭니다. 이런 시편들은 어떻게 읽어가는 것이 좋은가요? 고통스러운 삶이 새롭기는 쉽지 않을 것입니다. 한 고비를 넘으면 또 다른 고비가 닥쳐온다는 말 역시 부모님이나 어른들에게 종종 듣는 표현이기도 합니다. 시편에 등장하는 '나'는 17절에서 보듯 "불쌍하고 가난합니다"(또한 41:1). 시편은 부유하고 힘 있는 자들의 기도가 아니라 불쌍하고 가난한 사람의 기도입니다. 그렇기에 매일매일 고난이 있고, 날마다 어려움이 닥쳐옵니다. 그런 상황에서도 시편의 시인은 절망하지 않고 또다시 하나님을 찾고 구하고, 찬양하고 노래합니다. 내일 또 절망하겠지만, 그래도 또다시 부르짖고 하나님을 신뢰하며 또다시 찬양합니다. 살아간다는 것은 찬양하는 것이고, 찬양하는 것은 살아가는 것입니다.

희망을 잃었습니다. 13 주님, 너그럽게 보시고 나를 건져주십시오. 주님, 빨리 나를 도와주십시오. 14 나의 목숨을 앗아가려는 자들이 모두 다 부끄러워하게 하시고, 수치를 당하게 해주십시오. 내가 재난받는 것을 기뻐하는 자들이, 모두 뒤로 물러나서, 수모를 당하게 해주십시오. 15 깔깔대며 나를 조소하는 자들이, 오히려 자기들이 받는 수치 때문에, 놀라게 해주십시오.

16 그러나 주님을 찾는 모든 사람은, 주님 때문에 기뻐하고 즐거워할 것입니다. 주님께서 구원하여주시기를 바라는 사람은 쉬지 않고 이르기를 "주님은 위대하시다" 할 것입니다.

17 나는 불쌍하고 가난하지만, 주님, 나를 생각하여주십시오. 주님은 나를 돕는 분이시요, 나를 건져주는 분이시니, 나의 하나님, 지체하지 말아 주십시오.

{ 제41편 }

질병 가운데서 부르짖는 기도

[지휘자를 따라 부르는 노래, 다윗의 시]

1 가난하고 힘없는 사람을 돌보는 사람은 복이 있다. 재난이 닥칠 때에 주님께서 그를 구해주신다. 2 주님께서 그를 지키시며 살게 하신다. 그는 이 세상에서 복 있는 사람으로 여겨질 것이다. 주님께서 그를 원수의 뜻에 맡기지 않을 것이다. 3 주님께서는, 그가 병상에 누워 있을 때에도 돌보시며 어떤 병이든 떨치고 일어나게 하실 것이다.

4 내가 드릴 말씀은 이것입니다. "주님, 나에게 은혜를 베풀어주셔서, 나를 고쳐주십시오. 내가 주님께 죄를 지었습니다." 5 나의 원수들은 나쁜 말을 지어서 "저 자가 언제 죽어서, 그 후손이 끊어질까?" 하고 나에게 말합니다. 6 나를 만나러 와서는 빈말이나 늘어놓고, 음해할 말을 모아두었다가, 거리

질병에 시달리는 것도 서러운데 적도 친구도 저주와 뒷담화를 늘어놓습니다. 다윗도 질병으로 고통당한 적이 있나요? 다윗이 질병으로 고통당했다는 기록이 성경에 나오지는 않지만, 사람이라면 평생 아프지 않을 수는 없을 것입니다. 여러 번 이야기했듯이, 시편의 다윗은 질병과 같은 괴로운 상황 속에서 어찌할 바를 모르는 곤고한 인생을 대표합니다. 전염병이 퍼지면 가난하고 힘없는 사람일수록 병에 걸리기 더 쉽고, 걸리면 대개 참혹한 결과를 맞이할 확률도 더 높습니다. 특히 그가 올바른 일을 행하며 하나님을 믿는 믿음을 굳게 지키며 살려고 했다면, 병에 걸렸을 때 주위의 조롱과 저주는 더 커지는 법입니다. 41편은 그와 같은 상황을 반영합니다. 시인은 하나님께서 고쳐주셔서 원수가 환호하지 않게 해달라고 기도합니다. 오직 하나님만 의지하는 가난한 이들이 수치를 당하지 않게 해달라는 이 기도는 오늘 우리가 우리 곁의 고난당하는 이웃을 위해 드릴 수 있는 기도이기도 합니다.

로 나가면 곧 떠들어댑니다. 7 나를 미워하는 자들이 모두 나를 두고 험담을 꾸미고, 나를 해칠 궁리를 하면서 8 "몹쓸 병마가 그를 사로잡았구나. 그가 병들어 누웠으니, 다시는 일어나지 못한다" 하고 수군댑니다. 9 내가 믿는 나의 소꿉동무, 나와 한 상에서 밥을 먹던 친구조차도, 내게 발길질을 하려고 뒤꿈치를 들었습니다.

10 그러나 주님은 나의 주님이시니, 나에게 은혜를 베풀어주십시오. 나도 그들에게 되갚을 수 있도록 나를 일으켜 세워주십시오.

11 내 원수들이 내 앞에서 환호를 외치지 못하게 하여주십시오. 이로써, 주님이 나를 사랑하심을 나는 알게 될 것입니다. 12 주님께서 나를 온전하게 지켜주시고 나를 주님 앞에 길이 세워주십시오.

13 이스라엘의 하나님이신 주님, 찬양을 받으십시오. 영원에서 영원까지 찬양을 받으십시오. 아멘, 아멘.

41편으로 1권이 끝납니다. 권은 어떻게 구분되는 것인가요? 시편 첫머리에도 소개했지만, 시편은 모두 다섯 권으로 구분되어 있습니다. 각 권의 마지막에는 13절에서 보듯이 "주님, 찬양을 받으십시오"라는 표현과 두 번 반복되는 "아멘"이 놓여 있어서 구별됩니다(41:13; 72:18-19; 89:52; 106:48). 그래서 1권은 41편까지, 2권은 42-72편, 3권은 73-89편, 4권은 90-106편이고, 마지막 5권은 107-150편입니다. 마지막 150편은 시편집 전체를 마무리하는 찬양이라고 볼 수 있습니다. 1-3권까지 놓인 시들은 대개 괴로움과 고난 가운데 하나님의 도우심을 구하는 탄식을 표현한다면, 4권을 거쳐 5권에 포함된 시들은 주 하나님을 크게 높여 부르는 찬양을 표현합니다. 그래서 시편집 전체는 '탄식에서 찬양으로' 방향 잡혀 있음을 알 수 있습니다.

제2권

{ 제42편 }

하나님을 사모함

[지휘자를 따라 부르는 마스길, 고라 자손의 노래]

1 하나님, 사슴이 시냇물 바닥에서 물을 찾아 헐떡이듯이, 내 영혼이 주님을 찾아 헐떡입니다.

2 내 영혼이 하나님, 곧 살아계신 하나님을 갈망하니, 내가 언제 하나님께로 나아가 그 얼굴을 뵈올 수 있을까? 3 사람들은 날이면 날마다 나를 보고 "너의 하나님이 어디 있느냐?" 하고 비웃으니, 밤낮으로 흘리는 눈물이 나의 음식이 되었구나.

4 기쁜 감사의 노랫소리와 축제의 함성과 함께 내가 무리들을 하나님의 집으로 인도하면서 그 장막으로 들어가곤 했던 일들을 지금 내가 기억하고 내 가슴이 미어지는구나.

5 내 영혼아, 네가 어찌하여 그렇게 낙심하며, 어찌하여 그렇게 괴로워하느냐? 너는 하나님을 기다려라. 이제 내가, 나의

5절과 11절은 노래의 후렴구처럼 반복됩니다. 어떤 의미가 있는 건가요? 이러한 반복을 볼 때 5절은 후렴구임을 알 수 있습니다. 이 후렴구는 43편 5절에도 쓰여서 42편과 43편이 원래 하나의 시였을 가능성을 보여줍니다. 42편의 경우 1–4절은 이전에 동료들과 함께 하나님을 찬양했던 시인이 현재 괴로운 지경에 처한 것을 표현했고, 6–10절 역시 과거 하나님께서 행하신 구원을 기억하며 현재의 괴로움 가운데 하나님의 도우심을 구하는 기도를 표현합니다. 43편 1–4절도 하나님께서 인도하시기를 구하는 기도입니다. 자신의 현재 처지를 돌아보며 하나님의 도우심을 구하는 이 기도들을 성가대에서 누군가 독창으로 부른다면, 후렴구인 42편의 5절과 11절, 43편 5절은 성가대 전체가 합창처럼 주고받았을 수 있습니다. 이를 통해 절망하지 말고 오직 우리를 도우실 하나님께 소망을 두라고 권면합니다.

구원자, 나의 하나님을, 또다시 찬양하련다.

6 내 영혼이 너무 낙심하였지만, 요단 땅과 헤르몬과 미살산에서, 주님만을 그래도 생각할 뿐입니다. 7 주님께서 일으키시는 저 큰 폭포 소리를 따라 깊음은 깊음을 부르며, 주님께서 일으키시는 저 파도의 물결은 모두가 한 덩이 되어 이 몸을 휩쓸고 지나갑니다.

8 낮에는 주님께서 사랑을 베푸시고, 밤에는 찬송으로 나를 채우시니, 나는 다만 살아계시는 내 하나님께 기도합니다.

9 나의 반석이신 하나님께 호소한다. "어찌하여 하나님께서는 나를 잊으셨습니까? 어찌하여 이 몸이 원수에게 짓눌려 슬픈 나날을 보내야만 합니까?" 10 원수들이 날마다 나를 보고 "네 하나님이 어디에 있느냐?" 하고 빈정대니, 그 조롱 소리가 나의 뼈를 부수는구나.

11 내 영혼아, 네가 어찌하여 그렇게 낙심하며, 어찌하여 그렇게 괴로워하느냐? 너는 하나님을 기다려라. 이제 내가 나의 구원자, 나의 하나님을 또다시 찬양하련다.

부제에 적혀 있는 마스길은 무엇을 말하는 건가요? '마스길'이라는 단어 자체는 '교훈'을 뜻합니다. 그러나 이 단어가 42편과 어떻게 연관되는지는 그리 분명해 보이지 않습니다. 시편에는 부제를 비롯해 여러 곳에 특이한 표현이 많이 등장하지만(예를 들어 셀라, 믹담, 깃딧, 뭇랍벤 등), 아직까지도 이러한 표현이 무슨 기능을 하는지는 지금으로서는 정확히 알지 못합니다. '마스길'은 32편과 42편을 비롯해 꽤 많은 시들에 부제로 사용되었습니다. 47편 7절에서는 하나님을 찬양하는 방식을 표현하는 말로 쓰였습니다('정성을 다하여'. 개역개정 성경에서는 '지혜의 시'로 옮김).

{ 제43편 }

환난을 당할 때의 기도

1 하나님, 나를 변호하여주십시오. 비정한 무리를 고발하는 내 송사를 변호하여주십시오. 거짓을 일삼는 저 악한 사람들에게 서 나를 구해주십시오. 2 나의 요새이신 나의 하나님, 어찌하여 나를 버리셨습니까? 어찌하여 나는 원수에게 짓눌려 슬픔에 잠 겨 있어야만 합니까?

3 주님의 빛과 주님의 진리를 나에게 보내주시어, 나의 길잡이 가 되게 하시고, 주님의 거룩한 산, 주님이 계시는 그 장막으로, 나를 데려가게 해주십시오. 4 하나님, 그때에, 나는 하나님의 제 단으로 나아가렵니다. 나를 크게 기쁘게 하시는 하나님께로 나 아가렵니다. 하나님, 나의 하나님, 내가 기뻐하면서, 수금 가락 에 맞추어 주님께 감사하렵니다.

5 내 영혼아, 어찌하여 그렇게도 낙심하며, 어찌하여 그렇게도

환난을 당할 때 이 시편을 읽는다면 "어찌하여 나를 버리셨습니까?" "나는 슬픔에 잠겨 있어야만 합니까?"와 같은 문장이 훨씬 더 와닿을 것 같습니다. 그렇게 자기 편의에 따라 시편을 읽어도 되나요? 정말 시편의 기도와 부르짖음은 구약의 신앙 인들이 자신의 참담한 현실을 솔직하고 거침없이 하나님께 아뢰었음을 보여줍니다. 나아가 이 내용이 성전 예배 가운데 불렸다는 것을 기억한다면, 구약 신앙은 최대한 긍정적인 말을 하려고 애쓰고 흔히 말하는 대로 '복을 불러오는 말'만 하려는 우리 의 '겉보기에 긍정적인 신앙'과는 꽤 거리가 있어 보입니다. 우리의 어려움, 버림받 고 내팽개쳐진 듯한 괴로움을 하나님께 그대로 기도하는 것은 꼭 필요합니다. 자칫 이런 기도가 자기 편의에 따른 말일 수도 있지만, 1절이 '비정한 무리', '거짓을 일삼 는 악한 사람들'을 고발한다는 점에서, 이 기도는 억울하게 불의하고 부당한 일을 겪는 자의 기도임을 짐작할 수 있습니다.

괴로워하느냐? 하나님을 기다려라. 이제 내가, 나의 구원자, 나
의 하나님을, 또다시 찬양하련다.

{ 제44편 }

도움을 비는 기도

[지휘자를 따라 부르는 고라 자손의 노래. 마스길]

1 하나님, 우리는 두 귀로 들었습니다. 그 옛날 우리 조상이 살
던 그때에, 하나님께서 하신 그 일들을, 우리의 조상이 우리에
게 낱낱이 일러주었습니다. 2 하나님께서 뭇 나라들을 손수 몰
아내시고, 우리 조상을 이 땅에 뿌리박게 하셨습니다. 뭇 민족
을 재앙으로 치시고, 우리 조상을 번창하게 하셨습니다. 3 우
리 조상이 이 땅을 차지한 것은 그들의 칼로 차지한 것이 아니
었습니다. 조상이 얻은 승리도 그들의 힘으로 얻은 것이 아니

역사적인 이야기가 느껴지는 시편입니다. 어떤 특별한 배경이 있나요? 이 시는 '우
리'라는 말의 반복에서 보듯이 공동체가 그들에게 임한 재앙으로 인해 탄식하며 하
나님의 도우심을 구하는 '공동체 탄식시'입니다. 개인의 탄식시와는 달리, 공동체 탄
식시의 첫머리에는 대개 이전에 하나님께서 베푸신 크나큰 구원에 대한 회고가 나
옵니다(44:1-8). 이어지는 내용은 현재 그들이 겪는 고통스러운 현실에 대한 토로입
니다(9-22절). 아마도 전쟁에서의 패배가 이러한 탄식의 배경일 것입니다. 마지막
은 하나님께서 이 민족을 구원해주시기를 구하는 탄원 혹은 기도입니다(23-26절).
실제로 어떤 구체적인 상황이 이 시의 배경인지는 판단할 수 없지만, 이스라엘이 이
방 민족에게 패배하고 나라 전체가 위태로워진 상황이라면 모두 이 시와 연관될 수
있습니다. 오늘날에도 함께 살아가는 공동체, 그것이 교회든 지역사회든 혹은 국가
든, 공동체 전체에 큰 재앙이 임했을 때 44편은 함께 드릴 기도입니다.

었습니다. 오직, 하나님의 오른손과 오른팔과 하나님의 빛나는 얼굴이 이루어주셨으니, 참으로 이것은 하나님께서 그들을 사랑하셨기 때문입니다.

4 주님이야말로 나의 왕, 나의 하나님. 야곱에게 승리를 주시는 분이십니다. 5 주님의 능력으로 우리는 우리의 적을 쳐부수었으며, 우리를 공격하여오는 자들을 주님의 이름으로 짓밟았습니다. 6 내가 의지한 것은 내 활이 아닙니다. 나에게 승리를 안겨준 것은 내 칼이 아닙니다. 7 오직 주님만이 우리로 하여금 적에게서 승리를 얻게 하셨으며, 우리를 미워하는 자들이 수치를 당하게 하셨기에, 8 우리는 언제나 우리 하나님만 자랑합니다. 주님의 이름만 끊임없이 찬양하렵니다. (셀라)

9 그러나 이제는 주님께서 우리를 버려, 치욕을 당하게 하시며, 우리 군대와 함께 출전하지 않으셨습니다. 10 주님께서 우리를 적에게서 밀려나게 하시니, 우리를 미워하는 자들이 마음껏 우리를 약탈하였습니다. 11 주님께서 우리를 잡아먹힐 양처럼 그들에게 넘겨주시고, 여러 나라에 흩으셨습니다. 12 주

'오직 주님만이', '언제나 우리 하나님만', '주님의 이름만'…. 충성과 고백이 단단해 보입니다. 이런 수식은 이스라엘에서 즐겨 쓰는 표현인가요? 44편은 승리가 그들 스스로의 군사력이 아니라 오직 주님의 능력으로 인한 결과임을 확고하게 고백하며 선포합니다. 시편의 모든 시가 그렇지만, 이 시 역시 시편의 기도와 찬양은 하나님 한 분만을 자신의 힘이요, 능력으로 삼은 이들의 것임을 잘 보여줍니다. 이스라엘은 그리 크지 않은 나라였고 그들이 사는 땅은 이집트나 유프라테스강 유역에 비해 그리 비옥하지도 않았습니다. 그래서 이스라엘은 늘 이방의 위협을 받았고, 강력하고 번성한 이방 나라들의 종교에도 쉽게 위협과 유혹을 받았습니다. 44편에서 그들은 하나님을 저버리지 않았고 다른 신들을 향하지 않았다고 고백합니다. 현실의 역사 속에서 이스라엘은 무수히 다른 신을 쫓았지만, '한 분 하나님에 대한 신앙'은 언제나 이스라엘에게 가장 중요한 가치였습니다.

님께서 주님의 백성을 헐값으로 파시니, 그들을 팔아 이익을 얻은 것이 아무것도 없습니다.

13 주님께서 우리를 이웃의 조롱거리로 만드시고, 주위 사람들의 조롱거리와 웃음거리로 만드십니다. 14 주님께서 우리를 여러 나라의 이야깃거리가 되게 하시고, 여러 민족의 조솟거리가 되게 하십니다. 15 내가 받은 치욕이 온종일 나를 따라다니고, 부끄러워서 얼굴을 들 수조차 없습니다. 16 이것은 나를 조롱하는 자와 모독하는 자의 독한 욕설과 나의 원수와 복수자의 무서운 눈길 때문입니다.

17 우리는 주님을 잊지 않았고, 주님의 언약을 깨뜨리지 않았습니다. 그러나 이 모든 일이 우리에게 닥쳤습니다. 18 우리가 마음으로 주님을 배반한 적이 없고, 우리의 발이 주님의 길에서 벗어난 적도 없습니다. 19 그러나 주님께서는 우리를 승냥이의 소굴에다 밀어 넣으시고, 깊고 깊은 어둠으로 덮으셨습니다.

20 우리가 우리 하나님의 이름을 잊었거나, 우리의 두 손을 다

뒷부분에 와서는 "나는 잘못이 하나도 없는데 주님이 이렇게 하셨다"(17–22절)는 분위기로 모든 책임을 주님에게 돌립니다. 어떻게 이런 시편이 가능한 거죠? 이 부분의 담대한 진술 때문에 44편은 매우 특별한 시로 여겨집니다. 나라든 개인이든 저렇게 자신의 무죄함을 하나님 앞에 당당히 아뢸 수 있는 이는 없을 것이기 때문입니다. 정말로 아무 죄가 없어서 저렇게 말한다기보다는, 부족함도 모자람도 많지만 주님의 언약을 붙잡고 잘못하더라도 언제든 하나님께 돌이켰음을 표현한다고 볼 수 있습니다. 언제나 신 앞에서는 자신의 먼지 같은 죄까지도 드러내기 마련이고, 그러자면 끝도 없겠지요. 그러나 구약의 신앙인들은 이처럼 부족한 중에도 담대하게 하나님께 나아갑니다. 뻔뻔스러움과 담대함은 어쩌면 종이 한 장 차이일 수 있겠으나, 이러한 담대함은 구약 신앙의 특징입니다. 책임을 주님께 넘기는 것으로 볼 수도 있지만, 다른 어떤 나라나 신들이 아니라 주님만이 그들을 건지고 살리시는 분임을 고백하며 선포한 것으로 볼 수 있습니다.

른 신을 향하여 펴 들고서 기도를 드렸다면, 21 마음의 비밀을 다 아시는 하나님께서 어찌 이런 일을 찾아내지 못하셨겠습니까? 22 우리가 날마다 죽임을 당하며, 잡아먹힐 양과 같은 처지가 된 것은, 주님 때문입니다.

23 주님, 깨어나십시오. 어찌하여 주무시고 계십니까? 깨어나셔서, 영원히 나를 버리지 말아 주십시오. 24 어찌하여 얼굴을 돌리십니까? 우리가 고난과 억압을 당하고 있음을, 어찌하여 잊으십니까?

25 아, 우리는 흙 속에 파묻혀 있고, 우리의 몸은 내동댕이쳐졌습니다. 26 일어나십시오. 우리를 어서 도와주십시오. 주님의 한결같은 사랑으로, 우리를 구하여주십시오.

{ 제45편 }

왕실 혼인 잔치를 위하여

[지휘자를 따라 소산님에 맞추어 부르는 고라 자손의 노래.
마스길, 사랑의 노래]

1 마음이 흥겨워서 읊으니, 노래 한 가락이라네. 내가 왕께 드리는 노래를 지어 바치려네. 나의 혀는 글솜씨가 뛰어난 서기관의 붓끝과 같다네.

2 사람이 낳은 아들 가운데서 임금님은 가장 아름다운 분, 하나님께서 임금님에게 영원한 복을 주셨으니, 임금님의 입술에서는 은혜가 쏟아집니다. 3 용사이신 임금님, 칼을 허리에 차고, 임금님의 위엄과 영광을 보여주십시오.

4 진리를 위하여, 정의를 위하여 전차에 오르시고 영광스러운 승리를 거두어주십시오. 임금님의 오른손이 무섭게 위세를 떨칠 것입니다. 5 임금님의 화살이 날카로워서, 원수들의 심장을 꿰뚫으니, 만민이 임금님의 발 아래에 쓰러집니다.

실제로 임금의 혼인을 눈으로 보듯 묘사하면서 내용은 임금에 대한 찬양 일색입니다. 이런 노래가 시편 가운데 있는 의미는 무엇인가요? 일차적으로 45편은 다윗의 뒤를 이은 왕의 결혼식에서 왕을 높이는 노래입니다. 그러나 시편에 등장하는 다윗은 단순히 왕이 아니라 모든 하나님 백성을 대표한다는 점에서, 45편의 왕에 대한 노래 역시 하나님 백성의 아름다움에 대한 노래로 이해할 수 있습니다. 여기서 한 걸음 더 나아가, 신약 시대의 초기 교회는 이 시의 왕이 하나님의 아들 예수님을 가리킨다고 보았습니다(히 1:8-9). 그렇다면 이 시에 나오는 왕후는 예수님의 신부인 교회를 가리킨다고 읽을 수도 있습니다. 이처럼 시는 풍성하게 확장해서 이해할 수 있습니다. 그렇기에 이 시는 긴 세월 동안 보존되어 오늘까지 전해져왔을 것입니다.

6 오 하나님, 하나님의 보좌는 영원무궁토록 견고할 것입니다. 주님의 통치는 정의의 통치입니다.

7 임금님은 정의를 사랑하고, 악을 미워하시니, 그러므로 하나님, 곧 임금님의 하나님께서 기름 부어주셨습니다. 임금님의 벗들을 제치시고 임금님께 기쁨의 기름을 부어주셨습니다.

8 임금님이 입은 모든 옷에서는 몰약과 침향과 육계 향기가 풍겨나고, 상아궁에서 들리는 현악기 소리가 임금님을 흥겹게 합니다. 9 임금님이 존귀히 여기는 여인들 가운데는 여러 왕의 딸들이 있고, 임금님의 오른쪽에 서 있는 왕후는 오빌의 금으로 단장하였습니다.

10 왕후님! 듣고 생각하고 귀를 기울이십시오. 왕후님의 겨레와 아버지의 집을 잊으십시오. 11 그리하면 임금님께서 그대의 아름다움에 사로잡힐 것입니다. 임금님이 그대의 주인이시니, 그대는 임금님을 높이십시오. 12 두로의 사신들이 선물을 가져오고, 가장 부유한 백성들이 그대의 총애를 구합니다.

13 왕후님은 금실로 수놓은 옷을 입고, 구중궁궐에서 온갖 영화를 누리니, 14 오색찬란한 옷을 차려입고 임금님을 뵈러 갈 때에,

---

"하나님께서 기름을 부어주신다"(7절)는 건 무슨 뜻인가요? 대제사장이나 예언자를 세울 때, 그리고 새로운 왕이 왕위에 오를 때 기름을 부었습니다. 이때 기름 부음은 그와 같은 직무를 감당하도록 세운다는 의미가 있습니다. 그런데 이 시에서는 '기쁨의 기름'으로 표현되어 있어서, 직무나 직책을 세울 때 붓는 기름만이 아니라 결혼식에서 신랑을 아름답고 존귀하게 표현하느라 부은 기름을 가리키는 것일 수도 있습니다. 어느 것이라고 단정할 수는 없지만, 이 시구는 하나님과 백성이 이 왕을 어떻게 기뻐하는지를 표현합니다. 이렇게 기쁨의 기름을 붓는 까닭은 왕이 정의를 사랑하고 악을 미워하기 때문입니다. 세워진 왕의 가장 중요한 덕목은 오직 정의를 사랑하는 것, 그리고 악을 배척하는 것입니다.

그 뒤엔 들러리로 따르는 처녀들이 줄을 지을 것이다. 15 그들이 기뻐하고 즐거워하면서 안내를 받아, 왕궁으로 들어갈 것이다. 16 임금님, 임금님의 아드님들은 조상의 뒤를 이을 것입니다. 임금님께서는, 그들을 온 세상의 통치자들이 되게 하실 것입니다. 17 내가 사람들로 하여금 임금님의 이름을 대대로 기억하게 하겠사오니, 그들이 임금님을 길이길이 찬양할 것입니다.

{ 제46편 }

하나님은 우리의 피난처

[지휘자를 따라 알라못에 맞추어 부르는 노래. 고라 자손의 시]

1 하나님은 우리의 피난처이시며, 우리의 힘이시며, 어려운 고비마다 우리 곁에 계시는 구원자이시니, 2 땅이 흔들리고 산이 무너져 바닷속으로 빠져들어도, 우리는 두려워하지 않는

과장이 포함된 시적 은유가 가득합니다. 오늘을 사는 이들은 이런 글을 시로 읽으며 그저 감상하면 되나요, 아니면 신앙의 표현으로 받아들여야 하나요? 여러 세대를 거치며 사람들 마음에 새겨진 글은 단순하게 사실을 늘어놓은 글이 아니라, 이 시편처럼 "하나님은 나의 피난처시니 땅이 흔들릴지라도 나는 두려워하지 않겠습니다"와 같은 시구일 것입니다. 이 시에 나타난 여러 표현은 지금 보기에는 그저 과장 같지만, 막상 삶의 어려움에 처했을 때 우리는 정말로 '땅이 흔들리고 산이 무너져 바다로 빠지는 것'처럼 흔들리고 비틀거리는 인생을 경험하게 됩니다. 그래서 이 시는 그저 문학적 솜씨를 한껏 부린 글이라기보다, 힘겹고 어려운 삶의 한복판을 통과한 이들의 경험을 시적으로 표현한 것이라고 볼 수 있습니다. 사방으로 어려움을 당해 힘겨울 때, "너희는 잠깐 손을 멈추고, 내가 하나님인 줄 알아라"(10절)라는 구절은 어려운 인생을 버티고 견뎌내는 힘이 됩니다.

다. 3 물이 소리를 내면서 거품을 내뿜고 산들이 노하여서 뒤흔들려도, 우리는 두려워하지 않는다. (셀라)

4 오, 강이여! 그대의 줄기들이 하나님의 성을 즐겁게 하며, 가장 높으신 분의 거룩한 처소를 즐겁게 하는구나. 5 하나님이 그 성 안에 계시니, 그 성이 흔들리지 않는다. 동틀 녘에 하나님이 도와주신다. 6 민족들이 으르렁거리고 왕국들이 흔들리는데, 주님이 한번 호령하시면 땅이 녹는다. 7 만군의 주님이 우리와 함께 계신다. 야곱의 하나님이 우리의 피난처시다. (셀라)

8 땅을 황무지로 만드신 주님의 놀라운 능력을 와서 보아라. 9 땅끝까지 전쟁을 그치게 하시고, 활을 부러뜨리고 창을 꺾고 방패를 불사르신다. 10 너희는 잠깐 손을 멈추고, 내가 하나님인 줄 알아라. 내가 뭇 나라로부터 높임을 받는다. 내가 이 땅에서 높임을 받는다. 11 만군의 주님이 우리와 함께 계신다. 야곱의 하나님이 우리의 피난처시다. (셀라)

{ 제47편 }

하나님이 만민을 다스리신다
[지휘자를 따라 부르는 노래, 고라 자손의 시]

1 만백성아, 손뼉을 쳐라. 하나님께 기쁨의 함성을 외쳐라.
2 주님은 두려워할 지존자이시며, 온 땅을 다스리는 크고도 큰
왕이시다. 3 주님은 만백성을 우리에게 복종케 하시고, 뭇 나
라를 우리 발 아래 무릎 꿇게 하신다. 4 주님은 우리에게 땅을
선택해주셨다. 이 땅은 주님께서 사랑하시는 야곱의 자랑거리
였다. (셀라)

5 환호 소리 크게 울려 퍼진다. 하나님이 보좌에 오르신다. 나
팔 소리 크게 울려 퍼진다. 주님이 보좌에 오르신다. 6 시로 하
나님을 찬양하여라. 시로 찬양하여라. 시로 우리의 왕을 찬양
하여라. 시로 찬양하여라. 7 하나님은 온 땅의 왕이시니, 정성
을 다하여 찬양하여라.

8 하나님은 뭇 나라를 다스리는 왕이시다. 하나님이 그의 거룩
한 보좌에 앉으셨다. 9 온 백성의 통치자들이 아브라함의 하나

'주님께서 사랑하시는 야곱의 자랑거리'(4절)는 무슨 의미인가요? 이 시는 이스라
엘의 승리가 하나님께로부터 비롯되었음을 노래합니다. 이스라엘이 주변의 여러 나
라를 물리치고 그 땅을 얻은 사건을 이 시편은 야곱의 자랑거리라 표현합니다. 주
님으로 인해 만백성과 뭇 나라를 복종시켰습니다. 그러나 이스라엘이 실제로 차지
한 면적은 대한민국과 비교하면 경상북도보다 조금 더 큰 정도여서 가장 크다고 말
할 수는 없습니다. 그렇지만 하나님께서 허락하신 땅이기에 그 땅은 아름다운 땅이
며 자랑거리입니다. 이스라엘은 군사력이나 국토의 면적, 부강함으로 그 이름을 떨
치는 나라가 아니라, 오직 주님께서 친히 왕이 되신 나라이기에 특별한 나라입니다.

님의 백성이 되어 다 함께 모였다. 열강의 군왕들은 모두 주님께 속하였다. 하나님은 지존하시다.

{ 제48편 }

하나님의 성, 시온
[고라 자손의 시 곧 노래]

1 주님은 위대하시니, 우리 하나님의 성에서 그의 거룩한 산에서 그지없이 찬양을 받으실 분이시다.
2 우뚝 솟은 아름다운 봉우리, 온 누리의 기쁨이로구나. 자폰산의 봉우리 같은 시온산은, 위대한 왕의 도성, 3 하나님은 그 성의 여러 요새에서, 자신이 피난처이심을 스스로 알리셨다.
4 보아라, 이방 왕들이 함께 모여 맹렬히 쳐들어왔다가 5 시온산을 보자마자 넋을 잃고, 혼비백산하여 도망쳤다. 6 거기에서 그들이 큰 두려움에 사로잡혔으니, 고통당하는 그들의 모습이 해

시온산도 있고 시온 성도 나옵니다. 이렇게 시온을 찬양하는 이유는 무엇인가요? 시온은 예루살렘의 또 다른 이름이며, 이곳에 하나님의 성전이 있어서 '우리 하나님의 성', '거룩한 산'이라 불립니다. 하나님을 신뢰할 때 하나님께서 그 백성을 지키고 보호하시기에 시온산과 시온 성은 피난처요, 견고한 요새로 표현되기도 합니다. 아울러 시온은 다윗의 나라가 도읍한 성이기도 합니다. 그래서 이 도성 곳곳에서는 그동안 하나님께서 지켜주신 역사의 흔적을 볼 수 있으며, 시편 기자가 시온 성 곳곳을 돌아보라 권하는 것(12-13절)도 그 때문입니다. 시온 성 곳곳에서 하나님의 도우심과 보호하심을 알 수 있듯이, 우리 삶 곳곳을 살펴볼 때 우리 역시 하나님께서 베풀어주신 크고 놀라운 은혜를 깨닫게 됩니다.

산하는 여인과 같고 7동풍에 파산되는 다시스의 배와도 같았다. 8 우리가 들은 바 그대로, 우리는 만군의 주님께서 계신 성, 우리 하나님의 성에서 보았다. 하나님께서 이 성을 영원히 견고하게 하신다. (셀라)

9 하나님, 하나님의 성전 안에서 우리가 하나님의 한결같은 사랑을 되새겨보았습니다. 10 하나님, 주님의 명성에 어울리게, 주님을 찬양하는 소리도 땅끝까지 퍼졌습니다. 하나님의 오른손에는 구원의 선물이 가득 차 있습니다. 11 주님, 주님의 구원의 능력으로 시온산이 즐거워하고, 유다의 딸들이 기뻐서 외칩니다.

12 너희는 시온 성을 돌면서, 그 성을 둘러보고, 그 망대를 세어보아라. 13 너희는 그 성벽을 자세히 보고, 그 궁궐을 찾아가 살펴보고, 그 영광을 전해주어라. 14 "하나님께서 영원토록 우리의 하나님이시니, 영원토록 우리를 인도하여주신다" 하여라.

{ 제49편 }

부유함을 의지하지 말아라

[지휘자를 따라 부르는 노래, 고라 자손의 시]

1 만민들아, 이 말을 들어라. 이 세상에 사는 만백성아 모두 귀를 기울여라. 2 낮은 자도 높은 자도, 부자도 가난한 자도 모두 귀를 기울여라. 3 내 입은 지혜를 말하고, 내 마음은 명철을 생각한다. 4 내가 비유에 귀를 기울이고, 수금을 타면서 내 수수께끼를 풀 것이다.

5 나를 비방하는 자들이 나를 에워싸는 그 재난의 날을, 내가 어찌 두려워하리오. 6 자기의 재물을 의지하는 자들과 돈이 많음을 자랑하는 자들을, 내가 어찌 두려워하리오. 7 아무리 대단한 부자라 하여도 사람은 자기의 생명을 속량하지 못하는 법, 하나님께 속전을 지불하고 생명을 속량할 사람은 아무도 없다. 8 생명을 속량하는 값은 값으로 매길 수 없이 비싼 것이어서, 아무리 벌어도 마련할 수 없다. 9 죽음을 피하고 영원히 살 생각도 하지 말아라.

"속전을 지불하고 생명을 속량한다"(7절)는 말은 무슨 뜻인가요? '속량'은 '값을 지불하고 되사는 것'을 의미하며, '속전'은 그때 지불한 돈을 가리킵니다. 생명은 죽음의 반대말입니다. 모든 사람은 반드시 죽게 마련이며, 아무리 돈이 많은 부자도 다가오는 죽음을 피할 수 없다고 이 시편은 말합니다. 죽음은 모두에게 공평합니다. 평생 모은 돈이 아무리 많아도, 수많은 땅을 사들인다 하더라도, 죽음이 닥쳐오면 아무것도 가져갈 수 없고 운명을 바꿀 수도 없으며, 그저 내려두고 죽음을 맞이할 수밖에 없습니다. 때로 죽음은 재앙처럼 여겨지지만, 이 시편이 노래하듯이 죽음은 가난한 자와 부자, 권력자와 힘없는 자 모두를 공평하고 동등하게 만듭니다.

10 누구나 볼 수 있다. 지혜 있는 사람도 죽고, 어리석은 자나 우둔한 자도 모두 다 죽는 것을! 평생 모은 재산마저 남에게 모두 주고 떠나가지 않는가! 11 사람들이 땅을 차지하여 제 이름으로 등기를 해두었어도 그들의 영원한 집, 그들이 영원히 머물 곳은 오직 무덤뿐이다. 12 사람이 제아무리 영화를 누린다 해도 죽음을 피할 수는 없으니, 미련한 짐승과 같다.

13 이것이 자신을 믿는 어리석은 자들과 그들의 말을 기뻐하며 따르는 자들의 운명이다. 14 그들은 양처럼 스올로 끌려가고, '죽음'이 그들의 목자가 될 것이다. 아침이 오면 정직한 사람은 그들을 다스릴 것이다. 그들의 아름다운 모습은 시들고, 스올이 그들의 거처가 될 것이다. 15 그러나 하나님은 분명히 내 목숨을 건져주시며, 스올의 세력에서 나를 건져주실 것이다. (셀라)

16 어떤 사람이 부자가 되더라도, 그 집의 재산이 늘어나더라도, 너는 스스로 초라해지지 말아라. 17 그도 죽을 때에는 아무것도 가지고 가지 못하며, 그의 재산이 그를 따라 내려가지 못한다. 18 비록 사람이 이 세상에서 흡족하게 살고 성공하여 칭송을 받는다 하여도, 19 그도 마침내 자기 조상에게로 돌아가고 만다. 영원히 빛이 없는 세상으로 돌아가고 만다.

49편은 지금까지 읽어온 시편들과 분위기가 많이 다릅니다. 경구 같은 이런 형식의 글도 시편이라 할 수 있나요? 1–4절에 나오는 표현은 구약성경 가운데 잠언에서 빈번하게 볼 수 있으며, 이후에 나오는 내용 역시 주제 면에서 잠언이나 전도서 같은 책과 비슷합니다. 잠언과 같은 책에 실린 경구나 시편의 다른 시들 역시 아주 짧고 간결하며 서로 대응되는 표현을 통해 말하고자 하는 내용의 핵심을 전달한다는 점에서 서로 연관된다고 볼 수 있습니다. 짧고 문학적이며 함축적인 표현을 통해, 49편과 같은 시는 모든 사람을 죽음 앞에 겸손하게 세웁니다. 그리고 부자나 권력자를 부러워할 것 없이, 지금 주어진 삶을 어떻게 살아가야 할지 돌아보게 합니다.

20 사람이 제아무리 위대하다 해도, 죽음을 피할 수는 없으니, 미련한 짐승과 같다.

{ 제50편 }

하나님이 기뻐하시는 것
[아삽의 노래]

1 전능하신 분, 주 하나님께서 말씀하시어, 해가 돋는 데서부터 해 지는 데까지, 온 세상을 불러 모으신다. 2 더없이 아름다운 시온으로부터 하나님께서 눈부시게 나타나신다.

3 우리 하나님은 오실 때에, 조용조용 오시지 않고, 삼키는 불길을 앞세우시고, 사방에서 무서운 돌풍을 일으키면서 오신다. 4 당신의 백성을 판단하시려고, 위의 하늘과 아래의 땅을 증인으로 부르신다. 5 "나를 믿는 성도들을 나에게로 불러 모아라. 희생제물로 나와 언약을 세운 사람들을 나에게로 불러

"위의 하늘과 아래의 땅을 증인으로 부르신다"(4절)는 것은 어떤 의미인가요? 50편의 배경에는 재판이 놓여 있음을 여기저기 쓰인 재판 관련 표현에서 알 수 있습니다. 이스라엘 백성이 연루된 이러한 재판에 하나님께서는 재판장으로 참석하실 뿐아니라, 그 백성의 죄악을 지적하고 드러내신다는 점에서 검사로도 관여하시는 것을 알 수 있습니다. 50편에서도 검사이면서 동시에 재판장이신 하나님께서 백성들에게 판결을 내리십니다. 그리고 이때 하늘과 땅을 이 재판에 증인으로 불러내십니다. 하늘과 땅은 변함없이 그 자리에 있는 존재이며, 이스라엘이 행한 모든 일이 하늘과 땅 사이에서 벌어졌기에, 이스라엘의 현실을 증언할 증인 자격이 있는 셈입니다. 이스라엘의 행함과 그에 대한 하나님의 판단이 명명백백하다는 것을 이와 같은 하늘과 땅의 증인 표현을 통해 전달합니다.

모아라." 6 하늘이 주님의 공의를 선포함은, 하나님, 그분만이 재판장이시기 때문이다. (셀라)

7 "내 백성아, 들어라. 내가 말한다. 이스라엘아, 내가 너희에게 경고하겠다. 나는 하나님, 너희의 하나님이다. 8 나는 너희가 바친 제물을 두고 너희를 탓하지는 않는다. 너희는 한 번도 거르지 않고 나에게 늘 번제를 바쳤다. 9 너희 집에 있는 수소나 너희 가축우리에 있는 숫염소가 내게는 필요 없다. 10 숲속의 뭇 짐승이 다 나의 것이요, 수많은 산짐승이 모두 나의 것이 아니더냐? 11 산에 있는 저 모든 새도 내가 다 알고 있고, 들에서 움직이는 저 모든 생물도 다 내 품 안에 있다.

12 내가 배고프다고 한들, 너희에게 달라고 하겠느냐? 온 누리와 거기 가득한 것이 모두 나의 것이 아니더냐? 13 내가 수소의 고기를 먹으며, 숫염소의 피를 마시겠느냐? 14 감사제사를 하나님께 드리며, 너희의 서원한 것을 가장 높으신 분에게 갚아라. 15 그리고 재난의 날에 나를 불러라. 내가 너를 구하여줄

제사를 바치라고 한 이가 하나님 아니었나요? 왜 이제 와서 다 필요 없다고 하는 건가요? 하나님께서는 분명히 제사를, 그것도 세밀한 규정과 절차에 따라 제사를 드리라고 명령하셨습니다(레 1-7장). 그러나 하나님께서 흠 없는 완전한 제물을 요구하신 까닭이 성전에 그와 같은 제물이 필요하거나 혹은 하나님께서 그런 제물을 원하시기 때문은 아니라는 점을 본문 8-13절이 명확히 보여줍니다. 제물을 명하셨으나, 제물의 본질은 더 많은 소와 더 살찐 양이 아니라 하나님을 향한 진실한 감사입니다(14, 23절). 온갖 제물을 드리고 하나님의 말씀을 전한다 할지라도 악을 버리고 올바르게 살아가는 삶이 없다면, 그는 '예배자'가 아니라 그저 '악인'일 따름입니다(16-20절). 그래서 하나님께서 정말로 원하시는 제물은 소나 양 같은 가축이 아니라 사실은 하나님께 나아오는 우리의 삶 자체임을 깨닫게 됩니다. 하나님은 제물을 기뻐하는 탐욕스러운 신이 아닙니다. 하나님 앞에서 정의롭고 올바르게 살아가는 예배자의 삶의 변화를 기뻐하시는 의로우신 재판장이십니다.

것이요, 너는 나에게 영광을 돌리게 될 것이다."

16 하나님께서 악인들에게 말씀하신다. "너희는 어찌하여 감히 내 법도를 전파하며, 내 언약의 말을 감히 너의 입에서 읊조리느냐? 17 너희는 내 교훈을 역겨워하고, 나의 말을 귓전으로 흘리고 말았다. 18 도둑을 만나면 곧 그와 친구가 되고, 간음하는 자를 만나면 곧 그와 한 패거리가 되었다.

19 입으로 악을 꾸며내고, 혀로는 거짓을 지어내었다. 20 동기간의 허물을 들추어내어 말하고 한 어머니에게서 태어난 동기들을 비방하였다. 21 이 모든 일을 너희가 저질렀어도 내가 잠잠했더니, 너희는 틀림없이, '내가' 너희와 같은 줄로 잘못 생각하는구나. 이제 나는 너희를 호되게 꾸짖고, 너희의 눈앞에 너희의 죄상을 낱낱이 밝혀 보이겠다.

22 하나님을 잊은 자들아, 이 모든 것을 깨달아라. 그렇지 않으면, 내가 너희를 찢을 때에 구하여줄 자가 없을까 두렵구나. 23 감사하는 마음으로 제물을 바치는 사람이 나에게 영광을 돌리는 사람이니, 올바른 길을 걷는 사람에게, 내가 나의 구원을 보여주겠다."

{ 제51편 }

용서를 비는 기도

[지휘자를 따라 부르는 다윗의 노래, 다윗이 밧세바와 정을 통한 뒤에,
예언자 나단이 그를 찾아왔을 때에 뉘우치고 지은 시]

1 하나님, 주님의 한결같은 사랑으로 내게 자비를 베풀어주십시오. 주님의 크신 긍휼을 베푸시어 내 반역죄를 없애주십시오. 2 내 죄악을 말끔히 씻어주시고, 내 죄를 깨끗이 없애주십시오. 3 나의 반역을 내가 잘 알고 있으며, 내가 지은 죄가 언제나 나를 고발합니다. 4 주님께만, 오직 주님께만, 나는 죄를 지었습니다. 주님의 눈앞에서, 내가 악한 짓을 저질렀으니, 주님의 판결은 옳으시며 주님의 심판은 정당합니다.

5 실로, 나는 죄 중에 태어났고, 어머니의 태 속에 있을 때부터 죄인이었습니다. 6 마음속의 진실을 기뻐하시는 주님, 제 마음 깊은 곳에 주님의 지혜를 가르쳐주셨습니다. 7 우슬초로 나를 정결케 해주십시오. 내가 깨끗하게 될 것입니다. 나를 씻어주

"다윗이 밧세바와 정을 통한 뒤에, 예언자 나단이 그를 찾아왔을 때에 뉘우치고 지은 시"라는 설명의 내용이 궁금합니다. 무슨 상황인가요? 이 내용은 사무엘기하 11~12장에 소개되어 있습니다. 다윗이 다스리는 이스라엘의 군대가 암몬과의 전쟁에 출정했을 때, 왕궁 옥상을 거닐던 다윗은 이 전쟁에 출정한 우리야의 아내 밧세바가 목욕하는 것을 보았습니다. 그녀에게 욕망을 품은 다윗은 곧바로 밧세바를 데려와 취했고, 이를 은폐하기 위해 우리야를 전쟁에서 전사하게 만듭니다. 하나님의 예언자인 나단이 임금 다윗을 찾아왔고, 수많은 것을 가졌음에도 가난한 이웃의 어린 양 한 마리를 빼앗은 죄를 저지른 이가 임금이라며 다윗을 규탄하고 그의 가문에 임할 심판을 선언했습니다. 이 모든 말을 들은 다윗은 자신이 하나님께 죄를 범했다는 것을 인정하고 고백했습니다.

십시오. 내가 눈보다 더 희게 될 것입니다. 8 기쁨과 즐거움의 소리를 들려주십시오. 주님께서 꺾으신 뼈들도, 기뻐하며 춤출 것입니다. 9 주님의 눈을 내 죄에서 돌리시고, 내 모든 죄악을 없애주십시오.

10 아, 하나님, 내 속에 깨끗한 마음을 창조하여주시고 내 속을 견고한 심령으로 새롭게 하여주십시오. 11 주님 앞에서 나를 쫓아내지 마시며, 주님의 성령을 나에게서 거두어가지 말아 주십시오. 12 주님께서 베푸시는 구원의 기쁨을 내게 회복시켜 주시고, 내가 지탱할 수 있도록 내게 자발적인 마음을 주십시오.

13 반역하는 죄인들에게 내가 주님의 길을 가르치게 하여주십시오. 죄인들이 주님께로 돌아올 것입니다.

14 하나님, 나를 구원하시는 하나님, 내가 살인죄를 짓지 않게 지켜주십시오. 내 혀가 주님의 의로우심을 소리 높여 외칠 것입니다. 15 주님, 내 입술을 열어주십시오. 주님을 찬양하는 노래를 내 입술로 전파하렵니다.

16 주님은 제물을 반기지 않으시며, 내가 번제를 드리더라도 기뻐하지 않으십니다. 17 하나님께서 원하시는 제물은 찢겨진

이와 같은 참회 후 다윗은 이 죄를 모두 용서받았나요? 사무엘기하 12장 13-14절은 죄를 인정하고 뉘우친 다윗을 하나님께서 용서하셨다고 전합니다. 다만 다윗과 밧세바 사이에 태어난 첫째 아들은 얼마 후 병에 걸려 죽었습니다. 그리고 다윗 가문은 이후 수많은 분쟁과 왕위 다툼으로 자녀들끼리 죽고 죽이는 일이 벌어졌고, 심지어 그 아들 압살롬은 반역을 일으켜 다윗의 많은 후궁을 범하기도 했습니다. 지은 죄를 사함받아 하나님과의 관계는 회복되지만, 다윗이 뿌린 일의 결과는 피할 수 없었습니다. 다윗의 죄는 그저 자신의 잘못으로 끝나지 않고 가문과 나라 전체에 영향을 미쳤습니다. 그래서 51편 마지막에서는 시온의 회복까지 간구하는 것을 볼 수 있습니다. 죄짓지 않고 살 수는 없겠지만, 언제든 자신의 잘못을 인정하고 돌이키는 것이 중요합니다.

심령입니다. 오, 하나님, 주님은 찢겨지고 짓밟힌 마음을 멸시하지 않으십니다.

18 주님의 은혜로 시온을 잘 돌보아주시고, 예루살렘 성벽을 견고히 세워주십시오. 19 그때에 주님은 올바른 제사와 번제와 온전한 제물을 기쁨으로 받으실 것이니, 그때에 사람들이 주님의 제단 위에 수송아지를 드릴 것입니다.

{ 제52편 }

하나님께서 통제하신다

[지휘자를 따라 부르는 다윗의 마스길, 에돔 사람 도엑이 사울에게로 가서 다윗이 아히멜렉의 집에 와 있다고 알렸을 무렵에 다윗이 지은 시]

1 오, 용사여, 너는 어찌하여 악한 일을 자랑하느냐? 너는 어찌하여 경건한 사람에게 저지른 악한 일을 쉬임 없이 자랑하느

52편은 어떤 배경에서 나온 시인가요? 굳이 이렇게 비난과 저주의 시를 지어 남긴 이유는 무엇일까요? 사울 왕의 미움을 받아 도망 다니던 시절, 다윗은 놉 땅에 있는 제사장 아히멜렉에게 피했던 적이 있습니다. 그런데 그때 이 성소를 찾았던 사울의 신하인 에돔 사람 도엑이 이를 사울 왕에게 말했고, 사울은 놉 땅의 제사장 전부를 몰살시켰습니다. 52편은 당시 겨우 몸을 피했던 다윗을 떠올리게 하는 내용입니다. 사울의 신하인 도엑이 왕에게 다윗을 고발한 것이 대체 뭐가 잘못이냐 싶습니다. 그렇지만 왕의 신하라고 해서 옳고 그름을 생각하지 않아도 괜찮은 것인지 물어봐야 합니다. 공무원이어서, 회사에 속한 사람이어서 부당하고 불의한 일이 벌어지는데도 시키는 대로만 행했다는 것은 결코 변명의 사유가 되지 않습니다. 52편은 다윗을 괴롭힌 사람에 대한 저주가 아니라, 자신의 부귀영화를 위해 하나님의 성소 외에는 피할 길이 없는 이를 고발하고 핍박하며 짓밟는 권력자에 대한 저주입니다.

냐? 2 너, 속임수의 명수야, 너의 혀는 날카로운 칼날처럼, 해로운 일만 꾸미는구나. 3 너는 착한 일보다 악한 일을 더 즐기고, 옳은 말보다 거짓말을 더 사랑하는구나. (셀라) 4 너, 간사한 인간아, 너는 남을 해치는 말이라면, 무슨 말이든지 좋아하는구나.

5 하나님께서 너를 넘어뜨리고, 영원히 없애버리실 것이다. 너를 장막에서 끌어내어 갈기갈기 찢어서, 사람 사는 땅에서 영원히 뿌리 뽑아버리실 것이다. (셀라) 6 의인이 그 꼴을 보고, 두려운 마음을 가지고 비웃으며 이르기를 7 "저 사람은 하나님을 자기의 피난처로 삼지 않고, 제가 가진 많은 재산만을 의지하며, 자기의 폭력으로 힘을 쓰던 자다" 할 것이다.

8 그러나 나는 하나님의 집에서 자라는 푸른 잎이 무성한 올리브나무처럼, 언제나 하나님의 한결같은 사랑만을 의지하련다.

9 주님께서 하신 일을 생각하며, 주님을 영원히 찬양하렵니다. 주님을 믿는 성도들 앞에서, 선하신 주님의 이름을 우러러 기리렵니다.

{ 제53편 }

아무도 하나님을 무시하지 못한다(시 14)

[지휘자를 따라 마할랏에 맞추어 부르는 노래, 다윗의 마스길]

1 어리석은 사람은 마음속으로 "하나님이 없다" 하는구나. 그
들은 한결같이 썩어서 더러우니, 바른 일 하는 사람 아무도 없
구나.

2 하나님께서는 하늘에서 사람을 굽어보시면서, 지혜로운 사
람이 있는지, 하나님을 찾는 사람이 있는지를 살펴보신다.

3 너희 모두는 다른 길로 빗나가서 하나같이 썩었으니, 착한
일 하는 사람이 하나도 없구나. 4 죄악을 행하는 자는 다 무지
한 자냐? 그들이 밥 먹듯이 내 백성을 먹으면서 나 하나님을
부르지 않는구나.

5 하나님이 경건하지 못한 자들의 뼈를 흩으셨기에, 그들은 두

제목에도 붙어 있는 것처럼 53편은 14편과 거의 같습니다. 대동소이한 내용을 반복
적으로 실어둔 이유는 무엇인가요? 14편에는 '주님'이라는 표현이 여러 번 나오지
만, 거의 동일한 내용을 지닌 53편에서는 그 모든 표현을 '하나님'으로 바꾸었습니
다. 특히 42-83편에 있는 시들은 유달리 '하나님'이라는 호칭을 선호해서, 아마도
고대의 어떤 시기에 한 묶음으로 존재했을 것이라 여겨집니다. 가령 40편 13-17절
은 70편 1-5절과 거의 비슷하지만, 40편에서는 '주님'이, 70편에서는 '하나님'이 쓰
였다는 점에서 다릅니다. 14편과 53편은 거의 비슷하지만, 14편 5-6절과 53편 5절
에서 서로 달라집니다. 그래서 53편은 하나님을 찾는 경건한 자를 괴롭히는 어리석
고 악한 이들을 하나님께서 흩어버리실 것임을 강조합니다. 이렇게 동일한 시가 시
편집 안에 함께 들어 있는 것을 볼 때, 현재의 시편집 전체는 꽤나 복잡하고 오랜
전달 과정을 거쳤으며, 그러한 전달 과정에서 이미 존재하는 시편을 이리저리 고치
거나 바꾸는 일이 일어났음을 알려줍니다.

려움이 없는 곳에서도 크게 두려워할 것이다. 하나님이 그들을 물리치셨으니, 그들이 수치를 당할 것이다.

6 하나님, 시온에서 나오셔서, 이스라엘을 구원해주십시오!
하나님께서 당신의 백성을 그들의 땅으로 되돌려보내실 때에,
야곱은 기뻐하고, 이스라엘은 즐거워할 것이다.

{ 제54편 }

환난 때에 하나님을 신뢰함

[지휘자를 따라 현악기에 맞추어 부르는 노래, 다윗의 마스길,
십 사람 몇이 사울에게로 가서 다윗이 자기들에게로 와서 숨어 있다고
밀고하였을 때에 다윗이 지은 시]

1 하나님, 주님의 이름으로 나를 구원하시고, 주님의 권세로 나의 정당함을 변호하여주십시오. 2 하나님, 나의 기도를 들으

54편의 부제는 길게 상황을 설명하고 있습니다. 이런 시편이 나올 정도로 절박한 배경이 있나요? 이 시에 달린 부제는 사무엘기상 26장에 소개되어 있습니다. 이 역시 다윗이 사울을 피해 도망 다니던 시절을 배경으로 하며, '십 사람'은 다윗이 숨어 있던 곳을 사울에게 알려준 이들입니다. 이렇게 다윗이 겪던 시절을 설명하는 부제들은 거의 대부분 다윗의 힘겨웠던 시절, 억울하고 괴로웠던 순간을 표현합니다. 이러한 부제가 바로 그때 다윗이 이러한 시를 지었다는 의미는 아니며, 다윗이든 또 다른 누구이든 이 시를 지었을 때 다윗의 괴로웠던 그 순간을 기억했다 정도로 이해할 수 있습니다. 그래서 시편은 근본적으로 괴로운 자의 기도, 억울하고 분한 이들의 기도이며, 그래서 가난한 자의 기도입니다. 누구나 시편을 좋아하지만, 시편을 가장 잘 이해할 수 있는 시기는 힘없고 약하며 그로 인해 누명도 쓰고 억울한 일도 겪을 때입니다. 그때야말로 하나님 외에는 달리 의지할 곳이 없는 때이기도 합니다.

시고, 이 입으로 아뢰는 말씀에 귀를 기울여주십시오.

3 무법자들이 일어나 나를 치며, 폭력배들이 내 목숨을 노립니다. 그들은 하나같이 하나님을 안중에도 두지 않는 자들입니다. (셀라)

4 그러나 하나님은 나를 돕는 분이시며, 주님은 내게 힘을 북돋우어주는 분이시다. 5 원수가 나에게 악한 짓을 하였으니, 주님이 내 원수를 갚아주실 것이다.

주님의 진실하심을 다하여 그들을 전멸시켜주시기를 빈다.

6 내가 즐거운 마음으로 주님께 제물을 드립니다. 주님, 내가 주님의 선하신 이름에 감사를 드립니다.

7 주님이 나를 모든 재난에서 건져주셨으며, 나의 이 눈으로, 원수들의 멸망을 보았기 때문입니다.

{ 제55편 }

친구에게 배신당함

[지휘자를 따라 현악기에 맞추어 부르는 다윗의 마스길]

1 하나님, 내 기도에 귀를 기울여주십시오. 나의 간구를 외면하지 말아 주십시오. 2 나를 굽어보시고, 응답하여주십시오. 한 맺힌 탄식을 가늠 길이 없어서, 나는 분노에 떨고 있습니다. 3 저 원수들이 나에게 악담을 퍼붓고, 저 악인들이 나를 억누르기 때문입니다. 진실로, 그들은 나에게 재앙을 쏟으며, 나에게 원한 맺힌 마음으로 분노를 터뜨립니다. 4 내 마음은 진통하듯 뒤틀려 찢기고, 죽음의 공포가 나를 엄습합니다. 5 두려움과 떨림이 나에게 밀려오고, 몸서리치는 전율이 나를 덮습니다.

6 나는 말하기를 "나에게 비둘기처럼 날개가 있다면, 그 날개를 활짝 펴고 날아가서 나의 보금자리를 만들 수 있으련만. 7 내가 멀리멀리 날아가서, 광야에서 머무를 수도 있으련만. (셀라) 8 광풍과 폭풍을 피할 은신처로 서둘러서 날아갈 수도 있으련만" 하였다.

다윗은 누구에게 어떤 배신을 당했길래 이런 시편을 쓴 것인가요? 51-60편에 속한 거의 모든 시는 다윗의 구체적인 상황을 부제에서 언급합니다. 이 가운데 있는 55편은 구체적 상황에 대한 설명이 부제에 없지만, 앞뒤에 놓인 시편들을 통해 미루어 짐작할 수 있습니다. 시편의 여러 시에서 다윗을 언급하지만, 다윗이 이 모든 시를 다 썼다기보다는 다윗의 괴로웠던 순간을 곱고하고 괴로운 처지에 놓인 모든 이의 상황에 견주어 기억했다고 보는 것이 나을 겁니다. 가장 친한 사람들로부터 배신당한 고통(12-13절), 자기와 함께 있을 때 온갖 좋은 말만 해주던 사람으로부터 배신당한 괴로움(20-21절)이 이 시의 배경에 있습니다.

9 아, 주님, 그들이 사는 성에는, 보이느니 폭력과 분쟁뿐입니다. 그들을 말끔히 없애버리시고, 그들의 언어가 혼잡하게 되도록 하여주십시오.

10 그들이 밤낮으로 성벽 위를 돌아다니니 그 성 안에는 죄악과 고통이 가득 차 있구나. 11 파괴가 그 성 안에서 그치지 아니하고, 억압과 속임수가 그 광장에서 떠나지 않는구나.

12 나를 비난하는 자가 차라리, 내 원수였다면, 내가 견딜 수 있었을 것이다. 나를 미워하는 자가 차라리, 자기가 나보다 잘 났다고 자랑하는 내 원수였다면, 나는 그들을 피하여서 숨기라도 하였을 것이다. 13 그런데 나를 비난하는 자가 바로 너라니! 나를 미워하는 자가 바로, 내 동료, 내 친구, 내 가까운 벗이라니! 14 우리는 함께 두터운 우정을 나누며, 사람들과 어울려 하나님의 집을 드나들곤 하였다. 15 그들이 머무르는 곳, 그곳에는 언제나 악이 넘쳐흐르는구나. 죽음아, 그들을 덮쳐라. 산 채로 그들을 음부로 데리고 가거라!

16 나는 오직 하나님께 부르짖을 것이니, 주님께서 나를 건져 주실 것이다. 17 저녁에도 아침에도 한낮에도, 내가 탄식하면

다윗이 느낀 배신감은 저주의 기원으로 이어집니다. 하나님께 기도하는 사람이 이렇게 누군가를 저주해도 되나요? 시인은 자신에게 악을 행한 이를 하나님께서 죽여주고 심판해주시길 기도합니다(15, 19, 23절). 아울러 시인을 괴롭히는 현실은 단순히 한 명의 악인이 아니라 시인이 살고 있는 곳에 가득한 '폭력과 분쟁'(9절), '억압과 속임수'(11절), 그리고 다른 사람을 희생시키는 짓(23절)입니다. 이 기도는 나한테 못되게 구는 사람을 죽여달라는 것을 넘어, 시인과 같은 가난하고 힘없는 이를 짓밟고 유린하며 약자를 희생시키는 '성'(9-10절), 곧 그와 같은 세상을 심판하시길 구하는 기도입니다. 그래서 이 기도는 '저주'가 아니라 '하나님의 정의가 온 땅에 임하길 구하는 기도'입니다.

서 신음할 것이니, 내가 울부짖는 소리를 주님께서 들으실 것이다. 18 나를 대적하는 자들이 참으로 많아도, 주님께서는, 나에게 덤벼드는 자들에게서, 내 생명 안전하게 지켜주실 것이다. 19 아주 먼 옛날부터, 보좌에 앉아계시는 하나님께서 나의 부르짖음 들으시고, 응답하실 것이다. (셀라) 마음을 고치지도 아니하며 하나님을 두려워하지도 아니하는 그들을 치실 것이다.

20 나의 옛 친구가 손을 뻗쳐서, 가장 가까운 친구를 치는구나. 그들과 맺은 언약을 깨뜨리고 욕되게 하는구나. 21 그의 입은 엉긴 젖보다 더 부드러우나, 그의 마음은 다툼으로 가득 차 있구나. 그의 말은 기름보다 더 매끄러우나, 사실은 뽑아 든 비수로구나. 22 너희의 짐을 주님께 맡겨라. 주님이 너희를 붙들어주실 것이니, 주님은, 의로운 사람이 망하도록, 영영 그대로 버려두지 않으실 것이다.

23 하나님, 주님께서는 반드시 그들을 멸망의 구덩이로 내려가게 하실 것입니다. 피 흘리기를 좋아하고, 속이기를 좋아하는 자들은 자기 목숨의 절반도 살지 못하게 될 것입니다. 그러기에 나는 주님만 의지하렵니다.

시인은 주님이 건져주실 것이고, 들으실 것이라고 고백합니다. 이런 고백이 기도에 포함되는 의미는 무엇인가요? 시편에 등장하는 시인은 가난하고 괴로우며 억울하고 힘겹습니다. 그렇지만 그렇게 괴로움을 호소하는 시들은 한결같이 그들의 기도에 응답하실 하나님에 대한 강렬한 찬양으로 끝맺곤 합니다. 현실은 전혀 그렇지 않은데도 "앞날은 좋아질 거야"라고 말하는 일종의 '정신 승리'라기보다, 이 시들은 하나님의 신실하심에 대한 굳은 신뢰를 보여줍니다. 들으시는 하나님께서 계시지 않는다면 절망과 원한밖에 없을 테지만, 시편의 시인들은 그 막막함 속에서도 하나님을 신뢰하며 노래합니다. 악한 현실과 싸우느라 또 다른 악인이 되어버리는 길을 택하지 않고, 하나님을 신뢰하며 걸어갑니다. 그래서 끝까지 하나님을 신뢰하며 걸어가겠다는 표현인 찬양은 굴복하지 않겠다는 강력한 선언이기도 합니다.

{ 제56편 }

하나님을 신뢰하는 기도

[지휘자를 따라 요낫 엘렘 르호김에 맞추어 부르는 노래, 다윗의 믹담, 블레셋 사람이 가드에서 다윗을 붙잡았을 때에 다윗이 지은 시]

1 하나님, 나를 불쌍히 여겨주십시오. 사람들이 나를 짓밟습니다. 온종일 나를 공격하며 억누릅니다. 2 나를 비난하는 원수들이 온종일 나를 짓밟고 거칠게 나를 공격하는 자들이, 참으로 많아지고 있습니다. 오, 전능하신 하나님! 3 두려움이 온통 나를 휩싸는 날에도, 나는 오히려 주님을 의지합니다. 4 나는 하나님의 말씀만 찬양합니다. 내가 하나님만 의지하니, 나에게는 두려움이 없습니다. 육체를 가진 사람이 나에게 감히 어찌하겠습니까?

5 그들은 온종일 나의 말을 책잡습니다. 오로지 나를 해칠 생각에만 골몰합니다. 6 그들이 함께 모여 숨어서 내 목숨을 노리더니, 이제는 나의 걸음걸음을 지켜보고 있습니다. 7 그들이

정말 다윗이 말한 상황에 공감할 정도로 힘든 어느 날, 꺼내 읽고 싶은 시편입니다. 이렇게 시편을 선택적으로 읽어도 되나요? 사실 다섯 권으로 이루어진 시편에서 처음 2권(1–41편, 42–72편)은 거의 대부분 탄식하며 하나님을 구하는 내용입니다. 우리 삶이라는 것이 한 고비를 넘었다 싶으면 또다시 한 고비가 다가오고, 때론 한 꺼번에 여러 괴로움이 들이닥치기도 하지 않습니까? 시편은 우리의 괴로운 삶을 그대로 반영한다 싶습니다. 그렇기에 손에 잡히는 대로 어느 시를 읽어도 좋을 것 같습니다. 순서가 있는 시편집이라는 점에서는 앞뒤에 함께 놓인 시들을 서로 비교하며 읽어도 좋겠지만, 우리 삶의 길을 걸어가며 시편을 읽을 때는 어떤 시든 그때그때 읽어도 충분히 좋습니다. 우리의 괴로움을 시인의 표현으로 이야기하고, 우리의 기도를 시인의 기도로 기도하면 좋겠습니다.

악하니, 그들이 피하지 못하게 하여주십시오. 하나님, 뭇 민족들에게 진노하시고 그들을 멸망시켜주십시오.

8 나의 방황을 주님께서 헤아리시고, 내가 흘린 눈물을 주님의 가죽부대에 담아두십시오. 이 사정이 주님의 책에 기록되어 있지 않습니까? 9 내가 주님을 부르면, 원수들이 뒷걸음쳐 물러갈 것입니다. 하나님은 나의 편이심을 나는 잘 알고 있습니다. 10 하나님을 의지하며 나는 하나님의 말씀만 찬양합니다. 하나님을 의지하며 나는 주님의 말씀만을 찬양합니다. 11 내가 하나님을 의지하니, 내게 두려움이 없습니다. 사람이 나에게 감히 어찌하겠습니까?

12 하나님, 내가 주님께 서원한 그대로, 주님께 감사의 제사를 드리겠습니다. 13 주님께서 내 생명을 죽음에서 건져주시고, 내가 생명의 빛을 받으면서, 하나님 앞에서 거닐 수 있게, 내 발을 지켜주셨기 때문입니다.

시인의 말대로 하나님을 의지하는 사람에겐 두려움이 없습니까? 여전히 문득문득 두려움이 밀려오겠지만, 그때마다 시인은 하나님을 의지할 것입니다. 그리고 그분을 의지하는 자를 지키시는 하나님을 기억하며 다시 또 이렇게 담대하게 고백하고 외칠 것입니다. 앞날을 알지 못하니 두렵고, 우리를 싫어하고 반대하며 대적하는 사람들이 있으니 두렵습니다. 그 불안하고 알 길 없는 미래를 내 힘으로 바꾸고 만들어가자면 두렵고, 나와 맞선 이들의 힘과 세력 그리고 나의 작고 부족함을 생각하면 두렵겠지만, 우리와 함께하시는 하나님을 기억하며 신뢰할 때 여전히 알지 못하는 미래라 할지라도 또 한 걸음을 내디딜 수 있습니다. 하나님을 신뢰한다는 것은 사람의 그릇이나 능력 차이에 좌우되지 않게 합니다. 나 자신의 부족함이나 다른 이의 강함에 흔들리지 않게 되니, 두려움 없이 걸어갈 수 있습니다. 여전히 불안함은 남아 있지만, 시인과 함께 외쳐봅니다. "내가 하나님을 의지하니, 사람이 나에게 감히 어찌하겠습니까?"

{ 제57편 }

환난 때의 찬양과 신뢰

[지휘자를 따라 알다스헷에 맞추어 부르는 노래. 다윗의 믹담.
사울을 피하여서 동굴로 도망하였을 때에 지은 시]

1 참으로 하나님, 나를 불쌍히 여겨주십시오. 불쌍히 여겨주십시오. 내 영혼이 주님께로 피합니다. 이 재난이 지나가기까지, 내가 주님의 날개 그늘 아래로 피합니다. 2 가장 높으신 하나님께 내가 부르짖습니다. 나를 위하여 복수해주시는 하나님께 내가 부르짖습니다. 3 하늘에서 주님의 사랑과 진실을 보내시어, 나를 구원하여주십시오. 나를 괴롭히는 자들을 꾸짖어주십시오. (셀라) 오, 하나님, 주님의 사랑과 진실을 보내어주십시오. 4 내가 사람을 잡아먹는 사자들 한가운데 누워 있어 보니, 그들의 이는 창끝과 같고, 화살촉과도 같고, 그들의 혀는 날카로운 칼과도 같았습니다. 5 하나님, 하늘 높이 높임을 받으시고, 주님의 영광을 온 땅 위에 떨치십시오.

'주님의 사랑과 진실'(3절)은 무엇을 말하나요? '사랑'은 달리 '인자'라고도 번역되는 단어입니다. 이 단어는 '언약으로 맺어진 관계 안에서의 충실함'이라는 의미를 지닙니다. 하나님께서 그 백성과 언약을 맺으셨고, 끝까지 그들을 지키고 보호하실 것임을 이와 같은 표현이 증언합니다. '진실' 혹은 '진리'라고도 번역되는 히브리어는 얼핏 '영원하고 절대적인 것'으로 여겨지기 쉽지만, '한결같이 참된 것'을 의미합니다. 그래서 하나님의 진실 혹은 하나님의 진리는 임금을 대할 때나, 가난한 이를 대할 때나, 외모나 권력과 무관하게 한결같이 참되게 대하시는 것으로 드러납니다. 그래서 원수에게 둘러싸여 모진 어려움을 겪고 있는 시인이 갈망하는 것은 오직 하나님의 사랑과 진실입니다.

6 그들은 내 목숨을 노리고, 내 발 앞에 그물을 쳐놓아 내 기가 꺾였습니다. 그들이 내 앞에 함정을 파놓았지만, 오히려 그들이 그 함정에 빠져들고 말았습니다. (셀라)

7 하나님, 나는 내 마음을 정했습니다. 나는 내 마음을 확실히 정했습니다. 내가 가락에 맞추어 노래를 부르겠습니다.

8 내 영혼아, 깨어나라. 거문고야, 수금아, 깨어나라. 내가 새벽을 깨우련다.

9 주님, 내가 만민 가운데서 주님께 감사를 드리며, 뭇 나라 가운데서 노래를 불러, 주님을 찬양하렵니다. 10 주님의 한결같은 그 사랑, 너무 높아서 하늘에 이르고, 주님의 진실하심, 구름에까지 닿습니다.

11 하나님, 주님은 하늘 높이 높임을 받으시고, 주님의 영광 온 땅 위에 떨치십시오.

비슷한 내용의 시들이 이어지고 있습니다. 다윗이 이렇게 쫓기고 배신당한 세월은 대략 어느 정도였나요? 이 곤고한 시간의 의미는 무엇인가요? 다윗의 도망자 시절이 어느 정도 기간이었을지는 성경에서 구체적인 시간을 알려주지 않아 정확히 판단할 수 없지만, 짧게는 5년에서 길면 10년 가까이 되었을 것이라 짐작할 수 있습니다. 그러나 시편에 다윗의 괴로웠던 시기를 표현한 내용이 많은 것은 그 기간이 길어서라기보다는 이러한 고난과 괴로움이야말로 사람이 살아가는 인생에서 가장 빈번히 찾아오는 시간이며, 가장 고통스러운 시간이기 때문이라 할 수 있습니다. 한 고비를 넘으면 또 한 고비가 찾아오는 우리 인생을 잘 반영했다고 볼 수 있습니다. 쉽게 사라지지 않는 고난, 자주 반복되는 고난을 우리는 시편 한 편 한 편을 읽을 때마다 계속 맞닥뜨리게 됩니다. 하나님을 의지하면 다 잘될 거라며 딴생각은 절대 하지 않으려는 확신에 가득 찬 모습이 아니라, 끝없이 반복되는 고난을 다시금 절절히 고통스럽게 겪으며 절망 중에서도 한 줄기 희망의 빛을 부여잡는 고대 신앙인을 발견하게 됩니다.

{ 제58편 }

만사가 잘못될 때의 기도

[지휘자를 따라 알다스헷에 맞추어 부르는 노래, 다윗의 믹담]

1 너희 통치자들아, 너희가 정말 정의를 말하느냐? 너희가 공정하게 사람을 재판하느냐? 2 그렇지 않구나. 너희가 마음으로는 불의를 꾸미고, 손으로는 이 땅에서 폭력을 일삼고 있구나.

3 악한 사람은 모태에서부터 곁길로 나아갔으며, 거짓말을 하는 자는 제 어머니 뱃속에서부터 빗나갔구나. 4 그들은 독사처럼 독기가 서려, 귀를 틀어막은 귀머거리 살무사처럼, 5 마술사의 홀리는 소리도 듣지 않고, 능숙한 술객의 요술도 따르지 않는구나.

6 하나님, 그들의 이빨을 그 입 안에서 부러뜨려주십시오. 주님, 젊은 사자들의 송곳니를 부수어주십시오. 7 그들을 급류처럼 흔적도 없이 사라지게 해주십시오. 겨누는 화살이 꺾인 화

1절은 지금 이 시대에도 똑같이 말할 수 있을 만큼 현실감 있게 다가옵니다. 수천 년 동안 세상의 본질은 변하지 않은 건가요? "절대 권력은 절대 부패한다"는 말처럼, 권력의 본질은 변하지 않는다고 말할 수 있습니다. 권력을 얻는 이유가 힘없는 사람을 위해서라고 다들 말하지만, 그리고 처음엔 진심이었겠지만, 막상 권력을 쥐고 나면 그것을 놓지 않기 위해 온갖 악을 행하며 가난하고 힘없는 이를 모른 체하고 짓밟는 모습이 이제까지 권력의 일상입니다. 구약성경의 시편은 예배 중에 부른 찬송이었을 텐데, 이처럼 권력을 규탄하고 고발하는 내용을 불렀다는 점도 눈길을 끕니다. 신앙 공동체 안에서 특정 정치인이나 정당을 지지하는 것은 부당하겠지만, 권력을 휘둘러 가난한 자를 짓밟고 민주주의를 유린하는 세력에 대해서는 58편과 같이 규탄하고 고발하는 일이 교회 안에서도 이루어져야 한다는 것을 이 시편에서 알 수 있습니다.

살이 되게 해주십시오. 8 움직일 때 녹아내리는 달팽이같이 되게 해주십시오. 달을 채우지 못한 미숙아가 죽어서 나와 햇빛을 못 보는 것같이 되게 해주십시오. 9 가시나무 불이 가마를 뜨겁게 하기 전에 생것과 불붙은 것이, 강한 바람에 휩쓸려가게 해주십시오.

10 의로운 사람이 악인이 당하는 보복을 목격하고 기뻐하게 하시며, 악인의 피로 그 발을 씻게 해주십시오. 11 그래서 사람들이 "과연, 의인이 열매를 맺는구나! 과연, 이 땅을 심판하시는 하나님은 살아계시는구나!" 하고 말하게 해주십시오.

독한 저주가 계속됩니다. 악한 사람에 대한 저주가 갖는 의미는 무엇인가요? 여기서의 저주는 하나님을 향한 기도이지, 말 자체에 어떤 효력이 있는 것은 아닙니다. 시인이 오직 간구하는 것은 불의한 세력이 처벌받게 해달라는 것입니다. 역사 속에서 불의하게 권력을 획득하고 그 권력으로 악을 행한 세력이 마침내 처벌받으면, 사람들은 "아, 이 땅에 하나님께서 살아계시구나"라고 깨닫게 됩니다(11절). 그러므로 하나님의 살아계심은 이 땅에서 이루어지는 정의에서도 드러납니다. 불의한 독재 정권, 국민의 목숨을 제멋대로 죽이는 권력, 국민의 안전을 돌아보지 않는 권력, 그러면서도 돈을 가진 세력과 결탁해 부를 쌓는 권력은 반드시 망해야 합니다. 그래야 사람들이 하나님께서 살아계심을 깨달을 것입니다.

제59편

보호를 구하는 기도

[지휘자를 따라 알다스헷에 맞추어 부르는 노래.
다윗의 믹담. 사울이 다윗을 죽이려고 사람을 보내어서
그의 집을 감시하고 있을 때에 다윗이 지은 시]

1 나의 하나님, 내 원수들에게서 나를 구원해주시고, 나를 치려고 일어서는 자들에게서 나를 지켜주십시오. 2 악을 지어내는 자들로부터 나를 구해주시고, 피 흘리기 좋아하는 자들에게서 나를 건져주십시오.

3 그들이 내 목숨을 노리고 매복해 있습니다. 강한 자들이 나를 치려고 모여듭니다. 그러나 주님, 나에게 허물이 있는 것도 아니요, 나에게 큰 죄가 있는 것도 아닙니다. 4 나에게는 아무런 잘못도 없으나, 그들이 달려와서 싸울 준비를 합니다. 깨어나 살피시고, 나를 도와주십시오. 5 주님은 만군의 하나님, 주

다윗의 상황은 더없이 절박하고 기도는 간청에 가깝습니다. 무슨 상황인가요? 아마도 이 시에 붙어 있는 부제는 사무엘기하 19장 11–17절에 기록된 사건이 배경일 것 같습니다. 다윗을 향한 광기에 사로잡힌 사울은 자신의 딸과 결혼한 다윗의 집에까지 사람을 보내 다윗을 죽이려 하지만, 다윗은 아내 미갈의 기민한 대응 덕분에 겨우 살아날 수 있었습니다. 안전하고 쉴 수 있는 곳이어야 할 집이 다윗에게는 그렇지 못한 곳이 되어버렸고, 이때 집을 떠난 다윗은 다시 집으로 돌아오지 못한 채 사울이 죽기까지 내내 사방을 떠도는 도망자 신세가 되었습니다. 그러나 이 시에는 이스라엘을 향한 이방 민족의 위협에 대한 내용도 포함되어 있는데(5–9, 11–13절), 다윗의 고난에 대한 기억과 이스라엘이 겪는 어려움을 서로 연관시켰다고 볼 수 있습니다. 그래서 시편의 다윗은 한 개인을 넘어, 이스라엘의 가난한 자를 상징하기도 하고, 이방의 위협으로 인해 바람 앞의 촛불 같은 이스라엘을 상징하기도 합니다.

이스라엘의 하나님이십니다. 깨어나셔서 모든 나라를 차별 없이 심판하시고, 사악한 꾀를 꾸미는 자들을, 불쌍히 여기지 마십시오. (셀라)

6 그들은 저녁만 되면 돌아와서, 개처럼 짖어대면서, 성 안을 이리저리 쏘다닙니다. 7 그들은 입에 거품을 물고, 입술에는 칼을 물고서 "흥, 누가 들으랴!" 하고 말합니다.

8 그러나 주님, 주님께서 그들을 보시고 비웃으시며, 뭇 민족을 조롱하실 것입니다. 9 나의 힘이신 주님, 주님은, 내가 피할 요새이시니, 내가 주님만을 바라봅니다.

10 한결같은 사랑을 베푸시는 하나님께서 나를 영접하려고 오실 것이니, 하나님께서 내 원수가 망하는 꼴을 나에게 보여주실 것이다.

11 내 백성이 그들을 잊을까 두려우니, 그들을 아주 말살하지는 말아 주십시오. 우리의 방패이신 주님, 주님의 능력으로 그들을 흔드시고, 그들을 낮추어주십시오. 12 죄가 그들의 입에 있고 그들의 입술에서 나오는 말은 모두 죄로 가득 찼습니다.

최악에 처한 것처럼 보이지만, 기도는 찬양으로 마무리됩니다. 이 찬양의 고백은 어떤 의미가 있나요? 다윗과 같은 개인이, 또 이스라엘과 같은 약소국이 이 정도의 어려움을 겪는다면, 더 이상 독자적인 생존을 포기하고 강한 권력이나 강대국의 그늘 아래 숨죽이고 살아가는 것이 맞을 것입니다. 이 땅에 존재하는 거대한 권력에 맞서기보다는, 그에 굴복하고 영합해 자신의 안위를 도모하는 것이 맞을 것입니다. 그러나 16-17절에서처럼, 그리고 이전에 봤던 거의 모든 시편의 마지막 부분 찬양처럼, 시인이자 이 가난한 자는 포기하거나 체념하지 않습니다. 그는 다시 하나님을 바라보며, 자신의 곤고함과 연약함에도 불구하고 하나님께서 그의 피난처가 되심을 노래하고, 하나님만이 온 땅을 다스리는 분이심을 신뢰하며 선포합니다(13절). 그래서 그의 찬양은 그를 다시 살아가게 합니다. 찬양한다는 것은 포기하지 않고 살아가는 것입니다. 살아간다는 것은 계속해서 하나님을 찬양하는 것입니다.

그들의 오만이 그들을 사로잡는 덫이 되게 해주십시오. 그들이 저주와 거짓말만 늘어놓고 있으니, 13 주님의 진노로 그들을 멸하여주십시오. 하나도 남김없이 멸하여주십시오. 하나님께서 야곱을 다스리고 계심을 땅끝까지 알려주십시오. (셀라) 14 그들은 저녁만 되면 돌아와서, 개처럼 짖어대면서, 성 안을 이리저리 쏘다닙니다. 15 그들은 먹을 것을 찾아서 돌아다니다가, 배를 채우지 못하면, 밤새도록 으르렁거립니다.

16 그러나 나는 나의 힘 되신 주님을 찬양하렵니다. 내가 재난을 당할 때에, 주님은 나의 요새, 나의 피난처가 되어주시기에, 아침마다 주님의 한결같은 사랑을 노래하렵니다. 17 나의 힘이신 주님, 내가 주님을 찬양하렵니다. "하나님은 내가 피할 요새, 나를 한결같이 사랑하시는 분."

{ 제60편 }

하나님을 의존하여라

[다윗이 교훈을 하려고 지은 믹담, 지휘자를 따라 수산 에듯에 맞추어 부르는 노래. 다윗이 '아람 나하라임'과 '아람 소바'와 싸울 때에 요압이 돌아와서 '소금 골짜기'에서 에돔 군 만 이천 명을 죽였다. 그때에 다윗이 지은 시]

1 하나님, 주님께서 우리를 내버리시고, 흩으시고, 우리에게 노하셨으나, 이제는 우리를 회복시켜주십시오. 2 주님께서 땅을 흔드시고 갈라지게 하셨으니, 이제는 그 갈라지고 깨어진 틈을 메워주시어서, 땅이 요동치 않게 해주십시오. 3 주님께서 주님의 백성에게 곤란을 겪게 하시고, 포도주를 먹여 비틀거리게 하셨습니다.

4 활을 쏘는 자들에게서 피하여 도망치도록, 깃발을 세워서 주님을 경외하는 사람들을 인도해주십시오. (셀라) 5 주님의 오른손을 내미셔서, 주님께서 사랑하시는 사람을 구원하여주십시오. 우리에게 응답하여주십시오.

교훈을 주기 위해 적은 시라고 하는데, 다윗이 주려던 교훈은 무엇인가요? 이 시의 부제에서는 다윗과 요압이 했던 전쟁을 언급하고, 본문에도 에돔이나 블레셋과의 전쟁에 대한 내용이 있습니다. 1-5절은 주님께서 손을 내미셔서 건져달라는 기도이며, 이러한 기도는 9-11절에도 다시 나옵니다. 이 모든 기도의 결론은 11절과 12절입니다. 사람의 도움은 헛되며 하나님께서 함께하시면 승리한다는 것, 이것이 이 시가 말하고자 하는 '교훈'이라고 볼 수 있습니다. 이와 같은 시는 자칫 기독교 신앙을 가진 편은 언제나 이긴다거나 혹은 하나님께서는 언제나 우리 편과 함께하신다는 독선으로 이어지기 쉽습니다. 그러나 이 시가 교훈하고자 하는 내용은 전쟁의 승패가 단지 군사력에 달려 있지 않다는 것이며, 그렇기에 사람이 지닌 힘과 세력에 좌우되지 말라는 것입니다.

6 하나님께서 성소에서 이렇게 말씀하셨습니다. "내가 크게 기뻐하면서 뛰어놀겠다. 내가 세겜을 나누고, 숙곳 골짜기를 측량하겠다. 7 길르앗도 나의 것이요, 므낫세도 나의 것이다. 에브라임은 내 머리에 쓰는 투구요, 유다는 나의 통치 지팡이이다. 8 그러나 모압은 나의 세숫대야로 삼고, 에돔에는 나의 신을 벗어 던져 그것이 나의 소유임을 밝히겠다. 내가 블레셋을 격파하고, 승전가를 부르겠다."

9 누가 나를 견고한 성으로 데리고 가며, 누가 나를 에돔까지 인도합니까? 10 하나님, 우리를 정말로 내버리신 것입니까? 주님께서 우리의 군대와 함께 나아가지 않으시렵니까? 11 사람의 도움이 헛되니, 어서 우리를 도우셔서, 원수들을 물리쳐 주십시오.

12 하나님께서 우리와 함께 계시면, 우리는 승리를 얻을 것이다. 그가 우리의 원수들을 짓밟을 것이다.

성소는 무엇이며, 거기서 하나님이 하신 말씀(6절)은 무슨 뜻인가요? 아마도 고대 이스라엘에는 전쟁을 치를 때 하나님께 뜻을 묻고 도우심을 구하는 어떤 의식이 있었을 것입니다(예를 들면, 역대지하 20장). 그와 같은 예식이 하나님을 예배하는 장소인 성소에서 거행되었고, 아마도 제사장이나 예언자를 통해 하나님의 말씀이 선포되었을 것입니다. 이때 선포된 말씀으로 6-8절이 소개되는데, 이스라엘은 하나님의 것이며, 하나님께서 이방 나라를 그분의 뜻대로 좌우하실 것이라는 내용입니다. 이러한 내용 역시 승리는 하나님께로부터 오는 것임을 잘 보여줍니다.

{ 제61편 }

하나님의 보호를 받으며

[지휘자를 따라 현악기에 맞추어 부르는 노래, 다윗의 시]

1 하나님, 내가 부르짖는 소리를 들으시고, 내 기도 소리를 귀 담아 들어주십시오. 2 내 마음이 약해질 때, 땅끝에서 주님을 부릅니다. 내 힘으로 오를 수 없는 저 바위 위로 나를 인도하여주십시오.

3 주님은 나의 피난처시요, 원수들에게서 나를 지켜주는 견고한 망대이십니다. 4 내가 영원토록 주님의 장막에 머무르며, 주님의 날개 아래로 피하겠습니다. (셀라)

5 주님은 나의 하나님, 주님께서 내 서원을 들어주시고, 주님의 이름을 경외하는 사람이 받을 유업을 내게 주셨습니다.

6 왕의 날을 더하여주시고, 왕의 해를 더하여주셔서, 오래오래 살게 하여주시기를 원합니다. 7 주님 앞에서 우리 왕이 오래도록 왕위에 앉아 있게 하시고, 주님의 한결같은 사랑과 진리로

바위, 피난처, 견고한 망대, 장막, 날개…. 다윗이 피하려고 비유한 이 장소들은 이 스라엘의 지형이나 문화 속에서 어떤 의미가 있나요? 이것들이 지닌 이미지는 안 전함, 든든함, 견고함일 겁니다. 고대 이스라엘은 대체로 산악 지역에 정착했기에, 여기서 볼 수 있는 지형지물이 손쉽게 비유 언어로 쓰였습니다. 특히 '내 힘으로 오 를 수 없는 저 바위'와 같은 표현은 자신의 능력에 비해 훨씬 높은 바위라는 점에서 자신을 완전히 보호하고 지킬 수 있는 것을 가리킨다고 여겨집니다. 이 모든 비유 는 '주님의 장막'을 가리키며, 이를 달리 '주님의 날개'로 표현합니다. 그리고 주님 께서 거하시는 성소로 가서 주님의 도우심을 구하는 것을 "주님의 장막으로 피한 다", "주님의 날개 아래 피한다"고 표현합니다.

우리 왕을 지켜주시기를 원합니다. 8 그때에 나는 주님의 이름을 영원토록 노래하며, 내가 서원한 바를 날마다 이루겠습니다.

{ 제62편 }

하나님은 강하시고 친절하시다

[지휘자를 따라 여두둔에 맞추어 부르는 노래, 다윗의 시]

1 내 영혼이 잠잠히 하나님만을 기다림은 나의 구원이 그에게서만 나오기 때문이다. 2 하나님만이 나의 반석, 나의 구원, 나의 요새이시니, 나는 결코 흔들리지 않는다.

3 기울어가는 담과도 같고 무너지는 돌담과도 같은 사람을, 너희가 죽이려고 다 함께 공격하니, 너희가 언제까지 그리하겠느냐? 4 너희가 그를 그 높은 자리에서 떨어뜨릴 궁리만 하고, 거짓말만 즐겨 하니, 입으로는 축복하지만 마음속으로는 저주를 퍼붓는구나. (셀라)

구원과 희망이 하나님에게만 있다고 노래합니다. 시편 기자가 말하는 구원과 희망은 무엇인가요? 3–4절에서 '공격하며 거짓을 즐겨 하는 이들'을 언급한 것으로 미루어 볼 때, 시편 기자는 자신을 공격하고 대적하는 이들에게 둘러싸여 있다고 볼 수 있습니다. 시편에 등장하는 이러한 '원수'는 이웃 이방 나라나 옆에 사는 이웃일 수도 있으며, 종종 질병과 같은 것일 수도 있습니다. 이 원수가 누구인지 확정하기는 어렵고, 그러다 보니 어떤 분쟁이나 갈등 혹은 질병 속에 놓인 억울한 이들은 모두 이와 같은 시편을 읽으며 힘을 얻습니다. 질병이 문제였다면 이 구원과 희망은 치유일 것이고, 이웃 나라가 문제였다면 전쟁에서의 승리, 그리고 종종 만나는 이웃 때문에 힘들었던 이에게는 그 이웃에게 당한 어려움과 모욕, 모략으로부터 지켜주심이 될 것입니다.

5 내 영혼아, 잠잠히 하나님만 기다려라. 내 희망은 오직 하나님에게만 있다. 6 하나님만이 나의 반석, 나의 구원, 나의 요새이시니, 나는 흔들리지 않는다. 7 내 구원과 영광이 하나님께 있다. 하나님은 내 견고한 바위이시요, 나의 피난처이시다.

8 하나님만이 우리의 피난처이시니, 백성아, 언제든지 그만을 의지하고, 그에게 너희의 속마음을 털어놓아라. (셀라)

9 신분이 낮은 사람도 입김에 지나지 아니하고, 신분이 높은 사람도 속임수에 지나지 아니하니, 그들을 모두 다 저울에 올려놓아도 입김보다 가벼울 것이다. 10 억압하는 힘을 의지하지 말고, 빼앗아서 무엇을 얻으려는 헛된 희망을 믿지 말며, 재물이 늘어나더라도 거기에 마음을 두지 말아라.

11 하나님께서 한 가지를 말씀하셨을 때에, 나는 두 가지를 배웠다. '권세는 하나님의 것'이요, 12 '한결같은 사랑도 주님의 것'이라는 사실을.

주님, 주님께서는 각 사람에게 그가 행한 대로 갚아주십니다.

주님이 행한 대로 갚아주신다는 마지막 한 줄은 다소 뜬금없다는 생각이 듭니다. 앞에서 노래한 내용과 어떤 맥락으로 연결되는 것인가요? 9~10절을 보면 신분을 막론하고 어떤 사람들이 세력을 형성해서 다른 사람들에게 억압과 힘을 행사했고, 그로 인해 시편 기자 역시 피해를 입었다는 것을 짐작할 수 있습니다. 당시 사람들은 그런 강한 세력에 기대거나 잘 보이는 것이 중요하다 여겼을 것이며, 이런 모습은 오늘날에도 빈번합니다. 이 시편은 그러한 현실에서도 오직 하나님만 의지하겠다고 선언합니다. 그래서 하나님을 의지한다는 것은 단순히 종교적인 어떤 감정이 아니라, 세상을 휩쓰는 강대한 세력이나 권세에 굴복하지 않겠다는 단호한 결단입니다. 또 그들이 저지르는 억압과 약탈에 참여하지 않는 것입니다. 마지막 부분의 '행한 대로 갚으시는 하나님'에 대한 언급은 대부분의 사람이 권력과 대세에 굴복하며 악을 행할 때, 끝까지 옳고 바른길을 걸어간 시편 기자를 하나님께서 지키고 응답하실 것이라는 믿음을 보여줍니다.

{ 제63편 }

하나님의 사랑은 생명보다 더 소중하다
[다윗이 유다 광야에 있을 때에 지은 시]

1 하나님, 주님은 나의 하나님입니다. 내가 주님을 애타게 찾습니다. 물기 없는 땅, 메마르고 황폐한 땅에서 내 영혼이 주님을 찾아 목이 마르고, 이 몸도 주님을 애타게 그리워합니다.
2 내가 성소에서 주님을 뵙고 주님의 권능과 주님의 영광을 봅니다. 3 주님의 한결같은 사랑이 생명보다 더 소중하기에, 내 입술로 주님께 영광을 돌립니다. 4 이 생명 다하도록 주님을 찬양하렵니다. 내가 손을 들어서 주님의 이름을 찬양하렵니다.
5 기름지고 맛깔진 음식을 배불리 먹은 듯이 내 영혼이 만족하니, 내가 기쁨에 가득 찬 입술로 주님을 찬양하렵니다.
6 잠자리에 들어서도 주님만을 기억하고 밤을 새우면서도 주님만을 생각합니다. 7 주님께서 나를 도우셨기에 나 이제 주님의 날개 그늘 아래에서 즐거이 노래하렵니다. 8 이 몸이 주님

다윗은 성소에서 주님을 뵙고 주님의 권능과 주님의 영광을 본다고 말합니다. 주님은 황폐한 곳에는 계시지 않고, 오직 성소에만 계시는 건가요? 시편 기자는 성소에 나아가서 하나님을 예배하고 찬양하며 하나님의 말씀을 제사장이나 예언자를 통해 듣기도 했을 것입니다. 그렇기에 이 시의 부제처럼 사울의 핍박을 피해 숨어 지내던 유다 광야에 있을 때도 다윗은 주님을 바라고 사모합니다. 성소에서 하나님을 경험하는 것은 메마르고 황폐한 땅 어디에서든 하나님을 기억하고 의지하게 합니다. 그래서 체념하거나 포기하지 않고 또 살아갈 수 있는 힘을 줍니다. 부활하신 예수님께서는 하늘로 승천하셨고 오늘 이 땅에 육체로 머물지 않으시지만, 신앙인들이 우리와 함께하시는 예수님을 바라보고 의지하는 것도 이와 비슷할 겁니다.

게 매달리니, 주님의 오른손이 나를 꼭 붙잡아주십니다.
9 나를 죽이려고 노리는 자는 땅 아래 깊은 곳으로 떨어질 것
이다. 10 그들은 칼을 맞고 쓰러지고, 그 주검은 승냥이의 밥
이 될 것이다. 11 그러나 우리의 왕은 하나님을 기뻐하며, 하나
님의 이름으로 맹세하는 사람들은 모두 왕을 칭송할 것이다.
그러나 거짓말을 하는 자들은 말문이 막힐 것이다.

{ 제64편 }

주님 때문에 기뻐한다

[지휘자를 따라 부르는 노래, 다윗의 시]

1 하나님, 내가 탄식할 때에 내 소리를 들어주십시오. 원수들
의 위협에서 내 생명을 지켜주십시오. 2 악인들이 은밀하게 모
의할 때에 나를 숨겨주시고, 악한 일을 저지르는 자들의 폭력
에서 나를 지켜주십시오.

원수들의 위협, 악인들의 모의, 악한 이들의 폭력 가운데 있으면서도 다윗은 계속
노래하고 시를 짓고 찬양합니다. 이런 모습이 신앙을 가진 사람의 표본이라 할 수
있나요? 시편에 다윗의 이름이 나온다 해서 모두 다윗이 지었다고 생각할 필요는
없습니다. 시편의 다윗은 '오직 하나님의 도우심만을 구하는 가난한 사람'을 대표하
는 인물이라고 볼 수 있습니다. 시편을 보건대, 고대 이스라엘의 신앙인들은 자신
의 삶을 다윗의 고난과 괴로움에 견주어 생각하며 노래했고, 하나님을 신뢰하며 살
아갔으리라 짐작됩니다. 무수한 시편이 원수와 음모와 위협, 고통, 핍박을 다룹니
다. 여기서 정말 놀라운 것은 이렇게 괴롭고 힘겨운 삶이면 포기할 만도 한데, 다윗
으로 대표되는 시편 기자는 다시 하나님을 찬양하고 다시 그 괴로운 삶의 길 위에
섭니다. 그들에게는 찬양한다는 것이 그야말로 살아가는 것이었습니다.

3 그들은 칼날처럼 날카롭게 혀를 벼려 화살처럼 독설을 뽑아냅니다. 4 죄 없는 사람을 쏘려고 몰래 숨어 있다가, 느닷없이 쏘고서도, 거리낌조차 없습니다. 5 그들은 악한 일을 두고 서로 격려하며, 남몰래 올가미를 치려고 모의하며, "누가 우리를 보랴?" 하고 큰소리를 칩니다. 6 그들이 악을 꾀하고, 은밀하게 음모를 꾸미니, 사람의 속마음은 참으로 알 수 없습니다.

7 그러나 하나님이 활을 쏘실 것이니, 그들이 화살을 맞고서 순식간에 쓰러질 것이다. 8 하나님은, 그들이 혀를 놀려서 한 말 때문에 그들을 멸하실 것이니, 이것을 보는 자마다 도망칠 것이다. 9 그들은 모두 다 두려움에 사로잡혀, 하나님이 하신 일을 선포하며, 하나님이 하신 일을 생각하게 될 것이다.

10 의인은 주님께서 하신 일을 생각하면서 기뻐하고, 주님께로 피할 것이니, 마음이 정직한 사람은 모두 주님을 찬양할 것이다.

{ 제65편 }

하나님이 기도에 응답하신다

[지휘자를 따라 부르는 노래, 다윗의 찬송시]

1 하나님, 시온에서 주님을 찬양함이 마땅한 일이니, 우리가 주님께 한 서원을 지키렵니다. 2 우리의 기도를 들으시는 주님, 육신을 가진 사람이면 누구나 주님께로 나아옵니다. 3 저마다 지은 죄 감당하기에 너무 어려울 때에, 오직 주님만이 그 죄를 용서하여주십니다. 4 주님께서 택하시고 가까이 오게 하시어 주님의 뜰에 머물게 하신 그 사람은, 복이 있는 사람입니다. 그러므로 우리는, 주님의 집, 주님의 거룩한 성전에서 온갖 좋은 복으로 만족하렵니다.

5 우리를 구원하시는 하나님, 주님께서 그 놀라운 행적으로 정의를 세우시며, 우리에게 응답하여주시므로 땅끝까지, 먼 바다 끝까지, 모든 사람이 주님을 의지합니다. 6 주님께서는 주

오직 주님만이 죄를 용서해줄 수 있나요? 그 죄는 어떤 죄를 말하는 건가요? 사람이 저지르는 죄악은 이웃에게 악을 품거나 행함으로써 서로의 관계를 파괴하는 것입니다. 때로 사람은 자기 스스로를 파괴하고 학대하는 죄를 범하기도 합니다. 그리고 이렇게 자기 자신과 이웃과의 관계를 파괴하는 것은 하나님의 형상대로 사람을 지으신 하나님께 거역하는 행위입니다. 그래서 사람이 범한 죄악은 근본적으로 하나님과의 관계를 깨뜨린 것입니다. 우리가 악을 행해서 누군가를 괴롭히고 고통스럽게 만들었다면 그이를 찾아가서 사과하고 보상하며 용서를 구하는 것이 당연히 먼저입니다. 그렇지만 모든 죄는 근본적으로 하나님께 범죄한 것이기에, 하나님만이 우리 죄를 용서하신다고 말할 수 있습니다. 마치 높은 곳에 있으면 아래가 훤히 보이듯, 높이 계신 하나님께서는 우리를 아시고 용서하십니다. 자신이 낳은 자녀를 용서하는 어머니처럼, 하나님께서는 그 지으신 사람을 이해하고 용서하십니다.

님의 힘으로, 주님의 능력으로 허리에 띠를 동이시고 산들이 뿌리를 내리게 하셨습니다. 7 주님께서는 바다의 노호와 파도 소리를 그치게 하시며, 민족들의 소요를 가라앉히셨습니다. 8 땅끝에 사는 사람들까지, 주님께서 보이신 징조를 보고, 두려워서 떱니다. 해 뜨는 곳과 해 지는 곳까지도, 주님께서는 즐거운 노래를 부르게 하십니다.

9 주님께서 땅을 돌보시어, 땅에 물을 대주시고, 큰 풍년이 들게 해주십니다. 하나님께서 손수 놓으신 물길에, 물을 가득 채우시고, 오곡을 마련해주시니, 이것은, 주님께서 이 땅에다가 그렇게 준비해주신 것입니다. 10 주님께서 또 밭이랑에 물을 넉넉히 대시고, 이랑 끝을 마무르시며, 밭을 단비로 적시며, 움 돋는 새싹에 복을 내려주십니다. 11 주님께서 큰 복을 내리시어, 한 해를 이렇듯 영광스럽게 꾸미시니, 주님께서 지나시는 자취마다, 기름이 뚝뚝 떨어집니다. 12 그 기름이 광야의 목장에도 여울져 흐르고, 언덕들도 즐거워합니다. 13 목장마다 양 떼로 뒤덮이고, 골짜기마다 오곡이 가득하니, 기쁨의 함성이 터져 나오고, 즐거운 노랫소리 그치지 않습니다.

후반부는 마치 수확의 때에 부른 것 같습니다. 절기를 위해 찬송시를 짓기도 했나요? 이 시는 한편으로 자신이 저지른 죄악 때문에 괴로워하며 하나님께 용서를 구하는 기도이고, 다른 한편으로는 비를 내리셔서 풍성한 수확을 거두게 해주시는 하나님으로 인해 기뻐하는 노래이기도 합니다. 그래서 서로 다른 성격의 시 2개가 하나로 결합되어 전해진 것일 수 있습니다. 그런데 매년 일곱째 달 열흘은 속죄일이어서 이스라엘 전체의 죄악이 정결케 되는 날이며, 같은 달 열넷째 날부터 일주일 동안은 한 해의 모든 수확을 저장하며 지키는 초막절이 이어집니다. 이를 생각하면, 고대 이스라엘의 새해인 일곱째 달이야말로 65편처럼 죄악을 용서해주시길 구하는 기도, 그리고 수확의 기쁨과 감사가 잘 결합되는 시기라고 볼 수 있습니다. 죄를 뉘우치는 것, 하나님의 용서와 그 땅에서의 풍성한 수확은 서로 결부되어 있습니다.

{ 제66편 }

하나님께 환호하여라

[시, 지휘자를 따라 부르는 노래]

1 온 땅아, 하나님께 환호하여라. 2 그 이름의 영광을 찬양하고 영화롭게 찬송하여라. 3 하나님께 말씀드려라. "주님께서 하신 일이 얼마나 놀라운지요? 주님의 크신 능력을 보고, 원수들도 주님께 복종합니다. 4 온 땅이 주님께 경배하며, 주님을 찬양하며, 주님의 이름을 찬양합니다" 하여라. (셀라)

5 오너라. 와서, 하나님께서 하신 일을 보아라. 사람들에게 하신 그 일이 놀랍다. 6 하나님이 바다를 육지로 바꾸셨으므로, 사람들은 걸어서 바다를 건넜다. 거기에서 우리는 주님께서 하신 일을 보고 기뻐하였다. 7 주님은 영원히, 능력으로 통치하는 분이시다. 두 눈으로 뭇 나라를 살피시니, 반역하는 무리조차 그 앞에서 자만하지 못한다. (셀라)

8 백성아, 우리의 하나님을 찬양하여라. 그분을 찬양하는 노랫

혼자 하는 노래가 아닌 것 같습니다. 문장과 문장, 단락과 단락 사이가 형식이 달라 보입니다. 어떤 구성과 용도로 만들어진 노래인가요? 12절까지는 '우리'라는 표현에서 보듯 공동체 전체가 부르는 찬송이며, '바다를 육지처럼 건너게 하신 하나님'을 찬송하는 내용으로 볼 때 출애굽 사건을 기념하며 드리는 공동체의 찬송이었음을 알 수 있습니다. 반면 13절부터는 일인칭 단수의 '나'가 등장하는데, 이 '나'는 과거 어려움에 처했을 때 하나님의 도우심을 청하며 다짐했던 서원을 갚기 위해 주님께 나아왔습니다. 이처럼 66편은 공동체의 찬양과 개인의 감사가 하나로 합쳐져 있습니다. 민족 전체를 곤경에서 건져내신 하나님은 동시에 한 개인을 힘겹고 곤고한 그의 삶에서 건져주시는 분입니다. 그래서 개인적으로, 그리고 공동체로 하나님을 경험하는 것은 서로 분리되지 않습니다.

소리, 크게 울려 퍼지게 하여라. 9 우리의 생명을 붙들어주셔서, 우리가 실족하여 넘어지지 않게 살펴주신다.

10 하나님, 주님께서 우리를 시험하셔서, 은을 달구어 정련하듯 우리를 연단하셨습니다. 11 우리를 그물에 걸리게 하시고, 우리의 등에 무거운 짐을 지우시고, 12 사람들을 시켜서 우리의 머리를 짓밟게 하시니, 우리가 불 속으로, 우리가 물속으로 뛰어들었습니다. 그러나 주님께서 우리를 마침내 건지셔서, 모든 것이 풍족한 곳으로 이끌어주셨습니다.

13 내가 번제를 드리러 주님의 집으로 왔습니다. 이제 내가 주님께 서원제를 드립니다. 14 이 서원은, 내가 고난받고 있을 때에, 이 입술을 열어서, 이 입으로 주님께 아뢴 것입니다. 15 내가 숫양의 향기와 함께 살진 번제물을 가지고, 주님께로 나아옵니다. 숫염소와 함께 수소를 드립니다. (셀라)

16 하나님을 두려워하는 사람들아, 오너라. 그가 나에게 하신 일을 증언할 터이니, 다 와서 들어라.

17 나는 주님께 도와달라고 내 입으로 부르짖었다. 내 혀로 주님을 찬양하였다. 18 내가 마음속으로 악한 생각을 품었더라면, 주님께서 나에게 응답하지 않으셨을 것이다. 19 그러나 하나님은 나

숫양, 숫염소, 수소 등 모두 수컷이 제물로 쓰인 모양입니다. 특별한 이유가 있나요? 고대 이스라엘의 동물 희생제사는 화목제나 속죄제에서 암컷을 제물로 드리는 경우도 있었지만(레 3:6; 4:27-28 등), 번제를 비롯해 수컷으로 드리도록 규정된 제사가 더 많았습니다. 속죄제의 경우, 제사장이나 족장은 수컷 송아지나 염소로 제사를 드려야 하지만, 일반 평민은 암염소 혹은 암양으로 드려야 합니다. 성경에 명확한 설명이 없지만, 수컷이 좀 더 우월하고 가치 있는 것이라는 고대의 성차별적 인식이 반영된 것일 수 있습니다. 한편 암컷이 새끼를 낳고 젖을 내어 새끼를 기를 수 있기에 암컷을 보호하기 위한 의도에서 비롯된 규정이라는 주장도 있습니다.

에게 응답하여주시고, 나의 기도 소리에 귀를 기울여주셨다.
20 내 기도를 물리치지 않으시고, 한결같은 사랑을 나에게서 거두지 않으신 하나님, 찬양받으십시오.

{ 제67편 }

민족들로 하나님을 찬양하게 하여라

[지휘자를 따라 현악기에 맞추어 부르는 찬송시]

1 하나님, 우리에게 은혜를 베풀어주시고, 우리에게 복을 내려주십시오. 주님의 얼굴을 환하게 우리에게 비추어주시어서, (셀라) 2 온 세상이 주님의 뜻을 알고 모든 민족이 주님의 구원을 알게 하여주십시오.

3 하나님, 민족들이 주님을 찬송하게 하시며 모든 민족들이 주님을 찬송하게 하십시오.

4 주님께서 온 백성을 공의로 심판하시며, 세상의 온 나라를

군중이 함께 부른 노래인가요? 마치 애국가 같은 느낌이 듭니다. 이 노래의 배경은 무엇인가요? 시편에서 '우리'가 나올 때는 항상 공동체 전체가 연관되었음을 알려줍니다. 6절을 볼 때, 아마도 이 시는 추수 감사와 같은 시기에 공동체가 함께 모여 드린 예배에서 불렸던 찬송으로 여겨집니다. 특히 3절과 5절은 글자까지 그대로 똑같은데, 이러한 반복은 가운데 놓인 4절을 돋보이게 만듭니다. 4절은 하나님께서 땅 위의 모든 민족을 공의로 심판하고 인도하신다고 선포합니다. 그래서 이스라엘 공동체의 복은 단지 그들만의 복으로 끝나는 '민족 이기주의'가 아닙니다. 이스라엘의 복을 통해 온 세상의 나라가 하나님의 공의로운 다스리심 아래 거하게 되고, 온 세상 나라가 하나님을 찬양하는 것으로 이어집니다.

인도하시니, 온 나라가 기뻐하며, 큰 소리로 외치면서 노래합니다. (셀라)

5 하나님, 민족들이 주님을 찬송하게 하시며, 모든 민족이 주님을 찬송하게 하십시오.

6 이 땅이 오곡백과를 냈으니, 하나님, 곧, 우리의 하나님께서 우리에게 복을 내려주셨기 때문이다. 7 하나님께서 우리에게 복을 주실 것이니, 땅끝까지 온 누리는 하나님을 경외하여라.

{ 제68편 }

하나님이 승리하신다

[지휘자를 따라 부르는 다윗의 찬송시]

1 하나님이 일어나실 때에, 하나님의 원수들이 흩어지고, 하나님을 미워하는 자들은 하나님 앞에서 도망칠 것이다. 2 연기가

고아, 과부, 외로운 사람들, 갇힌 사람들, 가난한 사람…. 사회적 약자들이 많이 등장합니다. 거룩한 곳에 있는 하나님이 과연 낮은 곳의 그들에게 관심을 가질까요? 68편 역시 '우리'라는 표현이 빈번하다는 점에서, 공동체의 노래임을 알 수 있습니다. 하나님께서 그 백성 앞에서 행하셔서 세상 나라의 군대를 물리치시고 이스라엘 지파들로 큰 승리를 거두게 하셨음을 기억하며 부르는 찬양입니다. 그런데 이 시편은 곳곳에서 고아, 과부, 가난한 사람을 지키고 돌보시는 하나님을 상기시킵니다. 이스라엘을 지키시는 하나님, 그리고 고아와 과부, 가난한 자를 지키시는 하나님은 같은 하나님입니다. 이를 생각할 때, 시편의 '이스라엘'은 단지 특정한 나라가 아니라, '하나님의 도우심만을 간절히 구하는 가난하고 약한 사람'을 가리킨다는 것을 납득하게 됩니다. 시편이 이스라엘의 찬양이라는 말은 시편이 가난한 자의 노래라는 말과 실제로 같은 의미라고 할 수 있습니다.

날려가듯이 하나님이 그들을 날리시고, 불 앞에서 초가 녹듯이 하나님 앞에서 악인들이 녹는다. 3 그러나 의인들은 기뻐하고, 하나님 앞에서 즐거워할 것이다. 기쁨에 겨워서, 크게 즐거워할 것이다.

4 하나님을 찬양하여라. 그의 이름을 노래하여라. 광야에서 구름 수레를 타고 오시는 분에게, 소리 높여 노래하라. 주님의 이름을 찬양하며 그 앞에서 크게 기뻐하여라. 5 그 거룩한 곳에 계신 하나님은 고아들의 아버지, 과부들을 돕는 재판관이시다. 6 하나님은, 외로운 사람들에게 머무를 집을 마련해주시고, 갇힌 사람들을 풀어내셔서, 형통하게 하신다. 그러나 하나님을 거역하는 사람은 메마른 땅에서 산다.

7 하나님, 주님께서 주님의 백성 앞에서 앞장서서 나아가시며 광야에서 행진하실 때에, (셀라) 8 하나님 앞에서, 시내산의 그분 앞에서, 이스라엘의 하나님 앞에서, 땅이 흔들렸고 하늘도 폭우를 쏟아 내렸습니다. 9 하나님, 주님께서 흡족한 비를 내리셔서 주님께서 주신 메마른 땅을 옥토로 만드셨고 10 주님의

11-18절은 승리의 개가 같은데, 어려운 단어와 이해할 수 없는 내용들이 많습니다. 이런 시편은 어떻게 읽어야 하나요? 68편에 사용된 히브리어 역시 그 의미를 알기 어려운 단어들이 많이 쓰였고, 내용 또한 서로 구분되는 단락으로 이루어져 있어서 68편은 그 의미를 파악하기 어려운 시로 유명합니다. 이와 같은 시는 개별적인 부분보다 전체의 흐름을 알아두는 것이 좋습니다. 대체로 1-10절까지는 하나님이신 왕의 이상적인 모습, 즉 고아와 과부, 가난한 자를 보호하시는 하나님을 묘사하며, 11-23절은 모든 나라의 군대를 물리치신 온 세상의 왕이신 하나님을 다루고, 마지막에 있는 24-35절은 온 이스라엘이 함께 모여 온 우주의 왕이신 하나님을 찬양하는 내용이 등장합니다. 서로 따로따로 존재해도 가능한 여러 주제가 이렇게 하나의 시편에 모여서 온 세상, 온 우주의 하나님이 가난한 자를 돌보시는 분이며 이스라엘을 지키시는 분임을 잘 보여줍니다.

식구들을 거기에서 살게 하셨습니다. 하나님, 주님께서 가난한 사람을 생각하셔서, 좋은 것을 예비해두셨습니다.

11 주님이 명을 내리시니, 수많은 여인들이 승리의 소식을 전하였다. 12 "왕들이 달아났다. 군대가 서둘러 도망갔다." 집 안의 여인들도 전리품을 나누어 가졌다. 13 비록 그 여인들이 그때에 양 우리에 머물러 있었지만, 은을 입힌 비둘기의 날개를 나누었고, 황금빛 번쩍이는 깃을 나누었다. 14 전능하신 분이 그 땅에서 왕들을 흩으실 때, 그 산을 눈으로 덮으셨다.

15 바산의 산은 하나님의 산이다. 바산의 산은 높이 솟은 봉우리 산이다. 16 봉우리들이 높이 솟은 바산의 산들아, 너희가 어찌하여 하나님이 머무르시려고 택하신 시온산을 시기하여 바라보느냐? 그 산은 주님께서 영원토록 머무르실 곳이다.

17 하나님의 병거는 천천이요, 만만이다. 주님께서 그 수많은 병거를 거느리시고, 시내산을 떠나 그 거룩한 곳으로 오셨다.

18 주님께서는 사로잡은 포로를 거느리시고 높은 곳으로 오르셔서, 백성에게 예물을 받으셨으며, 주님을 거역한 자들도 주 하나님이 계신 곳에 예물을 가져왔습니다.

19 날마다 우리의 주님을 찬송하여라. 하나님께서 우리의 짐을

중간중간 따옴표로 묶인 부분들이 있습니다(12, 22–23, 26절). 이것은 인용문인가요, 아니면 다른 의미인가요? 인용이라면 어디서 인용한 것인가요? 그 부분들은 이 시의 곳곳에 등장하는 이들이 직접 하는 말임을 나타내는 직접 인용 표시입니다. 그래서 그런 따옴표 바로 앞에는 '말하다', '이르다' 혹은 '찬송하다'와 같은 내용이 나옵니다. 시편에 실린 시들이 대체로 고대 이스라엘의 예배에 활용되었다는 점을 생각하면, 아마도 그와 같은 따옴표 부분은 성가대 가운데 한 사람이 나서서 독창으로 불렀을 것이라 짐작됩니다. 이러한 부분을 통해 온 세상의 하나님에 대한 찬양이 더욱 다채롭고 풍성하게, 또 생생하게 표현됩니다.

대신 짊어지신다. 하나님은 우리의 구원이시다. (셀라) 20 우리의 하나님은 우리를 구원하시는 하나님이시다. 그분은 주 우리의 주님이시다. 우리를 죽음에서 구원하여내시는 주님이시다. 21 진실로 하나님이 그의 원수들의 머리를 치시니, 죄를 짓고 다니는 자들의 덥수룩한 정수리를 치신다. 22 주님께서 말씀하신다. "내가 네 원수들을 바산에서 데려오고, 바다 깊은 곳에서 그들을 끌어올 터이니, 23 너는 원수들의 피로 발을 씻고, 네 집 개는 그 피를 마음껏 핥을 것이다."

24 하나님, 주님의 행진하심을 모든 사람이 보았습니다. 나의 왕, 나의 하나님께서 성소로 행진하시는 모습을 그들이 보았습니다. 25 앞에서는 합창대가, 뒤에서는 현악대가, 한가운데서는 소녀들이, 소구 치며 찬양하기를 26 "회중 한가운데서 하나님을 찬양하여라. 이스라엘 자손아, 주님을 찬양하여라" 합니다. 27 맨 앞에서는 막둥이 베냐민이 대열을 이끌고, 그 뒤에는 유다 대표들이 무리를 이루었고, 그 뒤에는 스불론 대표들이 그 뒤에는 납달리 대표들이 따릅니다.

28 하나님, 주님의 능력을 나타내 보이십시오. 하나님, 주님께

시는 종종 라임(rhyme)을 이용해 더 많은 뜻을 내포하는 경우가 있습니다. 시편에도 그런 시들이 있나요? 히브리 시는 대체로 읽기 쉽게 배열되어 있습니다. 세 단어를 함께 읽고 다음 두 단어를 함께 읽는 3+2와 같은 배열도 있고, 3+3 또는 4+2와 같은 배열도 있습니다. 이렇게 읽으면 의미가 달라진다기보다는, 읽기 쉽고 기억하기 쉽도록 배열했다고 할 수 있습니다. 특히 어떤 시들은 알파벳 순서에 따라 각 절을 배치하기도 했습니다(예, 119편). 그래서 시를 읽는 것은 그저 의미만을 취하는 것이라고 할 수 없습니다. 노래하듯 소리를 내서 운율에 맞춰 읽는 즐거움, 알파벳 순서에 따라 배열된 시를 발견하는 즐거움, 듣는 즐거움도 시를 읽는 것에 포함됩니다. 결국 하나님을 믿는다는 것은 옳고 바른 진리를 따르는 것과 더불어 문학적인 아름다움을 누리고 즐기는 일이기도 합니다.

서 우리에게 발휘하셨던 그 능력을 다시 나타내 보이십시오.
29 예루살렘에 있는 주님의 성전을 보고, 뭇 왕이 주님께 예물을 드립니다. 30 갈대숲에 사는 사나운 짐승들과 뭇 나라의 황소 떼 속에 있는 송아지 떼를 꾸짖어주십시오. 조공받기를 탐하는 무리를 짓밟으시고, 전쟁을 좋아하는 백성을 흩어주십시오.
31 이집트에서는 사절단이 온갖 예물을 가지고 오고, 에티오피아 사람들은 서둘러 하나님께 예물을 드립니다. 32 세상의 왕국들아, 하나님을 찬양하여라. 주님께 노래하여라. (셀라) 33 하늘, 태고의 하늘을 병거 타고 다니시는 분을 찬송하여라. 그가 소리를 지르시니 힘찬 소리다. 34 너희는 하나님의 능력을 선포하여라. 그의 위엄은 이스라엘을 덮고, 그의 권세는 구름 위에 있다. 35 성소에 계시는 하나님, 이스라엘의 하나님은 두려운 분이시다. 그는 당신의 백성에게 힘과 능력을 주시는 분이시다. 하나님을 찬양하여라!

제69편

우리는 하나님을 신뢰한다

[지휘자를 따라 소산님에 맞추어 부르는 노래, 다윗의 시]

1 하나님, 나를 구원해주십시오. 목까지 물이 찼습니다. 2 발붙일 곳이 없는 깊고 깊은 수렁에 빠졌습니다. 물속 깊은 곳으로 빠져들어 갔으니, 큰 물결이 나를 휩쓸어갑니다. 3 목이 타도록 부르짖다가, 이 몸은 지쳤습니다. 눈이 빠지도록, 나는 나의 하나님을 기다렸습니다.

4 까닭도 없이 나를 미워하는 자들이 나의 머리털보다도 많고, 나를 없애버리려고 하는 자들, 내게 거짓 증거하는 원수들이 나보다 강합니다. 내가 훔치지도 않은 것까지 물어주게 되었습니다. 5 하나님, 주님은 내 어리석음을 잘 알고 계시니, 내

다윗은 완전히 궁지에 몰린 자신의 상황을 호소하다가 갑자기 자신의 죄를 이야기합니다(5절). 이런 태도는 자신의 뜻대로 되지 않은 상황이 벌어졌을 때 이를 벌 받는 것으로 생각하는 위험한 태도 아닌가요? 시편 기자의 고백과 기도는 자신에게 임한 재앙이 자신의 죄악으로 인한 벌이라고 이야기하지 않습니다. 그랬다면 더 길고 긴 죄의 고백과 회개 기도가 이어졌을 겁니다. 오히려 시편 기자는 사람이라면 누구나 부족한 죄인일 수밖에 없음을 인정하고 고백하면서, 그럼에도 자신이 당한 고초와 고통스러운 상황이 너무 심각하고 위태로움을 아뢰고 있습니다. 시편 기자는 비천하고 가난한 사람으로 자신을 소개하는데(29, 33절), 대개 이런 사람은 어려운 상황이 생기면 자신의 죄를 탓하고 자신이 못났기 때문이라 탓합니다. 그렇지만 이 시편 기자는 자신의 죄악에도 불구하고 그에게 닥친 상황이 원수와 대적으로 인한 것임을 분명히 선언한다는 점에서 주목할 만합니다. 어떤 어려움은 정말 나의 잘못 때문일 수 있지만, 가난한 이들이 겪는 재앙과 괴로움을 그들의 능력이 부족하기 때문이라 탓하는 것은 많은 경우 부당합니다. 도리어 그런 재앙은 가난한 이들을 짓밟는 악한 자들 때문인 경우가 많습니다.

죄를 주님 앞에서는 감출 수 없습니다.

6 만군의 주 하나님, 주님을 기다리는 사람들이 나 때문에 수치를 당하는 일이 없도록 하여주십시오. 이스라엘의 하나님, 주님을 애써 찾는 사람들이 나 때문에 모욕을 당하는 일이 없도록 하여주십시오. 7 주님 때문에 내가 욕을 먹고, 내 얼굴이 수치로 덮였습니다. 8 친척에게 따돌림을 당하고, 어머니의 자녀들에게마저 낯선 사람이 되고 말았습니다.

9 주님의 집에 쏟은 내 열정이 내 안에서 불처럼 타고 있습니다. 그러나 주님을 모욕하는 자들의 모욕이 나에게로 쏟아집니다. 10 내가 금식하면서 울었으나, 그것이 오히려 나에게는 조롱거리가 되었습니다. 11 내가 베옷을 입고서 슬퍼하였으나, 오히려 그들에게는 말거리가 되었습니다. 12 성문에 앉아 있는 자들이 나를 비난하고, 술에 취한 자들이 나를 두고서 빈정거리는 노래를 지어 흥얼거립니다.

13 그러나 주님, 오직 주님께만 기도하오니, 하나님, 주님께서 나를 반기시는 그때에, 주님의 한결같은 사랑과 주님의 확실한 구원으로 나에게 응답하여주십시오. 14 나를 이 수렁에서

곤란한 지경에 압도당하는 비유로 물과 구덩이가 자주 등장합니다(깊은 수렁, 큰 물결, 깊은 물, 큰 구덩이 등). 어떤 의미가 있는 건가요? 자신의 키보다 더 깊은 물속에 빠지면, 우리는 더 이상 스스로를 통제하기 어렵습니다. 거기에 큰 물결까지 덮친다면, 혼자만의 힘으로는 도저히 빠져나올 수 없을 것입니다. 2절은 '발붙일 곳이 없는 깊고 깊은 수렁'에 빠졌다고 말합니다. 무엇이라도 디디고 설 수 있어야 자신을 지키고 그다음을 생각해볼 수 있을 텐데, 도무지 디딜 곳이 없으니 끝도 없이 빠져들어 갈 것입니다. 깊은 물, 큰 물결, 깊은 수렁은 모두 자신의 삶을 지켜낼 수 없는 현실, 제힘으로 빠져나올 수 없는 현실, 사방을 둘러봐도 무엇 하나 의지할 수 없는 현실을 비유합니다.

끌어내어 주셔서 그 속에 빠져들어 가지 않게 하여주십시오.
나를 미워하는 자들과 깊은 물에서 나를 건져주십시오. 15 큰
물결이 나를 덮치지 못하게 해주십시오. 깊은 물이 나를 삼키
지 못하게 해주십시오. 큰 구덩이가 입을 벌려 나를 삼키고 그
입을 닫지 못하게 해주십시오.

16 주님, 주님의 사랑은 한결같으시니, 나에게 응답해주십시
오. 주님께는 긍휼이 풍성하오니, 나에게로 얼굴을 돌려주십
시오. 17 주님의 종에게, 주님의 얼굴을 가리지 말아 주십시오.
나에게 큰 고통이 있으니, 어서 내게 응답해주십시오. 18 나에
게로 빨리 오셔서, 나를 구원하여주시고, 나의 원수들에게서
나를 건져주십시오.

19 주님은, 내가 받는 모욕을 잘 알고 계십니다. 내가 받는 수치
와 조롱도 잘 알고 계십니다. 나를 괴롭히는 대적자들이 누구인
지도, 주님은 다 알고 계십니다. 20 수치심에 갈기갈기 찢어진
내 마음은 아물 줄을 모릅니다. 동정받기를 원했으나 아무도 없
었고, 위로받기를 원했으나 아무도 찾지 못했습니다. 21 배가 고

당한 게 많아서 그런 걸까요? 특히 22-28절을 보면 시인은 저주의 끝판왕처럼 보
입니다. 이런 시를 따라 지어도 될까요? 앞에서 이미 시편의 저주에 대해 여러 번
나누었습니다. 누가 저주할까요? 힘이 있고 돈이 있는 사람은 저주하지 않습니다.
왜냐하면 제 손으로 갚아줄 수 있으니까요. 누가 저주할까요? 하나님 말고는 달
리 의지하며 기댈 곳이 없는 사람입니다. 시편 기자의 저주 기도는 효력을 지닌 마
법 주문이 아니라, 하나님께서 행하시기를 구하는 기도입니다. 가난하고 비천한 시
편 기자를 짓밟고 유린하는 세력에 대해 하나님께서 친히 정의를 행해주시기를 구
하는 기도입니다. 바로 앞의 68편은 고아의 아버지, 과부의 재판장이신 하나님을
말했습니다(68:5). 69편을 노래하는 시편 기자와 신앙인은 오직 하나님의 도우심을
구하며 힘없고 가난한 자를 지켜주시기를 기도합니다. 그래서 그의 저주 기도는 실
제로는 정의가 실현되기를 구하는 기도라고 할 수 있습니다.

파서 먹을 것을 달라고 하면 그들은 나에게 독을 타서 주고, 목이 말라 마실 것을 달라고 하면 나에게 식초를 내주었습니다.

22 그들 앞에 차려놓은 잔칫상이 도리어 그들이 걸려서 넘어질 덫이 되게 해주십시오. 그들이 누리는 평화가 도리어 그들이 빠져드는 함정이 되게 해주십시오. 23 그들의 눈이 어두워져서, 못 보게 해주시며, 그들의 등이 영원히 굽게 해주십시오. 24 주님의 분노를 그들에게 쏟으시고, 주님의 불붙는 진노를 그들에게 쏟아부어 주십시오. 25 그들의 거처를 폐허가 되게 하시며, 그들의 천막에는 아무도 살지 못하게 해주십시오. 26 그들은, 주님께서 매질하신 사람을 새삼스레 핍박하며, 주님께 맞은 그 아픈 상처를 덧쑤시고 다닙니다. 27 그들이 저지른 죄악마다 빠짐없이 벌하셔서, 그들이 주님의 사면을 받지 못하게 해주십시오. 28 그들을 생명의 책에서 지워버리시고, 의로운 사람의 명부에 올리지 말아 주십시오.

29 나는 비천하고 아프니, 하나님, 주님의 구원의 은혜로 나를 지켜주십시오.

사람을 저주하는 장면과 하나님을 찬양하는 장면을 보면 동일인이라고 믿어지지 않을 정도로 시인의 태도가 극과 극입니다. 이 점을 어떻게 이해해야 하나요? 저주 기도와 찬양이 함께 놓일 수 있는 까닭은 그가 제 손으로 보복하거나 제 손으로 앙갚음하는 자가 아니기 때문일 겁니다. 저주 기도를 한다고 해서 당장 현실이 바뀌지는 않습니다. 놀랍게도 그토록 핍박을 받고 억울한 일을 당하던 시인은 하나님께서 마침내 정의를 이루실 것을 신뢰하며 하나님을 찬양합니다. 대적에게 당한 분노와 원한 가운데 자신을 파괴하며 살아가는 것이 아니라, 하나님께서 정의를 행하셔서 악을 심판하시기를 구하며 하나님을 찬양합니다. 그래서 저주의 기도는 가난하고 억울한 이들로 하여금 끝까지 정의를 포기하지 않게 하며, 원한에 사로잡혀 또 다른 악을 행하는 자로 변하지 않도록 붙들어줍니다.

30 그때에, 나는 노래를 지어, 하나님의 이름을 찬양하련다. 감사의 노래로 그의 위대하심을 알리련다. 31 이것이 소를 바치는 것보다, 뿔 달리고 굽 달린 황소를 바치는 것보다, 주님을 더 기쁘게 할 것이다. 32 온유한 사람들이 보고서 기뻐할 것이니, 하나님을 찾는 사람들아, 그대들의 심장에 생명이 고동칠 것이다. 33 주님은 가난한 사람의 소리를 들으시는 분이므로, 갇혀 있는 사람들을 모르는 체하지 않으신다.

34 하늘아, 땅아, 주님을 찬양하여라. 바다와 그 속에 살고 있는 모든 생물아, 주님을 찬양하여라. 35 하나님께서 시온을 구원하시고, 유다의 성읍들을 다시 세우실 것이니, 그들이 거기에 머무르면서, 그곳을 그들의 소유로 삼을 것이다. 36 주님의 종들의 자손이 그 땅을 물려받고, 주님의 이름을 사랑하는 사람들이 거기에서 살게 될 것이다.

{ 제70편 }

하나님은 위대하시다

[기념식에서 지휘자를 따라 부르는 노래, 다윗의 시]

1 주님, 너그럽게 보시고 나를 건져주십시오. 주님, 빨리 나를 도와주십시오. 2 내 목숨을 노리는 자들이 수치를 당하게 해주십시오. 내 재난을 기뻐하는 자들이 모두 물러나서 수모를 당하게 해주십시오. 3 깔깔대며 나를 조소하는 자들이 창피를 당하고 물러가게 해주십시오.

4 그러나 주님을 찾는 사람은 누구나 주님 때문에 기뻐하고 즐거워하게 해주십시오. 주님의 승리를 즐거워하는 모든 사람이 "하나님은 위대하시다" 하고 늘 찬양하게 해주십시오.

5 그러나 불쌍하고 가난한 이 몸, 하나님, 나에게로 빨리 와주십시오. 주님은 나를 도우시는 분, 나를 건져주시는 분이십니다. 주님, 지체하지 마십시오.

시라기보다는 기도에 가까운 내용입니다. 으레 기도는 응답과 연결 짓곤 하는데, 하나님이 이 기도를 들었다는 것을 확인할 수는 없나요? 기도 응답은 정말로 확인하기 어려운 경우가 많습니다. 하지만 시편이 수천 년의 세월을 넘어 널리 읽히는 까닭이 이렇게 기도했더니 응답받았더라는 점 때문은 아닐 겁니다. 이 짧은 70편에서도 사람들에게 조롱과 위협을 당하는 시편 기자의 괴로움, 불쌍하고 가난한 이의 간절한 기도가 잘 드러납니다. 누구도 알아주지 않는 괴로움과 고통, 위협과 차별, 따돌림을 겪을 때, 수많은 사람들이 시편에서 자신이 하고 싶은 말, 자신의 괴로움을 표현하는 말을 찾았습니다. 이렇게 자신의 마음과 생각을 표현할 언어를 발견했을 때, 사람들은 그 괴로움과 고통에서 한 걸음 더 나아갈 힘을 얻을 뿐 아니라 새로운 삶을 살 수 있습니다. 이렇게 새로운 삶으로 한 걸음 나아가게 되는 것도 응답이 아닐까요?

{ 제71편 }

하나님의 보호를 구하는 기도

1 주님, 내가 주님께로 피합니다. 보호하여주시고, 수치를 당하는 일이 없게 해주십시오. 2 주님은 의로우시니, 나를 도우시고, 건져주십시오. 나에게로 귀를 기울이시고, 나를 구원해주십시오. 3 주님은 나의 반석, 나의 요새이시니, 주님은, 내가 어느 때나 찾아가서 숨을 반석이 되어주시고, 나를 구원하는 견고한 요새가 되어주십시오.

4 나의 하나님, 나를 악한 사람에게서 건져주시고, 나를 잔인한 폭력배의 손에서 건져주십시오. 5 주님, 주님밖에는, 나에게 희망이 없습니다. 주님, 어려서부터 나는 주님만을 믿어왔습니다. 6 나는 태어날 때부터 주님을 의지하였습니다. 어머니 뱃속에서 나올 때에 나를 받아주신 분도 바로 주님이셨기에 내가 늘 주님을 찬양합니다. 7 나는 많은 사람에게 비난의 표적이 되었으나, 주님만은 나의 든든한 피난처가 되어주셨습니

71편은 별다른 설명이 없고, 내용 또한 지금까지의 내용 전체를 압축해놓은 것 같습니다. 어떤 시편인가요? 71편은 시편집 1~3권에 속한 시(1~89편) 가운데 네 편(10, 33, 43, 71편)밖에 없는 '제목(부제) 없는 시'이며, 그로 인해 대개 70편과 한 덩어리로 묶여 읽혔습니다. 두 시 모두 사람들의 핍박과 반대로부터 건져주시기를 구하는 기도입니다. 특히 71편은 18절에서 보듯 나이 들어 늙은 시편 기자의 모습을 반영하는 것 같습니다. 평생 하나님을 의지하며 걸어온 이가 노년에 이르러서도 한결같이 주님을 부르고 의지하며 찬송하는 모습을 보여줍니다. 이 시에서 반복되는 중요한 주제는 '주님의 의로우심'입니다(2, 15, 16, 19, 24절). "주님이 의로우시다"는 표현은 주님께서 우리를 아시고 우리의 슬픔과 연약함, 괴로움에 공감하신다는 것을 의미합니다.

다. 8 온종일 나는 주님을 찬양하고, 주님의 영광을 선포합니다. 9 내가 늙더라도 나를 내치지 마시고, 내가 쇠약하더라도 나를 버리지 마십시오. 10 내 원수들이 나를 헐뜯고, 내 생명을 노리는 자들이 나를 해치려고 음모를 꾸밉니다. 11 그들이 나를 두고 말하기를 "하나님도 그를 버렸다. 그를 건져줄 사람이 없으니, 쫓아가서 사로잡자" 합니다.

12 하나님, 나에게서 멀리 떠나지 마십시오. 나의 하나님, 어서 속히 오셔서, 나를 도와주십시오. 13 나를 고발하는 자들이 부끄러움을 당하고, 흔적도 없이 사라지게 해주십시오. 나를 음해하는 자들이 모욕과 수치를 당하게 해주십시오. 14 나는 내 희망을 언제나 주님께만 두고 주님을 더욱더 찬양하렵니다. 15 내가 비록 그 뜻을 다 헤아리지는 못하지만 주님의 의로우심을 내 입으로 전하렵니다. 주님께서 이루신 구원의 행적을 종일 알리렵니다. 16 주님, 내가 성전으로 들어가 주님의 능력을 찬양하렵니다. 주님께서 홀로 보여주신, 주님의 의로우신 행적을 널리 알리렵니다.

17 하나님, 주님은 어릴 때부터 나를 가르치셨기에, 주님께서 보여주신 그 놀라운 일들을 내가 지금까지 전하고 있습니다.

하나님에게 버림받았다는 것은 당시 사람들에게 어떤 의미였나요? 가난하고 홀로 남겨지고 병들어 아프고 많은 원수들로 둘러싸인 모습을 두고 당시 이스라엘 사람들은 "하나님께 버림받았다"고 표현했습니다. 이러한 생각은 오늘 우리에게서도 찾아볼 수 있습니다. 그러나 시편은 우리의 고정관념과 선입견을 깨뜨립니다. 이토록 오직 하나님만 찾고 구하는 사람인데도, 그의 삶은 가난하고 괴로우며, 슬픕니다. 사람들은 그의 외적인 모습을 보고 하나님께 버림받았다 조롱하지만, 사실 그 곤고함과 괴로움 속에서 시편 기자는 가장 하나님 가까이에 있습니다. 하나님은 고아의 아버지이시며 과부의 재판장, 가난한 자의 기도를 들으시는 분이니까요.

18 내가 이제 늙어서, 머리카락에 희끗희끗 인생의 서리가 내렸어도 하나님, 나를 버리지 마십시오. 주님께서 팔을 펴서 나타내 보이신 그 능력을 오고 오는 세대에 전하렵니다.

19 하나님, 주님의 의로우심이 저 하늘 높은 곳까지 미칩니다. 하나님, 주님께서 위대한 일을 하셨으니, 그 어느 누구를 주님과 견주어보겠습니까? 20 주님께서 비록 많은 재난과 불행을 나에게 내리셨으나, 주님께서는 나를 다시 살려주시며, 땅 깊은 곳에서, 나를 다시 이끌어내어 주실 줄 믿습니다. 21 주님께서는 나를 전보다 더 잘되게 해주시며, 나를 다시 위로해주실 줄을 믿습니다.

22 내가 거문고를 타며, 주님께 감사의 노래를 부르렵니다. 나의 하나님, 주님의 성실하심을 찬양하렵니다. 이스라엘의 거룩하신 주님, 내가 수금을 타면서 주님께 노래를 불러 올리렵니다. 23 내가 주님을 찬양할 때에, 내 입술은 흥겨운 노래로 가득 차고, 주님께서 속량하여주신 나의 영혼이 흥겨워할 것입니다. 24 내 혀도 온종일, 주님의 의로우심을 말할 것입니다. 나를 음해하려던 자들은, 오히려 부끄러움을 당하고, 오히려 수치를 당할 것이기 때문입니다.

{ 제72편 }

왕을 위한 기도

[솔로몬의 시]

1 하나님, 왕에게 주님의 판단력을 주시고 왕의 아들에게 주님의 의를 내려주셔서, 2 왕이 주님의 백성을 정의로 판결할 수 있게 하시고, 주님의 불쌍한 백성을 공의로 판결할 수 있게 해주십시오. 3 왕이 의를 이루면 산들이 백성에게 평화를 안겨주며, 언덕들이 백성에게 정의를 가져다줄 것입니다. 4 왕이 불쌍한 백성을 공정하게 판결하도록 해주시며, 가난한 백성을 구하게 해주시며 억압하는 자들을 꺾게 해주십시오.

5 해가 닳도록, 달이 닳도록, 영원무궁하도록, 그들이 왕을 두려워하게 해주십시오. 6 왕이 백성에게 풀밭에 내리는 비처럼, 땅에 떨어지는 단비처럼 되게 해주십시오. 7 그가 다스리는 동안, 정의가 꽃을 피우게 해주시고, 저 달이 다 닳도록 평화가 넘치게 해주십시오. 8 왕이 이 바다에서 저 바다에 이르기까지, 이 강에서 저 땅 맨 끝에 이르기까지, 모두 다스리게 해주

솔로몬의 시가 등장했습니다. 그는 어떤 인물이었나요? 솔로몬은 다윗의 뒤를 이어 이스라엘을 다스린 임금입니다. 왕에게 호소하는 백성들의 수많은 부르짖음을 들을 수 있는 지혜를 달라고 기도해 하나님께 칭찬과 복을 받았으며, 그 특별한 지혜로 과거에도 유명했고 지금까지도 유명한 임금입니다. 또 이스라엘을 무척 부강한 나라로 만든 임금이었습니다. 그러나 한편으로 그는 여러 나라와 결혼 동맹을 맺어서 주님이 아닌 다른 신들을 숭배하는 행위를 허용하기도 했으며, 계속되는 건설 공사로 국민의 삶을 피폐하게 만들기도 했습니다. 시편 가운데 솔로몬의 이름이 부제에 붙어 있는 시로는 72편과 127편이 있습니다.

십시오. 9 광야의 원주민도 그 앞에 무릎을 꿇게 해주시고, 그의 원수들도 땅바닥의 먼지를 핥게 해주십시오. 10 스페인의 왕들과 섬나라의 왕들이 그에게 예물을 가져오게 해주시고, 아라비아와 에티오피아의 왕들이 조공을 바치게 해주십시오. 11 모든 왕이 그 앞에 엎드리게 하시고, 모든 백성이 그를 섬기게 해주십시오.

12 진실로 그는, 가난한 백성이 도와달라고 부르짖을 때에 건져주며, 도울 사람 없는 불쌍한 백성을 건져준다. 13 그는 힘없는 사람과 가난한 사람을 불쌍히 여기며, 가난한 사람의 목숨을 건져준다. 14 가난한 백성을 억압과 폭력에서 건져, 그 목숨을 살려주며, 그들의 피를 귀중하게 여긴다.

15 이러한 왕은 만수무강할 것이다. 그는 아라비아의 황금도 예물로 받을 것이다. 그를 위하여 드리는 기도가 그치지 않고, 그를 위하여 비는 복이 늘 계속될 것이다. 16 땅에는 온갖 곡식이 가득하고, 산등성이에서도 곡식이 풍성하며, 온갖 과일이 레바논의 산림처럼 물결칠 것이다. 그 백성은 풀처럼 성읍 곳

솔로몬이 쓴 시인가요, 아니면 누군가 솔로몬을 위해서 쓴 시인가요? 72편은 새로 등극한 왕을 위한 기도입니다. 그런 점에서 이 시에 붙어 있는 '솔로몬'이라는 이름은 다윗 이후의 왕을 상징적으로 표현한 이름이라 할 수 있습니다. 임금이 된 솔로몬이 백성의 소리를 잘 들을 수 있게 해달라고 기도했던 것(왕상 3:6-9)을 기억할 때, 솔로몬의 이름이 부착된 이 시는 왕은 어떤 존재여야 하는지, 또 왕을 위해서는 어떤 기도를 해야 하는지 알려줍니다. 가장 중요한 기도는 왕에게 주님의 판단력과 공의를 주시라는 기도입니다. 1절의 '판단력'은 2절에서 '정의'로 번역된 단어와 같은 단어입니다. 즉 정의와 공의의 통치야말로 왕이 해야 할 가장 중요한 임무이며, 정의와 공의로 다스린다는 말의 뜻은 가난하고 불쌍한 백성을 구해주고, 억압하는 자들은 꺾으며(4절), 가난한 사람을 불쌍히 여기고 그 소리를 듣는 것(12-14절)입니다. 그럴 때 그 나라는 부강해지고 번성할 것입니다.

곳에 차고 넘칠 것이다. 17 그의 이름 영원히 잊혀지지 않을 것이다. 태양이 그 빛을 잃기까지 그의 명성이 사라지지 않을 것이다. 뭇 민족이 그를 통해 복을 받고, 모든 민족이 그를 일컬어서, 복 받은 사람이라 칭송할 것이다.

18 홀로 놀라운 일을 하시는 분, 이스라엘의 하나님, 주 하나님을 찬양합니다. 19 영광스러운 그 이름을 영원토록 찬송합니다. 그 영광을 온 땅에 가득 채워주십시오. 아멘, 아멘.

20 ○ 이새의 아들 다윗의 기도가 여기에서 끝난다.

제3권

{ 제73편 }

하나님은 선하시다
[아삽의 노래]

1 하나님은, 마음이 정직한 사람과 마음이 정결한 사람에게 선을 베푸시는 분이건만, 2 나는 그 확신을 잃고 넘어질 뻔했구나. 그 믿음을 버리고 미끄러질 뻔했구나. 3 그것은, 내가 거만한 자를 시샘하고, 악인들이 누리는 평안을 부러워했기 때문이다.

4 그들은 죽을 때에도 고통이 없으며, 몸은 멀쩡하고 윤기까지 흐른다. 5 사람들이 흔히들 당하는 그런 고통이 그들에게는 없으며, 사람들이 으레 당하는 재앙도 그들에게는 아예 가까이 가지 않는다. 6 오만은 그들의 목걸이요, 폭력은 그들의 나들이웃이다. 7 그들은 피둥피둥 살이 쪄서, 거만하게 눈을 치켜뜨고 다니며, 마음에는 헛된 상상이 가득하며, 8 언제나 남을 비웃으며, 악의에 찬 말을 쏟아붙이고, 거만한 모습으로 폭언하기를 즐긴다. 9 입으로는 하늘을 비방하고, 혀로는 땅을 휩쓸고 다닌다.

아삽은 누구인가요? 아삽은 레위의 세 아들 게르손, 고핫, 므라리 가운데 게르손의 자손입니다. 레위인으로서 그는 다윗 시절 이래 성전에서 여호와를 찬송하는 역할을 맡았던 사람입니다. 아삽은 법궤가 예루살렘으로 들어올 때 음악 연주를 맡았으며(대상 6:39, 15:17-19, 16:4-6), 솔로몬 성전을 봉헌할 때도 참여했습니다(대하 5:12). 아삽의 가문은 기원전 7세기 요시야 왕 때도 음악 분야에서 활동했고(대하 35:15), 기원전 5세기 에스라-느헤미야 시대의 성벽 재건과(느 12:35) 제2성전 완공 시기에도(라 3:10) 악기를 연주했습니다. 고핫 자손인 헤만, 므라리 자손인 에단, 그리고 아삽 이 세 사람이 성전 성가대의 핵심 인물이었습니다(대상 6:31-48).

10 하나님의 백성마저도 그들에게 홀려서, 물을 들이키듯, 그들이 하는 말을 그대로 받아들여, 11 덩달아 말한다. "하나님인들 어떻게 알 수 있으랴? 가장 높으신 분이라고 무엇이든 다 알 수가 있으랴?" 하고 말한다. 12 그런데 놀랍게도, 그들은 모두가 악인인데도 신세가 언제나 편하고, 재산은 늘어만 가는구나.

13 이렇다면, 내가 깨끗한 마음으로 살아온 것과 내 손으로 죄를 짓지 않고 깨끗하게 살아온 것이 허사라는 말인가?

14 하나님, 주님께서는 온종일 나를 괴롭히셨으며, 아침마다 나를 벌하셨습니다.

15 "나도 그들처럼 살아야지" 하고 말했다면, 나는 주님의 자녀들을 배신하는 일을 하였을 것입니다. 16 내가 이 얽힌 문제를 풀어보려고 깊이 생각해보았으나, 그것은 내가 풀기에는 너무나 어려운 문제였습니다.

17 그러나 마침내 하나님의 성소에 들어가서야, 악한 자들의 종말이 어떻게 되리라는 것을 깨닫게 되었습니다. 18 주님께서 그들을 미끄러운 곳에 세우시며, 거기에서 넘어져서 멸망에 이르

'이 얽힌 문제'(16절)는 무엇인가요? 이 시를 지은 이는 그 문제의 답을 찾았나요? 본문에서 시편 기자를 괴롭힌 문제는 악인이 누리는 평안입니다. 마땅히 벌을 받아야 하는 악인이 사는 동안 부유하고 건강하며 죽는 순간까지도 고통이 없습니다. 그러다 보니 그들의 오만은 하늘을 찌르고, 하나님의 백성들마저도 이들의 세계관에 물들어갑니다. 반면 하나님을 경외하는 이들에게는 괴로움과 고통이 이어집니다(14절). 게다가 이러한 현실에 대한 고민으로 인해 시편 기자의 삶은 더욱 괴롭습니다. 그야말로 머리가 터질 정도로 고민하던 시인은 아마도 언제나처럼 하나님의 성소를 찾았다가 불현듯 악인의 종말은 결국 하룻밤의 꿈과 같은 것임을 깨달았습니다. 그러나 여전히 시편 기자의 삶은 괴롭고(21-22절), 악인이 종말을 맞을 하룻밤의 시간이 현실에선 어느 정도일지 가늠할 수 없습니다. 그 점에서 의인의 고난, 악인의 번성은 해답을 말하기 어려운 문제입니다.

게 하십니다. 19 그들이 갑자기 놀라운 일을 당하고, 공포에 떨면서 자취를 감추며, 마침내 끝장을 맞이합니다. 20 아침이 되어서 일어나면 악몽이 다 사라져 없어지듯이, 주님, 주님께서 깨어나실 때에, 그들은 한낱 꿈처럼, 자취도 없이 사라집니다. 21 나의 가슴이 쓰리고 심장이 찔린 듯이 아파도, 22 나는 우둔하여 아무것도 몰랐습니다. 나는 다만, 주님 앞에 있는 한 마리 짐승이었습니다. 23 그러나 나는 늘 주님과 함께 있으므로, 주님께서 내 오른손을 붙잡아주십니다. 24 주님의 교훈으로 나를 인도해주시고, 마침내 나를 주님의 영광에 참여시켜주실 줄 믿습니다. 25 내가 주님과 함께하니, 하늘로 가더라도, 내게 주님 밖에 누가 더 있겠습니까? 땅에서라도, 내가 무엇을 더 바라겠습니까? 26 내 몸과 마음이 다 시들어가도, 하나님은 언제나 내 마음에 든든한 반석이시요, 내가 받을 몫의 전부이십니다.

27 주님을 멀리하는 사람은 망할 것입니다. 주님 앞에서 정절을 버리는 사람은, 주님께서 멸하실 것입니다. 28 하나님께 가까이 있는 것이 나에게 복이니, 내가 주 하나님을 나의 피난처로 삼고, 주님께서 이루신 모든 일들을 전파하렵니다.

아삽은 하나님께 가까이 있는 것이 복이라고 말합니다. 여기서 말하는 '복'은 우리가 쉽게 떠올리는 복과 같은 건가요? 73편 1절은 하나님께서 마음이 정직하고 정결한 사람에게 선을 베푸신다고 말합니다. 여기에서 "선을 행하다"라는 단어가 마지막 28절에서는 '복'이라고 번역되었습니다. 1절만 보면 언뜻 의롭고 올바른 이는 하나님께서 주시는 복을 이 땅에서 누릴 것이라 생각되지만, 73편은 그러한 의인에게 도리어 고통과 괴로움이 있음을 보여줍니다. 악인은 사는 동안, 그리고 죽는 순간까지 평안한 것 같습니다. 시인은 하나님의 뜻이 무엇인지 알고자 몸부림치다가 마침내 "하나님께 가까이하는 것", 하나님을 알고 그분을 경외하고 노래하며 살아가는 것이야말로 복임을 깨달았습니다. 이 땅에서 넘쳐나는 부귀영화가 복이 아니라, 하나님을 알고 가까이하며 살아가는 인생이 복이라는 것입니다.

{ 제74편 }

환난 때 나라를 위한 기도

[아삽의 마스길]

1 하나님, 어찌하여 우리를 이렇게 오랫동안 버리십니까? 어찌하여 주님의 목장에 있는 양 떼에게서 진노를 거두지 않으십니까?

2 먼 옛날, 주님께서 친히 값 주고 사신 주님의 백성을 기억해 주십시오. 주님께서 친히 속량하셔서 주님의 것으로 삼으신 이 지파를 기억해주십시오. 주님께서 거처로 삼으신 시온산을 기억해주십시오. 3 원수들이 주님의 성소를 이렇게 훼손하였으니, 영원히 폐허가 된 이곳으로 주님의 발걸음을 옮겨놓아 주십시오.

4 주님의 대적들이 주님의 집회 장소 한가운데로 들어와서 승전가를 부르며, 승리의 표로 깃대를 세웠습니다. 5 그들은 나무를 도끼로 마구 찍어내는 밀림의 벌목꾼과 같았습니다. 6 그

'친히 값 주고 사신 주님의 백성'이나 '친히 속량하셔서 주님의 것으로 삼으신 이 지파'(2절)는 무슨 뜻인가요? "값 주고 사셨다" 또는 "속량하셨다"라는 표현은 그 백성에 대한 하나님의 사랑과 구원을 가리키는 데 쓰이는 기독교적인 용어입니다. 하나님께서는 이집트에서 노예로 시달리던 이스라엘 백성을 사셨고 속량하셨습니다(출 6:6). 우리가 물건을 구입하면 우리 소유가 되듯이, 하나님께서 그 백성 이스라엘을 사셨기에 이제 이스라엘은 영영토록 '하나님의 소유', '하나님의 것'입니다. 이후로도 이스라엘은 어려운 일을 겪을 때마다 그들을 사시고 속량하신 하나님을 기억하며 하나님의 도우심을 구합니다. 그래서 이집트에서 건짐받은 사건은 이스라엘이 연약하고 어려울 때마다 상기하면서 낙심하지 않고 하나님을 구하도록 만들었습니다.

들은 도끼와 쇠망치로 성소의 모든 장식품들을 찍어서, 산산
조각을 내었습니다. 7 주님의 성소에 불을 질러 땅에 뒤엎고,
주님의 이름을 모시는 곳을 더럽혔습니다. 8 그들은 "씨도 남
기지 말고 전부 없애버리자" 하고 마음먹고, 이 땅에 있는, 하
나님을 만나 뵙는 장소를 모두 불살라버렸습니다.

9 우리에게는 어떤 징표도 더 이상 보이지 않고, 예언자도 더
이상 없으므로, 우리 가운데서 아무도 이 일이 얼마나 오래갈
지를 아는 사람이 없습니다. 10 하나님, 우리를 모욕하는 저
대적자를 언제까지 그대로 두시렵니까? 주님의 이름을 모독하
는 저 원수를 언제까지 그대로 두시렵니까? 11 어찌하여 주님
께서 주님의 손, 곧 오른손을 거두십니까? 주님의 품에서 빼시
고, 그들을 멸하십시오.

12 하나님은 옛적부터 나의 왕이시며, 이 땅에서 구원을 이루
시는 분이십니다. 13 주님께서는, 주님의 능력으로 바다를 가
르시고, 물에 있는 타닌들의 머리를 깨뜨려 부수셨으며, 14 리
워야단의 머리를 짓부수셔서 사막에 사는 짐승들에게 먹이로
주셨으며, 15 샘을 터뜨리셔서 개울을 만드시는가 하면, 유유
히 흐르는 강을 메마르게 하셨습니다. 16 낮도 주님의 것이요,

이 시를 지은이는 '영원히 폐허가 된 이곳'(3절)의 상황이 매우 참혹함을 고발합니
다. 언제 무슨 일이 있었던 건가요? 74편의 배경은 이스라엘에 이방 나라가 침략
한 상황입니다. 특히 이방 군대는 하나님께서 그 백성을 만나시는 장소인 성소를
짓밟았습니다. 예루살렘에 있는 성소뿐 아니라 온 땅 곳곳에 있는 모임 장소를 모
두 불살라버렸습니다. 이와 같은 일이 구체적으로 어떤 사건을 배경으로 하는지 확
정하기는 어렵습니다. 기원전 587년 예루살렘 멸망 이후의 황폐해진 시기가 배경
일 수도 있고, 기원전 520년 무렵 바벨론 포로에서 돌아와 두 번째 성전을 재건하
기 전에 오랫동안 황폐해진 땅을 보며 탄식하는 시일 수도 있습니다. 어떤 이들은

밤도 주님의 것입니다. 주님께서 달과 해를 제자리에 두셨습니다. 17 주님께서 땅의 모든 경계를 정하시고, 여름과 겨울도 만드셨습니다.

18 주님, 원수가 주님을 비난하고, 어리석은 백성이 주님의 이름을 모욕하였습니다. 이 일을 기억하여주십시오. 19 주님께서 멧비둘기 같은 주님의 백성의 목숨을 들짐승에게 내주지 마시고, 가련한 백성의 생명을 영원히 잊어버리지 마십시오. 20 땅의 그늘진 곳마다, 구석구석, 폭력배의 소굴입니다. 주님께서 세워주신 언약을 기억하여주십시오. 21 억눌린 자가 수치를 당하고 물러가지 않게 해주십시오. 가련하고 가난한 사람이 주님의 이름을 찬송하게 해주십시오.

22 하나님, 일어나십시오. 주님의 소송을 이기십시오. 날마다 주님을 모욕하는 어리석은 자들을 버려두지 마십시오. 23 주님께 항거해서 일어서는 자들의 소란한 소리가 끊임없이 높아만 가니, 주님의 대적자들의 저 소리를 부디 잊지 마십시오.

기원전 2세기 중엽 안티오커스 에피파네스라는 시리아 왕이 예루살렘 성전을 짓밟고 여호와 신앙을 유린하고 박해했던 일을 배경이라고 보기도 합니다. 특정한 시기를 확정할 수는 없지만, 이방 군대의 폭력 앞에 유린당하고 짓밟힌 시기가 언제든 이 시의 배경이 될 수 있습니다. 참혹한 현실 앞에서 이스라엘은 절망하고 체념하기보다 하나님께서 이전에 행하신 구원을 기억하며 하나님의 능력을 찬송하고 하나님의 도우심을 구합니다. 하나님을 신뢰하는 이들은 그 어떤 상황에도 체념하지 않습니다.

{ 제75편 }

하나님이 하신 일을 찬양하여라

[아삽의 시, 지휘자를 따라 '알다스헷'에 맞추어 부르는 노래]

1 하나님, 우리가 주님께 감사하고 또 감사합니다. 주님의 이름을 부르는 이들이 주님께서 이루신 그 놀라운 일들을 전파합니다.

2 하나님께서 말씀하시기를 "내가 정하여놓은 그때가 되면, 나는 공정하게 판결하겠다. 3 땅이 진동하고 거기에 사는 사람들이 흔들리고 비틀거릴 때에, 땅의 기둥을 견고하게 붙드는 자는 바로 나다. (셀라) 4 오만한 자들에게는 '오만하지 말아라' 하였으며, 악한 자들에게는 '오만한 뿔을 들지 말아라. 5 오만한 뿔을 높이 들지 말아라. 목을 곧게 세우고, 거만하게 말을 하지 말아라' 하였다."

6 높이 세우는 그 일은 동쪽에서나 서쪽에서 말미암지 않고, 남쪽에서 말미암지도 않는다. 7 오직 재판장이신 하나님만이,

"하나님께서 말씀하시기를"(2절)과 같은 표현은 직접 들은 말씀을 의미하나요? 아니면 또 다른 문서에서의 인용인가요? 이와 같은 말씀은 공동체가 함께 모였을 때 예언자나 레위인 등을 통해 선포된 말씀이었을 것입니다. 본문에도 나오듯, 오만한 자들과 악한 자들이 자기 힘과 세력을 믿고 거만하게 행할 때, 하나님의 백성 공동체는 하나님 앞에 나아가 그분을 예배하며 찬양합니다. 이 모임 가운데 하나님의 말씀이 누군가에게 임하고, 그가 그 말씀을 선포합니다. 고대의 예언자에게 하나님의 말씀이 뚜렷한 소리로 정말 임했을 수도 있고, 또는 이미 하나님께서 행하신 이전의 일을 기억할 때 하나님께서 이와 같이 이르신다고 마음에 확신과 깨달음이 온 것일 수도 있습니다. 그러한 하나님 말씀의 핵심은 "하나님께서 반드시 그 정한 때에 공정하게 심판하실 것이다"입니다.

이 사람을 낮추기도 하시고, 저 사람을 높이기도 하신다. 8 주님은 거품이 이는 잔을 들고 계신다. 잔 가득히 진노의 향료가 섞여 있다. 하나님이 이 잔에서 따라주시면, 이 땅의 악인은 모두 받아 마시고, 그 찌끼까지도 핥아야 한다.

9 그러나 나는 쉬지 않고 주님만을 선포하며, 야곱의 하나님만을 찬양할 것이다. 10 주님은 악인의 오만한 뿔은 모두 꺾어 부수시고, 의인의 자랑스러운 뿔은 높이 들어 올리실 것이다.

{ 제76편 }

하나님은 늘 이기신다

[아삽의 시. 지휘자를 따라 현악기에 맞추어 부르는 노래]

1 유다에서 하나님을 모르는 사람이 누구랴. 그 명성, 이스라엘에서 드높다. 2 그의 장막이 살렘에 있고, 그의 거처는 시온에 있다. 3 여기에서 하나님이 불화살을 꺾으시고, 방패와 칼

하나님은 어느 한 장소에 있는 분인가요? 장막이 살렘에 있고, 거처는 시온에 있다니요(2절). 2절에서 '그의 장막'은 '그의 거처'와, '살렘'은 '시온'과 대응됩니다. 여기서 살렘은 시온의 다른 이름인 예루살렘을 가리킵니다. 예루살렘에 있는 시온산은 하나님의 성전이 있는 산입니다. 하나님은 온 땅의 하나님이시므로, 세상 그 어떤 곳이나 건축물도 하나님께서 거하시기에는 비좁고 초라합니다. 하나님께서 시온에 거하신다는 것은 시온만이 하나님을 만날 수 있는 유일한 장소라는 의미가 아닙니다. 만일 그렇다면 하나님은 시온에 갇혀 계신 하나님이 되고 말 것입니다. 하나님께서 시온에 거하신다는 것은 그 백성 가운데 처소를 마련하셨다는 것, 그래서 언제든지 그 백성이 하나님을 찾을 수 있도록 하셨음을 의미합니다. 존귀하신 하나님을 사람이 이해할 수 있고, 찾을 수 있는 분으로 표현하신 것이라 볼 수 있습니다.

과 전쟁 무기를 꺾으셨다. (셀라)

4 주님의 영광, 그 찬란함, 사냥거리 풍부한 저 산들보다 더 큽니다. 5 마음이 담대한 자들도 그들이 가졌던 것 다 빼앗기고 영원한 잠을 자고 있습니다. 용감한 군인들도 무덤에서 아무 힘도 못 씁니다. 6 야곱의 하나님, 주님께서 한번 호령하시면, 병거를 탄 병사나 기마병이 모두 기절합니다.

7 주님, 주님은 두려우신 분, 주님께서 한번 진노하시면, 누가 감히 주님 앞에 설 수 있겠습니까? 8 주님께서 하늘에서 판결을 내리셨을 때에, 온 땅은 두려워하며 숨을 죽였습니다. 9 주님께서는 이렇게 재판을 하시어, 이 땅에서 억눌린 사람들을 구원해 주셨습니다. (셀라)

10 진실로, 사람의 분노는 주님의 영광을 더할 뿐이요, 그 분노에서 살아남은 자들은 주님께서 허리띠처럼 묶어버릴 것입니다.

11 너희는 주 하나님께 서원하고, 그 서원을 지켜라. 사방에 있는 모든 민족들아, 마땅히 경외할 분에게 예물을 드려라. 12 그분께서 군왕들의 호흡을 끊을 것이니, 세상의 왕들이 두려워할 것이다.

주님의 판결이나 재판은(8–9절) 주님의 심판과 같은 의미인가요? 그렇습니다. 고대 이스라엘에서 왕의 가장 중요한 직무 가운데 하나가 재판입니다. 사람들이 각자 자신의 이익을 추구하거나 그 사이에 갈등이 생기면, 제3자를 찾아와 재판을 요구하기 마련입니다. 특히 가난하고 약한 사람들은 그러한 갈등에서 피해를 보고 억압당하기 쉽습니다. 그럴 때 이들은 왕에게 찾아와 정의의 재판을 구합니다. 하나님이 왕이시라는 말은 하나님이야말로 온 세상의 참된 재판장이심을 의미합니다. 하나님 앞에서는 사람의 외모나 세력, 부귀도 소용없습니다. 하나님 앞에서는 가난한 자나 힘 있는 자나 그저 동등한 사람입니다. 그래서 주님의 재판은 가난한 자의 희망이며, 가난한 이들은 마침내 이루어질 하나님의 마지막 날 재판을 기다립니다.

{ 제77편 }

환난 때 하나님이 백성과 함께 계신다

[아삽의 시. 성가대 지휘자의 지휘를 따라 여두둔에 맞추어 부르는 노래]

1 내가 하나님께 소리 높여 부르짖습니다. 부르짖는 이 소리를 들으시고, 나에게 귀를 기울여주십시오.

2 내가 고난당할 때에, 나는 주님을 찾았습니다. 밤새도록 두 손 치켜들고 기도를 올리면서, 내 마음은 위로를 받기조차 마다하였습니다. 3 내가 하나님을 생각하면서, 한숨을 짓습니다. 주님 생각에 골몰하면서, 내 마음이 약해집니다. (셀라)

4 주님께서 나를 뜬눈으로 밤을 지새우게 하시니, 내가 지쳐서 말할 힘도 없습니다. 5 내가 옛날 곧 흘러간 세월을 회상하며 6 밤에 부르던 내 노래를 생각하면서, 생각에 깊이 잠길 때에, 내 영혼이 속으로 묻기를 7 "주님께서 나를 영원히 버리시는 것일까? 다시는, 은혜를 베풀지 않으시는 것일까? 8 한결같은

지은이의 상심과 회의는 공감할 만합니다(7~9절). 그는 그 마음에서 어떻게 다시 일어설 수 있었나요? 삶의 괴로움과 힘겨움에 대한 시편 기자의 고백이야말로 어쩌면 시편이 긴 세월 동안 동서양을 막론하고 널리 읽히는 까닭일 수 있습니다. 우리네 삶이라는 것은 언제나 한 고비 넘으면 또 한 고비가 닥쳐오곤 하니까요. 주님을 믿고 따르는 이들이라 해도 이와 같은 어려움과 고난이 피해가지 않습니다. 그는 사람의 달콤한 위로나 격려를 듣기보다 하나님의 말씀을 듣기를 소원하며 부르짖고 간구합니다. 자신의 참담한 모습을 보니, 하나님께서 나를 버리셨다는 생각까지 들기도 합니다. 그가 이 어려움을 극복하는 길은 11~12절에서 보듯 주님께서 행하셨던 과거의 구원과 은혜를 다시금 기억하고 되뇌는 것입니다. 주님은 기적을 행하시는 분이지만(14절), 정작 시편 기자를 다시 살게 하는 것은 지나간 과거의 은혜를 기억하는 일입니다.

그분의 사랑도 이제는 끊기는 것일까? 그분의 약속도 이제는 영원히 끝나버린 것일까? 9 하나님께서 은혜를 베푸시는 일을 잊으신 것일까? 그의 노여움이 그의 긍휼을 거두어들이신 것일까?" 하였습니다. (셀라) 10 그때에 나는 또 이르기를 "가장 높으신 분께서 그 오른손으로 일하시던 때, 나는 그때를 사모합니다" 하였습니다.

11 주님께서 하신 일을, 나는 회상하렵니다. 그 옛날에 주님께서 이루신, 놀라운 그 일들을 기억하렵니다. 12 주님께서 해주신 모든 일을 하나하나 되뇌고, 주님께서 이루신 그 크신 일들을 깊이깊이 되새기겠습니다.

13 하나님, 주님의 길은 거룩합니다. 하나님만큼 위대하신 신이 누구입니까? 14 주님은 기적을 행하시는 하나님이시니, 주님께서는 주님의 능력을 만방에 알리셨습니다. 15 주님의 백성 곧 야곱과 요셉의 자손을 주님의 팔로 속량하셨습니다. (셀라) 16 하나님, 물들이 주님을 뵈었습니다. 물들이 주님을 뵈었을 때에, 두려워서 떨었습니다. 바닷속 깊은 물도 무서워서 떨

아무리 시적 은유라고 하지만 "물들이 주님을 뵈었다"(16절)는 말은 무슨 뜻인지 모르겠습니다. 고대 중동에서 '물'은 혼돈의 세력이라 여겨졌습니다. 시편 74편 13절에서는 태초에 하나님께서 바다를 나누시고 물 가운데 있는 타닌(용과 같은 존재)의 머리를 깨뜨리셨다고 이르기도 합니다. '바닷속 깊은 물'(16절)은 하나님께서 천지를 창조하시던 때 "어둠이 깊음 위에 있다"(창 1:2)라는 구절의 '깊음'에 해당하는 단어이기도 합니다. 그래서 '물들', '깊은 물들'은 혼돈과 어둠을 상징합니다. 하나님께서는 이와 같은 어둠의 세력을 깨뜨리고 온 세상을 지으셨습니다. 또 처음에 하나님께서 이스라엘을 선택하고 건지신 출애굽 사건 때, 이스라엘은 홍해를 건너기도 했습니다. 그래서 하나님께서 가르신 홍해 역시 '주님을 두려워하는 물들' 같은 표현의 배경에 있습니다. 이 시는 정말 고대적인 시적 표현을 통해 모든 세력에 임하시는 하나님의 권능과 위엄을 증언합니다.

었습니다. 17 구름이 물을 쏟아내고, 하늘이 천둥소리를 내니, 주님의 화살이 사방으로 날아다닙니다. 18 주님의 천둥소리가 회오리바람과 함께 나며, 주님의 번개들이 번쩍번쩍 세계를 비출 때에, 땅이 뒤흔들리고 떨었습니다. 19 주님의 길은 바다에도 있고, 주님의 길은 큰 바다에도 있지만, 아무도 주님의 발자취를 헤아릴 수 없습니다. 20 주님께서는, 주님의 백성을 양 떼처럼, 모세와 아론의 손으로 인도하셨습니다.

{ 제78편 }

하나님이 당신의 백성을 위해 하신 일
[아삽의 마스길]

1 내 백성아, 내 교훈을 들으며, 내 말에 귀를 기울여라. 2 내가 입을 열어서 비유로 말하며, 숨겨진 옛 비밀을 밝혀주겠다. 3 이것은 우리가 들어서 이미 아는 바요, 우리 조상들이 우리에게 전하여준 것이다. 4 우리가 이것을 숨기지 않고 우리 자손에게 전하여줄 것이니, 곧 주님의 영광스러운 행적과 능력과 그가 이루신 놀라운 일들을 미래의 세대에게 전하여줄 것이다. 5 주님께서 야곱에게 언약의 규례를 세우시고 이스라엘에게 법을 세우실 때에, 자손에게 잘 가르치라고, 우리 조상에게 명하신 것이다. 6 미래에 태어날 자손에게도 대로로 일러주어, 그들도 그들의 자손에게 대대손손 전하게 하셨다. 7 그들이 희망을 하나님에게 두어서, 하나님이 하신 일들을 잊지 않고, 그

목적이 분명해 보이는 시편입니다. 어떤 배경을 갖고 있나요? 첫머리 1~4절은 이 시가 교육적인 목적을 위해 쓰였음을 잘 보여줍니다. 현재의 이스라엘이 아니라 과거 역사 속에서의 이스라엘을 들어서 말하기에 '비유'라는 단어가 사용되었고, 과거의 사건을 통해 하나님께서 원하시는 것을 찾고자 한다는 점에서 '비밀'이라는 표현이 쓰였습니다. 이 시 전체는 하나님께서 이집트의 노예였던 그 백성을 건져내신 사건, 광야 길에서 인도하신 사건, 그리고 약속의 땅까지 이끄신 사건을 다루면서, 그 모든 국면마다 조상들이 불순종하고 거역했음을 증언합니다. 그 결과, 하나님께서 에브라임 지파가 중심이 된 실로 성소를 폐하시고, 유다 지파와 다윗을 중심으로 한 예루살렘 성전을 택하셨다고 이 시편은 설명합니다. 그래서 예루살렘 성전에서 예배하는 이들 역시 하나님의 선택만을 노래할 것이 아니라 하나님의 규례와 법도에 순종해야 한다는 것을 유념해야 합니다.

계명을 지키게 하셨다. 8 조상처럼, 반역하며 고집만 부리는 세대가 되지 말며, 마음이 견고하지 못한 세대, 하나님을 믿지 아니하는 세대가 되지 말라고 하셨다.

9 에브라임의 자손은 무장을 하고, 활을 들고 나섰지만, 정작 전쟁이 일어났을 때에 물러가고 말았다. 10 그들은 하나님과 맺은 언약을 지키지 않으며, 그 교훈 따르기를 거절하였다. 11 그들은 그가 이루신 일들과 그가 보이신 기적들을 잊어버렸다. 12 이집트 땅, 소안 평야에서, 하나님께서는 조상의 눈앞에서 기적을 일으키셨다. 13 바다를 갈라서 물을 강둑처럼 서게 하시고, 그들을 그리로 걸어가게 하셨다. 14 낮에는 구름으로, 밤에는 불빛으로 인도하셨다. 15 광야에서 바위를 쪼개셔서, 깊은 샘에서 솟아오르는 것같이 물을 흡족하게 마시게 하셨다. 16 반석에서 시냇물이 흘러나오게 하시며, 강처럼 물이 흘러내리게 하셨다.

17 그러나 그들은 계속하여 하나님께 죄를 짓고, 가장 높으신 분을 광야에서 거역하며, 18 마음속으로 하나님을 시험하면서, 입맛대로 먹을 것을 요구하였다. 19 그들은 하나님을 거스르면서 "하나님이 무슨 능력으로 이 광야에서 먹거리를 공급

에브라임의 자손(9절)은 누구를 말하나요? 유다 지파 출신의 다윗이 온 이스라엘의 임금이 된 이래, 이스라엘 안에는 에브라임 지파를 중심으로 한 북쪽 지파들과 유다 지파를 중심으로 한 남쪽 지파 사이에 골이 깊은 갈등이 강하게 표출되었습니다. 결국 솔로몬 이후 르호보암 임금 때부터 이스라엘은 남북으로 갈라져서 북 이스라엘과 남 유다, 2개의 나라가 되었습니다. 이러한 갈등은 사울의 아들을 주로 북쪽 지파들이 지지했다는 점에서 오래전부터 이어져온 것이었습니다. 어느 나라건 지역 갈등이 있기 마련이듯, 이스라엘도 마찬가지였습니다.

할 수 있으랴? 20 그가 바위를 쳐서 물이 솟아 나오게 하고, 그 물이 강물이 되게 하여 세차게 흐르게는 하였지만, 그가 어찌 자기 백성에게 밥을 줄 수 있으며, 고기를 먹일 수 있으랴?" 하고 말하였다.

21 주님께서 듣고 노하셔서, 야곱을 불길로 태우셨고, 이스라엘에게 진노하셨다. 22 그들이 하나님을 믿지 않고, 그의 구원을 신뢰하지 않았기 때문이다.

23 그런데도 하나님은 위의 하늘에게 명하셔서 하늘 문을 여시고, 24 만나를 비처럼 내리시어 하늘 양식을 그들에게 주셨으니, 25 사람이 천사의 음식을 먹었다. 하나님은 그들에게 풍족할 만큼 내려주셨다. 26 그는 하늘에서 동풍을 일으키시고, 능력으로 남풍을 모으셔서, 27 고기를 먼지처럼 내려주시고, 나는 새를 바다의 모래처럼 쏟아주셨다. 28 새들은 진 한가운데로 떨어지면서, 그들이 사는 곳에 두루 떨어지니, 29 그들이 마음껏 먹고 배불렀다. 하나님은 그들이 원하는 대로 넉넉히 주셨다. 30 그러나 먹을 것이 아직도 입 속에 있는데도, 그들은 더 먹으려는 욕망을 버리지 않았다. 31 마침내 하나님이 그

내용은 출애굽 이야기 같은데 조금 다른 부분이 있습니다. 어떻게 이해해야 하나요? 근대 이래 우리에게 역사는 사실에 초점을 둔 역사입니다. 그래서 역사라고 하면 정확하고 틀림없는 사실을 기록한 것이라 생각합니다. 그렇지만 이 시편은 과거에 일어난 일을 절대 그런 관점으로 보지 않습니다. 시편 기자에게, 그리고 고대 이스라엘 신앙인들에게 역사는 과거의 객관적 기록이 아니라 하나님과 그 백성 사이의 관계가 드러난 현장입니다. 아마도 어떤 역사책 같은 것이 있었다기보다는 입에서 입으로 전해지는 이야기들이 있었을 것이고, 그와 같은 이야기는 때로 확장되고 때로 다른 이야기와 합쳐지기도 했을 것입니다. 중요한 점은 정확하게 일어난 일을 전하는 것이 아니라 과거를 통해 하나님의 은혜를 되새기고 조상들의 행실을 돌아보는 것, 그래서 오늘 하나님을 경외하며 살아가는 데 기초로 삼는 것입니다.

들에게 진노하셨다. 살진 사람들을 죽게 하시며, 이스라엘의 젊은이들을 거꾸러뜨리셨다.

32 이 모든 일을 보고서도, 그들은 여전히 죄를 지으며, 그가 보여주신 기적을 믿지 않았다. 33 그래서 그들의 생애는 헛되이 끝났으며, 그들은 남은 날을 두려움 속에서 보냈다. 34 하나님께서 그들을 진멸하실 때에, 그들은 비로소 하나님을 찾았으며, 돌아와서 하나님께 빌었다. 35 그제서야 그들은, 하나님이 그들의 반석이심과, 가장 높으신 하나님이 그들의 구원자이심을 기억하였다. 36 그러나 그들은 입으로만 하나님께 아첨하고, 혀로는 하나님을 속일 뿐이었다. 37 그들의 마음은 분명히 그를 떠났으며, 그가 세우신 언약을 믿지도 않았다.

38 그런데도 그는 긍휼이 많으신 하나님이시기에, 그들의 죄를 덮어주셔서 그들을 멸하지 아니하시며, 거듭 그 노하심을 돌이키셔서 참고 또 참으셨다. 39 하나님께서는 기억하신다. 사람은 다만 살덩어리, 한번 가면 되돌아올 수 없는 바람과 같은 존재임을 기억하신다.

40 그들이 광야에서 하나님께 얼마나 자주 반역하였던가? 황

진노 때문에 하나님이 살진 사람들을 죽게 하고 젊은이들을 거꾸러뜨렸다고 합니다(31절). 시적 표현인가요, 역사적 사실인가요? 오늘날 우리는 광야에서 있었던 일을 민수기와 같은 책을 통해 알 수 있습니다. 그렇지만 민수기도 그렇고, 이 78편도 그렇고 정확한 역사적 기록이라고 생각해서는 안 될 것입니다. 특히 78편은 성전에서 거행되는 예배 같은 의식에서 낭송되었을 가능성이 크다는 점에서, 이러한 내용을 들으면서 실제 역사적 사실 여부를 따지는 것은 전혀 적합하지 않을 것입니다. 진노로 사람을 거꾸러뜨리셨다는 언급은 하나님께서 불의를 반드시 심판하신다는 것, 그리고 하나님의 은혜로 인도함을 받았다 할지라도 계속해서 거역하고 불순종하면 심판이 임한다는 것을 명확히 보여줍니다.

무지에서 그를 얼마나 자주 괴롭혔던가? 41 그들은 하나님을 거듭거듭 시험하고, 이스라엘의 거룩하신 분의 마음을 상하게 하였다. 42 그들이 하나님의 권능을 기억하지 아니하며, 대적에게서 건져주신 그날도 잊어버렸다.

43 하나님이 이집트에서는 여러 가지 징조를 보이시고, 소안 평야에서는 여러 가지 기적을 보이셨다. 44 강물을 피로 변하게 하셔서, 시냇물을 마실 수 없게 하셨다. 45 파리를 쏟아놓아서 물게 하시고, 개구리를 풀어놓아 큰 피해를 입게 하셨다. 46 농작물을 해충에게 내주시고, 애써서 거둔 곡식을 메뚜기에게 내주셨다. 47 포도나무를 우박으로 때리시고, 무화과나무를 된서리로 얼어 죽게 하셨으며, 48 가축을 우박으로 때리시고, 양 떼를 번개로 치셨다. 49 그들에게 진노의 불을 쏟으시며, 분노와 의분과 재앙을 내리시며, 곧 재앙의 사자를 내려보내셨다. 50 주님은 분노의 길을 터놓으시니, 그들을 죽음에서 건져내지 않으시고, 생명을 염병에 넘겨주셨다. 51 이집트의 맏아들을 모두 치시고, 그의 힘의 첫 열매들을 함의 천막에서 치셨다. 52 그는 백성을 양 떼처럼 인도하시고, 가축 떼처럼 광야로 이끄셨다. 53 그들을 안전하게 이끄시니, 그들은 두려워하지 않

소안 평야에서의 기적(12, 43절)은 무엇을 말하는 건가요? 소안은 이스라엘이 이집트에서 노예로 살 때 머물던 지역을 가리킨다고 추측됩니다. 이 시편에서 소안 평야에서의 기적은 12절과 43절에 두 번 언급됩니다. 12절 이하에서 소안 평야의 기적은 이스라엘이 이집트를 떠난 후 하나님께서 광야 길에서 홍해를 가르시고, 구름과 불로 인도하시며, 반석에서 물을 내시고, 만나와 새를 식량으로 공급하셨던 일을 가리킵니다. 43절 이하에서 소안 평야의 기적은 이스라엘 백성을 억류했던 이집트에 하나님께서 내리신 여러 재앙을 가리키는데, 강과 시내가 피로 변한 것부터 이집트의 모든 맏아들이 죽임을 당한 것까지 다룹니다.

앉고, 그들의 원수들은 바다가 덮어버렸다. 54 그들을 거룩한 산으로 이끌어 들이시고, 그 오른손으로 취하신 이 산으로 이끄셨다. 55 여러 민족을 그들 앞에서 몰아내시고, 줄로 재어서 땅을 나누어주시고, 이스라엘 지파들을 자기들의 천막에서 살게 하셨다.

56 그럼에도 그들은 가장 높으신 하나님을 시험하고 거역하면서, 그의 법도를 지키지 않고, 57 그들은 그들의 조상들처럼 빗나가고 배신하여, 느슨한 활처럼 엇나갔다. 58 그들은 산당에 모여 그의 노를 격동하며, 조각한 우상을 섬기다가 그를 진노하게 하였다. 59 하나님께서 듣고 노하셔서, 이스라엘을 아주 내버리셨다. 60 사람과 함께 지내시던 그 천막, 실로의 성막을 내버리셨다. 61 주님의 능력을 나타내는 궤를 포로와 함께 내주시고, 주님의 영광을 나타내는 궤를 원수의 손에 내주셨다. 62 주님의 백성을 칼에 내주시고, 주님의 소유에 분노를 쏟으셨다. 63 불로 젊은 총각들을 삼켜버리시니, 처녀들은 혼인 노래를 들을 수 없었다. 64 제사장들은 칼에 맞아 넘어지고, 과부가 된 그들의 아내들은 마음 놓고 곡 한번 못 하였다.

실로의 성막(60절)은 무엇이며, 요셉의 장막(67절)은 무엇인가요? 이스라엘이 광야를 통과해 마침내 가나안 땅에 들어왔을 때 그들의 첫 중심지가 실로였습니다. 실로에 하나님의 법궤가 안치되었고, 실로 성막은 이 시기 이스라엘의 정치적 종교적 중심지였습니다. 그러나 실로 성소를 중심으로 한 이 시기에 이스라엘은 하나님을 거역했고, 하나님께서는 실로를 폐하셨습니다. 67-68절은 요셉의 장막과 에브라임 지파를, 유다 지파와 시온산과 대조합니다. 아마도 '요셉의 장막'은 북왕국을 시작한 임금인 여로보암이 단과 벧엘에 세웠던 산당을 가리킬 것입니다. 67-68절과 78편 전체는 하나님께서 북왕국을 심판하시되, 유다 지파의 다윗과 시온에 세워진 성전을 선택하시고 은혜를 베푸신다는 것을 노래합니다.

65 드디어 주님은 잠에서 깨어난 것처럼 분연히 일어나셨다. 포도주로 달아오른 용사처럼 일어나셨다. 66 원수들을 뒤쫓아 가서 쳐부수시며, 길이길이 그들을 욕되게 하셨다.

67 그리고 주님은 요셉의 장막을 버리시고, 에브라임 지파도 선택하지 아니하셨다. 68 오히려, 유다 지파만을 선택하셨으며, 그가 사랑하신 시온산을 뽑으셨다. 69 그곳에서 주님은 주님의 성소를 높은 하늘처럼 세우셨다. 영원히 흔들리지 않는 터전 위에 세우셨다.

70 주님의 종 다윗을 선택하시되, 양의 우리에서 일하는 그를 뽑으셨다. 71 암양을 돌보는 그를 데려다가, 주님의 백성 야곱과 주님의 유산 이스라엘의 목자가 되게 하셨다. 72 그는 한결같은 마음으로 그들을 기르고, 슬기로운 손길로 그들을 인도하였다.

{ 제79편 }

예루살렘에 긍휼을 베풀어주십시오
[아삽의 시]

1 하나님, 이방 나라들이 주님의 땅으로 들어와서, 주님의 성전을 더럽히고, 예루살렘을 돌무더기로 만들었습니다. 2 그들이 주님의 종들의 주검을 하늘을 나는 새들에게 먹이로 내주고, 주님의 성도들의 살을 들짐승에게 먹이로 내주고, 3 사람들의 피가 물같이 흘러 예루살렘 사면에 넘치게 하였건만, 희생당한 이들을 묻어줄 사람이 아무도 없습니다. 4 우리는 이웃에게 조솟거리가 되고, 주변 사람들에게 조롱거리와 웃음거리가 되었습니다.

5 주님, 언제까지입니까? 영원히 노여워하시렵니까? 언제까지 주님의 진노하심이 불길처럼 타오를 것입니까?

6 주님을 알지 못하는 저 이방인들에게나 주님의 진노하심을

전반부에서 지은이는 현재의 참혹한 상황을 말한 후 주님의 진노를 언급합니다. 마치 주님이 화가 나서 이렇게 되었다는 것처럼 느껴집니다. 정말 그런가요? 79편은 기본적인 주제와 내용이 74편과 매우 비슷합니다. 아마도 79편 역시 바벨론에 의한 예루살렘 멸망과 같은 어떤 민족적 재앙과 참상을 배경으로 했을 것이라 추측됩니다. 바벨론에 포로로 끌려간 이들이 있는가 하면, 그때 끌려가지 않고 유대 땅에 남았던 이들도 있는데, 그들이 처한 상황을 생각해보면 이 시의 내용을 더 생생하게 이해할 수 있습니다. 이스라엘이 하나님께 거역하고 불순종해서 결국 성전이 파괴되고 나라가 망했으며 공동체에 큰 어려움이 닥쳤습니다. 이 시편은 그러한 참상을 하나님의 진노로 해석합니다. 그렇지만 79편은 낙심하고 체념하며 현재 주어진 현실을 당연한 것으로 받아들이는 것이 아니라, 그런 상황에서도 하나님의 긍휼과 이름을 되새기며 도우심을 구합니다.

쏟아주십시오. 주님의 이름을 부르지 않는 저 나라들 위에 쏟
아부어 주십시오. 7 그들은 야곱을 집어삼키고, 그가 사는 곳
을 폐허로 만들었습니다. 8 우리 조상의 죄악을 기억하여 우리
에게 돌리지 마십시오. 주님의 긍휼하심으로 어서 빨리 우리를
영접하여주십시오. 우리가 아주 비천하게 되었습니다. 9 우리
를 구원하여주시는 하나님, 주님의 영광스러운 이름을 생각해
서라도 우리를 도와주십시오. 주님의 명성을 생각해서라도 우
리를 건져주시고, 우리의 죄를 용서하여주십시오. 10 어찌 이
방인들이 "그들의 하나님이 어디에 있느냐?" 하면서 비웃게 버
려두시겠습니까?

주님의 종들이 흘린 피를 주님께서 갚아주신다는 것을, 우리
가 보는 앞에서 이방인들에게 알려주십시오.

11 갇힌 사람들의 신음소리를 주님께서 들어주십시오. 죽게 된
사람들을 주님의 능하신 팔로 살려주십시오. 12 주님, 우리 이
웃 나라들이 주님을 모독한 그 모독을 그들의 품에다가 일곱
배로 갚아주십시오.

다윗의 시편과 달리 아삽의 시편은 개인이 아닌, 공동체의 문제를 주로 다루는 것
같습니다. 저자에 따라 관심사가 다른 건가요? 예배 중에 부르는 노래에는 당연히
개인이 주인공으로 등장하는 것이 있는가 하면, '우리'로 표현되는 공동체가 중심인
것도 있습니다. 개인이라 하지만 사실 어떤 시편이 널리 불리고 전해졌다는 것은 그
개인의 표현에 수많은 이들 또한 공감했기 때문이므로 단순히 개인적이라고만 보
기는 어렵습니다. 아울러 '우리'가 등장하는 '공동체 시'가 시편에, 특히 '아삽의 시'
에 많은데, 이 또한 아삽에 어떤 초점이 있다기보다는 시편에 이와 같은 공동체 시
를 많이 보존했다는 데 초점이 있습니다. 개인의 기쁨과 불행은 그저 개인의 문제
가 아니라 공동체 전체에 일어난 상황과 연관되기 마련입니다. 공동체 전체가 불행
한데 나 홀로 행복할 수는 없겠지요. 그래서 이러한 공동체 시를 읽으면서 공동체가
어떤 상황에 처했는지, 또 하나님께 무엇을 구하는지 세심하게 살펴보면 좋습니다.

13 그때에 주님의 백성, 주님께서 기르시는 양 떼인 우리가, 주님께 영원히 감사를 드리렵니다. 대대로 주님께 찬양을 드리렵니다.

{ 제80편 }

우리나라를 도와주십시오

[아삽의 시, 지휘자를 따라 소산님 에듯에 맞추어 부르는 노래]

1 아, 이스라엘의 목자이신 주님, 요셉을 양 떼처럼 인도하시는 주님, 귀를 기울여주십시오. 그룹 위에 앉으신 주님, 빛으로 나타나주십시오. 2 에브라임과 베냐민과 므낫세 앞에서 주님의 능력을 떨쳐주십시오. 우리를 도우러 와주십시오.
3 하나님, 우리를 회복시켜주십시오. 우리가 구원을 받도록, 주

요셉, 에브라임, 베냐민, 므낫세. 이들은 누구이며, 특별히 이들을 거명한 배경은 무엇인가요? 이 이름들은 모두 북왕국과 연관되어 있습니다. 다른 '공동체 시'와 마찬가지로, 80편 역시 나라 전체에 밀어닥친 위기와 참담한 현실로 인해 하나님의 도우심과 회복을 구하는 기도입니다. 아마도 80편은 북왕국 멸망 전 나라에 위기가 닥쳤을 때 하나님의 도우심을 구하던 국가적인 예배와 연관해 지어졌을 것입니다. 기원전 722년 북왕국이 멸망한 후에도 남왕국 유다는 마침내 하나님께서 온 이스라엘을 회복하실 것이라는 기대를 가지고 있었고, 요시야 왕은 북왕국 지역을 포함해 종교개혁을 단행하기도 했습니다. 그래서 80편 같은 시가 요시야 왕 시대에 예루살렘 성전에서 공동체 기도로 드려졌을 것이라 볼 수도 있습니다. 더 나아가 바벨론에게 멸망당하고 포로 시기를 거친 후에, 온 이스라엘의 회복을 구하는 이들에 의해 이와 같은 시가 불렸을 수도 있습니다. 어떠한 상황이었든지, 이스라엘은 북왕국의 멸망을 당연한 것으로 여기지 않고, 하나님의 궁극적인 구원과 회복을 구했습니다.

님의 빛나는 얼굴을 나타내어주십시오.

4 주 만군의 하나님, 얼마나 오랫동안 주님의 백성들이 올리는 기도를 노엽게 여기시렵니까? 5 주님께서 그들에게 눈물의 빵을 먹이시고, 눈물을 물리도록 마시게 하셨습니다. 6 우리를 우리의 이웃에게 시빗거리가 되게 하시니, 원수들이 우리를 비웃습니다.

7 만군의 하나님, 우리를 회복시켜주십시오. 우리가 구원을 받을 수 있도록, 주님의 빛나는 얼굴을 나타내어주십시오.

8 주님께서는 이집트에서 포도나무 한 그루를 뽑아오셔서, 뭇나라를 몰아내시고, 그것을 심으셨습니다. 9 땅을 가꾸고 그 나무의 뿌리를 내리게 하시더니, 그 나무가 온 땅을 채웠습니다. 10 산들이 그 포도나무 그늘에 덮이고, 울창한 백향목도 그 가지로 뒤덮였습니다. 11 그 가지는 지중해에까지 뻗고, 새순은 유프라테스강에까지 뻗었습니다.

12 그런데 어찌하여 주님께서는 그 울타리를 부수시고 길을 지

마치 이스라엘 백성 전체가 모인 자리에서 누군가 대표로 기도하는 느낌을 주는 시편입니다. 이스라엘 백성 전체가 모여 기도하는 일이 있었나요? 아삽의 시들은 대부분 '공동체 시'입니다. 이와 같은 기도문들이 시편집 3권에 집중적으로 모여 있습니다. 아마도 이 시들은 성전과 같은 곳에서 왕과 모든 백성의 대표들이 모인 어떤 제사나 모임 같은 의식에서 불리고 낭독되었을 것입니다. 나라에 닥친 위험을 하나님 앞에 아뢰면서 모든 백성이 온 맘 다해 하나님의 도우심을 구했습니다. 80편의 3절과 7절, 19절은 반복되는 후렴입니다. 나머지 내용은 세 구절이 동일하지만, 3절에서는 '하나님', 7절에서는 '만군의 하나님', 그리고 19절에서는 '주 만군의 하나님'이 각각 쓰였습니다(새번역 성경에서는 19절에서 제일 먼저 등장하는 '주'라는 말을 옮기지 않고 뺐습니다). 하나님의 이름을 갈수록 강조해서 표현한 이 후렴구는 오직 하나님만이 구원이심을 명확히 보여줍니다. 힘이 강하고 부귀해서 이기는 것이 아니라, 오직 하나님을 신뢰할 때 승리할 수 있습니다.

나가는 사람마다 그 열매를 따 먹게 하십니까? 13 멧돼지들이 숲에서 나와서 마구 먹고, 들짐승들이 그것을 먹어치우게 하십니까?

14 만군의 하나님, 우리에게 돌아오십시오. 하늘에서 내려다보시고, 이 포도나무를 보살펴주십시오. 15 주님의 오른손으로 심으신 이 줄기와 주님께서 몸소 굳세게 키우신 햇가지를 보살펴주십시오. 16 주님의 포도나무는 불타고 꺾이고 있습니다. 주님의 분노로 그들은 멸망해갑니다. 17 주님의 오른쪽에 있는 사람, 주님께서 몸소 굳게 잡아주신 인자 위에, 주님의 손을 얹어주십시오. 18 그리하면 우리가 주님을 떠나지 않을 것이니, 주님의 이름을 부를 수 있도록 우리에게 새 힘을 주십시오.

19 만군의 하나님, 우리를 회복시켜주십시오. 우리가 구원을 받도록, 주님의 빛나는 얼굴을 나타내어주십시오.

{ 제81편 }

하나님이 우리를 강하게 만드신다

[아삽의 시. 지휘자를 따라 깃딧에 맞추어 부르는 노래]

1 우리의 피난처이신 하나님께 즐거이 노래를 불러라. 야곱의 하나님께 큰 환성을 올려라. 2 시를 읊으면서 소구를 두드려라. 수금을 타면서, 즐거운 가락으로 거문고를 타라. 3 새 달과 대보름날에, 우리의 축제날에, 나팔을 불어라. 4 이것은 이스라엘이 지킬 율례요, 야곱의 하나님이 주신 규례이며, 5 하나님이 이집트 땅을 치려고 나가실 때에, 요셉에게 내리신 훈령이기 때문이다.

나는, 내가 알지 못하던 한 소리를 들었다. 주님께서 말씀하셨다. 6 "내가 네 어깨에서 짐을 벗겨주고, 네 손에서 무거운 광주리를 내려놓게 하였다. 7 너희가 고난 가운데 부르짖을 때에, 내가 건져주고, 천둥 치는 먹구름 속에서 내가 대답하고, 므리바 물가에서는 내가 너를 시험하기도 하였다. (셀라) 8 내 백성아, 들어라. 내가 너에게 경고하겠다. 이스라엘아, 나는

두 번씩이나 '야곱의 하나님'이라고 칭하는 이유는 무엇인가요? 81편 역시 요셉을 언급한다는 점에서 80편과 마찬가지로 북왕국이 배경이라고 추측할 수 있습니다. '야곱의 하나님'이라는 표현은 야곱을 이은 자손으로서 요셉을 부각시킨다고 볼 수 있습니다. 야곱의 또 다른 이름은 이스라엘인데, 이 이스라엘이라는 이름이 좀 더 공식적으로 전체를 대표하는 이름이라면, 야곱은 친근함과 친밀감을 표현하는 이름으로 여겨집니다. 따라서 '이스라엘의 하나님'과 '야곱의 하나님'은 사실상 같은 의미를 가진 표현이되, 야곱의 하나님은 하나님과 그 백성 사이의 친밀감을 좀 더 강렬하게 표현한다고 볼 수 있습니다.

네가 내 말을 듣기를 바란다. 9 '너희 가운데 다른 신을 두지 말며, 이방 신에게 절하지 말아라. 10 나는 너희를 이집트 땅에서 이끌어낸 주 너희의 하나님이다. 너희의 입을 크게 벌려라. 내가 마음껏 먹여주겠다' 하였으나, 11 내 백성은 내 말을 듣지 않고, 이스라엘은 내 뜻을 따르지 않았다. 12 그래서 나는 그들의 고집대로 버려두고, 그들이 원하는 대로 가게 하였다. 13 나의 백성 이스라엘이 내 말을 듣기만 했어도, 내가 가라는 길로 가기만 했어도, 14 나는 당장 그들의 원수를 굴복시키고, 내가 손을 들어서 그 대적을 쳤을 것이다. 15 나를 미워하는 자들은 그들 앞에 무릎을 꿇었을 것이며, 이것이 그들의 영원한 운명이 되었을 것이다. 16 그리고 나는 기름진 밀 곡식으로 너희를 먹였을 것이고, 바위에서 따낸 꿀로 너희를 배부르게 하였을 것이다."

11절 이후에 이스라엘이 하나님을 거역했다는 언급이 있습니다. 어떤 배경에서 나온 이야기인가요? 5절과 10절에서 이집트를 언급하는 것으로 볼 때 이 시편이 출애굽 사건을 염두에 두었음을 알 수 있습니다. 천둥 치는 먹구름과 므리바 물가(7절)는 이집트를 떠나 걸었던 광야 길이 배경에 있습니다. 그렇다면 11절이 말하는 불순종 역시 광야 여정 내내 하나님을 거역하고 믿지 않았던 조상들의 행태를 가리킨다고 볼 수 있습니다. 이미 78편에서는 광야 여정에서 조상들이 저질렀던 불순종을 상세히 열거했습니다(78:17-20, 40-42). 하나님께서는 그 백성과 맺으신 약속대로 신실하게 그들을 돌보셨으나, 백성들은 어려움이 닥칠 때마다 하나님을 원망하고 불신하며 자주 다른 신을 찾았습니다. 시편은 조상들의 과거를 미화하지 않고 그 시기 불순종의 모습을 상기시키면서, 오늘을 사는 청중을 향해 이제는 믿음으로 응답할 것을 촉구합니다.

{ 제82편 }

하나님이 재판하여주십시오
[아삽의 시]

1 하나님이 하나님의 법정에 나오셔서, 신들을 모아들이시고 재판을 하셨다. 하나님께서 신들에게 말씀하셨다. 2 "언제까지 너희는 공정하지 않은 재판을 되풀이하려느냐? 언제까지 너희는 악인의 편을 들려느냐? (셀라) 3 가난한 사람과 고아를 변호해주고, 가련한 사람과 궁핍한 사람에게 공의를 베풀어라. 4 가난한 사람과 빈궁한 사람을 구해주어라. 그들을 악인의 손에서 구해주어라."

5 그러나 그들은 깨닫지도 못하고, 분별력도 없이, 어둠 속에서 헤매고만 있으니, 땅의 기초가 송두리째 흔들렸다.

6 하나님께서 말씀하셨다. "너희는 모두 신들이고, '가장 높으

기독교의 하나님은 유일신 아닌가요? '신들'은 누구를 말하나요? 이 시편은 하늘에서 하나님과 다른 온갖 신들이 모여 있는 상황을 그립니다. 모든 신들이 재판으로 모였고, 하나님께서는 나머지 모든 신을 심판하십니다. 그런데 하나님께서 모든 신을 재판하시는 까닭은 하나님 외에 다른 신으로 자처하거나 자신만이 진정한 신이라 내세웠기 때문이 아니라, 가난한 사람과 궁핍한 사람을 위한 정의가 사라졌기 때문입니다. 그렇다면 여기에 나오는 신들은 그 신들에 의해 세워졌다는 지상의 여러 왕을 가리키는 것이기도 합니다. 고대 문화에서는 왕을 대개 신의 변장이나 신이 선택한 존재라 여겼기 때문입니다. 그래서 82편은 궁극적으로 하나님의 재판, 즉 하나님의 다스리심을 구합니다. 하나님의 다스리심은 기독교만이 진리라는 선포로 드러나는 것이 아닌, 가난한 자와 고아를 변호하고 그들을 위해 정의를 세우는 삶에서 드러납니다. 모두 기독교의 하나님을 믿는다면서 가난한 사람이 살기 어렵다면, 그 세상은 하나님의 다스리심을 거역하는 세상일 것입니다.

신 분의 아들들이지만, 7 너희도 사람처럼 죽을 것이고, 여느 군주처럼 쓰러질 것이다."

8 하나님, 일어나셔서, 이 세상을 재판하여주십시오. 온 나라가 하나님의 것입니다.

{ 제83편 }

하나님이 온 땅을 다스리신다

[아삽의 찬송시]

1 하나님, 묵묵히 계시지 마십시오. 하나님, 침묵을 지키지 마십시오. 조용히 계시지 마십시오. 오, 하나님! 2 주님의 원수들이 소리 높여 떠들고, 주님을 미워하는 자들이 머리를 치켜들기 때문입니다. 3 그들은 주님의 백성을 치려고 음모를 꾸미고, 주님께서 아끼시는 이들을 치려고 모의하며 4 "가자, 그들을 없애버리고, 나라가 되지 못하게 하자. 이스라엘이라는 이

이방 민족들을 심판해달라고 호소하고 있습니다. 그들은 정말 하나님의 저주를 받을 만큼 이스라엘에게 나쁜 짓을 많이 했나요? 개인의 저주시와 마찬가지로, 공동체의 저주시 역시 기본적으로는 하나님을 향한 기도입니다. 주님의 원수로 불리는 이방 민족은 이스라엘을 없애버리고 아예 땅 위에서 그 이름을 지워버리려고 꾸밉니다 (4절). 이렇게 이스라엘을 없앨 궁리를 할 수 있는 까닭은 그럴 만하기 때문, 즉 이스라엘이 약해서 침공하면 무너뜨리고 짓밟을 수 있기 때문일 겁니다. 그러므로 나라와 나라, 민족과 민족이 배경에 있지만, 근본적으로는 약자 짓밟기가 놓여 있다고 볼수 있습니다. 함께 모인 다수의 위협 앞에서 이스라엘은 오직 하나님의 도우심을 구하고 하나님께서 적들을 심판해주기를 구합니다.

름을 다시는 기억하지 못하게 하자" 말합니다.

5 그들은 한마음으로 모의하고, 주님과 맞서려고 동맹을 맺었습니다. 6 에돔과 이스마엘 사람들, 모압과 하갈 사람들, 7 그발, 암몬, 아말렉, 블레셋, 두로에 사는 사람들이 그러하고, 8 앗시리아까지도 그들과 힘을 합하여 롯의 자손을 도왔습니다. (셀라)

9 주님, 미디안에게 하신 것같이, 기손강에서 시스라와 야빈에게 하신 것같이, 그들에게도 그렇게 해주십시오. 10 그들은 엔돌에서 멸망하여, 밭의 거름이 되었습니다. 11 주님, 그들의 장수들을 오렙과 스엡과 같게 하시고, 모든 왕들을 세바와 살문나와 같게 해주십시오. 12 그들은 "하나님의 목장을 우리의 소유로 만들자" 하고 말하던 자들입니다.

13 나의 하나님, 그들을, 바람에 굴러가는 엉겅퀴와 쭉정이와 같게 해주십시오. 14 산림을 태우는 불길처럼, 산들을 삼키는 불꽃처럼, 15 주님의 회오리바람으로, 그들을 쫓아내어 주십시오. 주님의 폭풍으로, 그들이 두려움에 떨게 해주십시오. 16 주님, 그들이 주님을 간절히 찾도록, 그들의 얼굴에 수치를 씌워주십시오. 17 그들이 부끄러움을 당하고 영영 공포에 질

당시에는 수치를 당하는 것(16-17절)이 큰 벌에 속하는 것이었나요? 이방 민족은 이스라엘을 짓밟을 수 있겠다고 여겨 큰소리치고 비웃으며 진격했습니다. 그러나 그들은 막상 그 약해 보이던 이스라엘에게 대패하고 쫓겼습니다. 이 상황을 시편 본문은 "원수가 수치를 당한다"라는 식으로 표현합니다. 여기서 '수치'는 그 자체가 큰 벌이었다기보다는, 승리를 호언장담하며 하나님 백성을 무시하고 업신여겼던 이들의 코가 납작해진 상황, 즉 하나님께서 힘없고 약한 그분의 백성을 들어서 강하고 힘센 이들을 물리치신 상황을 표현합니다. 주 하나님은 세상의 강한 자를 부끄럽게 하시고 약한 자로 존귀와 영광을 누리게 하시는 분이십니다.

려서, 수치를 쓰고 멸망하게 해주십시오. 18 하나님의 이름은
'주'이시며, 온 세상에서 주님만이 홀로 가장 높은 분이심을 알
게 해주십시오.

{ 제84편 }

예배의 기쁨

[고라 자손의 시, 지휘자를 따라 깃딧에 맞추어 부르는 노래]

1 만군의 주님, 주님이 계신 곳이 얼마나 사랑스러운지요. 2 내
영혼이 주님의 궁전 뜰을 그리워하고 사모합니다. 내 마음도
이 몸도, 살아계신 하나님께 기쁨의 노래 부릅니다.
3 만군의 주님, 나의 왕, 나의 하나님, 참새도 주님의 제단 곁
에서 제 집을 짓고, 제비도 새끼 칠 보금자리를 얻습니다. 4 주
님의 집에 사는 사람들은 복됩니다. 그들은 영원토록 주님을
찬양합니다. (셀라)

'주님이 계신 곳'(1절)은 어떤 특정한 장소를 지칭하는 건가요? 여기서 '주님이 계
신 곳'은 예루살렘 성전을 가리킵니다. 고대 이스라엘은 적어도 일 년에 세 번 예
루살렘 성전을 순례했고, 84편은 그렇게 순례의 길을 오가는 이들이 부르는 찬송
이요, 고백으로 상상해볼 수 있습니다. 3절에서 언급하는 참새와 제비는 가장 작은
새, 가장 약한 새를 상징할 것입니다. 하나님의 성전에서는 그 누구라도 안전하게
머물 수 있다는 의미입니다. 그리고 이것은 성전에 들어가야 안전하다는 의미가 아
니라, 하나님만이 우리의 안전이요, 평화임을 뜻합니다. 그래서 '마음이 시온의 순
례 길에 오른 사람'은 주님과 항상 동행하고 주님을 늘 기억하며 묵상하는 삶을 가
리킨다고 볼 수 있습니다.

5 주님께서 주시는 힘을 얻고, 마음이 이미 시온의 순례길에 오른 사람들은 복이 있습니다. 6 그들이 '눈물 골짜기'를 지나갈 때에, 샘물이 솟아서 마실 것입니다. 가을비도 샘물을 가득 채울 것입니다. 7 그들은 힘을 얻고 더 얻으며 올라가서, 시온에서 하나님을 우러러뵐 것입니다.

8 주 만군의 하나님, 나의 기도를 들어주십시오. 야곱의 하나님, 귀를 기울여주십시오. (셀라) 9 우리의 방패이신 하나님, 주님께서 기름을 부어주신 사람을 돌보아주십시오.

10 주님의 집 뜰 안에서 지내는 하루가 다른 곳에서 지내는 천 날보다 낫기에, 악인의 장막에서 살기보다는, 하나님의 집 문지기로 있는 것이 더 좋습니다. 11 주 하나님은 태양과 방패이시기에, 주님께서는 은혜와 영예를 내려주시며, 정직한 사람에게 좋은 것을 아낌없이 내려주십니다. 12 만군의 주님, 주님을 신뢰하는 사람에게 복이 있습니다.

주님의 집 뜰 안에서 지내는 것이 정말 좋다고 강조합니다(10절). 그렇다면 모두 다 성직자가 되어야 한다는 말인가요? 여기서 주님의 집 뜰 안에 거한다는 것은 제사장과 같은 성직자가 된다는 의미가 아니라 늘 주님을 기억하고 주님과 동행하는 삶을 가리킵니다. 특히 고대 이스라엘에서는 누구나 원한다고 성직자가 될 수 있는 게 아니었기 때문에, 주님의 집에 거한다는 것은 상징적인 표현임을 알 수 있습니다. 주님을 모른 체하고, 주님께서 명하신 말씀과 율법을 내팽개치고 부귀영화를 누리는 이들이 곳곳에 존재합니다. 그럼에도 이 시편 기자는 아무것도 가진 것이 없어도, 그리고 오히려 박해를 받아 고난과 죽음이 닥쳐온다 하더라도, 주님을 사랑하고 주님을 따르는 삶이 훨씬 복되다고 노래합니다. 그것이 '주님의 집에서 지내는 하루', 그리고 '악인의 장막에서 지내는 천 날'이 의미하는 내용입니다.

{ 제85편 }

평화를 비는 기도

[고라 자손의 시, 지휘자를 따라 부르는 노래]

1 주님, 주님께서 주님의 땅에 은혜를 베푸시어, 포로가 된 야곱 자손을 돌아오게 하셨습니다. 2 주님의 백성들이 지은 죄악을 용서해주시며, 그 모든 죄를 덮어주셨습니다. (셀라) 3 주님의 노여움을 말끔히 거두어주시며, 주님의 맹렬한 진노를 거두어주셨습니다.

4 우리를 구원해주신 하나님, 우리에게 다시 돌아와 주십시오. 주님께서 우리에게 품으신 진노를 풀어주십시오.

5 주님께서 우리에게 영원히 노하시며, 대대로 노여움을 품고 계시렵니까? 6 주님의 백성이 주님을 기뻐하도록 우리를 되살려주시지 않겠습니까? 7 주님, 주님의 한결같은 사랑을 보여주십시오. 우리에게 주님의 구원을 베풀어주십시오.

8 하나님께서 무엇을 말씀하시든지, 내가 듣겠습니다. 주님께

여기서 말하는 평화는 어떤 평화입니까? 누구와의 평화를 말하는 건가요? 85편은 진정한 회복을 간구하는 공동체 시입니다. 포로 같은 생활에서 돌아왔지만(1-2절), 여전히 현실은 온전한 회복과는 거리가 멉니다(3-6절). 마치 봄이 왔는데 현실은 봄과 같지 않은 상황이라고나 할까요? 그 온전한 회복의 날을 이 시에서는 '평화'라는 말로 표현합니다. 이 평화는 하나님과 사람 사이의 평화이기도 하고, 사람과 사람 사이의 평화이기도 합니다. 그런데 이 시는 "정의와 평화가 입을 맞춘다"(10절)고 노래합니다. 참된 평화, 온전한 회복은 정의가 없이는 불가능하다는 의미일 것입니다. 누군가를 희생시킨 평화가 아니라, 소수의 고통과 눈물을 덮어버린 다수의 평화가 아니라, 아무리 힘없고 가난한 이라도 함께 살아갈 수 있는 정의로운 평화를 이 시는 노래합니다.

서 우리에게 평화를 약속하실 것입니다. 주님께서는, 주님의 백성 주님의 성도들이 망령된 데로 돌아가지 않는다면, 진정으로 평화를 주실 것입니다. 9 참으로 주님의 구원은 주님을 경외하는 사람에게 가까이 있으니, 주님의 영광이 우리 땅에 깃들 것입니다.

10 사랑과 진실이 만나고, 정의는 평화와 서로 입을 맞춘다. 11 진실이 땅에서 돋아나고, 정의는 하늘에서 굽어본다. 12 주님께서 좋은 것을 내려주시니, 우리의 땅은 열매를 맺는다. 13 정의가 주님 앞에 앞서가며, 주님께서 가실 길을 닦을 것이다.

{ 제86편 }

도움을 비는 기도
[다윗의 기도]

1 주님, 나에게 귀를 기울이시고, 응답하여주십시오. 나는 가난하고 궁핍한 사람입니다. 2 그러나 나는 신실하오니, 나의 생명을 지켜주십시오. 주님은 나의 하나님이시니, 주님을 신뢰하는 주님의 종을 구원하여주십시오.

3 내가 온종일 주님께 부르짖습니다. 주님, 나에게 은혜를 베풀어주십시오. 4 주님, 내가 진심으로 주님을 우러러봅니다. 주님의 종의 마음을 기쁨으로 가득 채워주십시오. 5 주님, 주님은 선하시며 기꺼이 용서하시는 분, 누구든지 주님께 부르짖는 사람에게는, 사랑을 한없이 베푸시는 분이십니다.

6 주님, 나의 기도에 귀를 기울이시고, 나의 애원하는 소리를 들어주십시오. 7 주님은 나에게 응답해주실 분이시기에, 제가 고

다윗은 자신을 가난하고 궁핍한 사람이라고 말합니다. 그에게도 가난하고 궁핍한 시절이 있었나요? 앞에서도 종종 언급했지만, 시편의 다윗은 오히려 임금이라기보다는 가난하고 궁핍한 사람의 대명사라고 할 수 있습니다. 다윗이 두고두고 기념되고 기억되는 까닭, 그리고 고대 이스라엘 예배에서 불렀던 찬송과 기도에 다윗의 이름이 부착된 까닭은 그의 영광스러움 때문이 아닙니다. 그가 오직 하나님의 도우심과 은혜만을 구하며 살아간 사람으로 여겨지기 때문입니다. 그래서 시편은 '다윗의 기도'지만, 이 표현의 실질적인 의미는 '시편은 가난한 자의 기도, 가난한 자의 노래'입니다. 세력을 쌓고 강한 힘과 부를 축적해 누구도 자신을 무시하거나 함부로 대하지 못하게 하는 개인이나 집단이 있는가 하면, 다윗으로 대표되는 하나님의 사람은 자신에게 있는 그 무엇이 아니라 자신을 지키고 도우시는 하나님으로 인해 든든하며 안전한 이들입니다.

난을 당할 때마다 주님께 부르짖습니다.

8 주님, 신들 가운데 주님과 같은 신이 어디에 또 있습니까? 주님이 하신 일을 어느 신이 하겠습니까? 9 주님께서 지으신 뭇 나라가 모두 와서, 주님께 경배하며 주님의 이름에 영광을 돌립니다. 10 주님은 위대하셔서 놀라운 일을 하시니, 주님만이 홀로 하나님이십니다.

11 주님, 주님의 길을 가르쳐주십시오. 내가 진심으로 따르겠습니다. 내가 마음을 모아, 주님의 이름을 경외하겠습니다.

12 주 하나님, 내 마음을 다하여 주님께 감사드리며, 영원토록 주님의 이름에 영광을 돌리렵니다. 13 나에게 베푸시는 주님의 사랑이 크시니, 스올의 깊은 곳에서, 주님께서 내 목숨을 건져내셨습니다.

14 하나님, 오만한 자들이 나를 치려고 일어나며, 난폭한 무리가 나의 목숨을 노립니다. 그들은 주님을 안중에도 두지 않습니다. 15 그러나 주님, 주님은 자비롭고 은혜로우신 하나님이시요, 노하기를 더디 하시며, 사랑과 진실이 그지없으신 분이십

하나님에게 은혜를 베풀어달라고 기도합니다. 은혜는 무엇을 말하는 건가요? 하나님의 도우심을 구하는 무수한 시에서 시편 기자가 실제로 겪는 곤경이 무엇인지는 잘 드러나지 않습니다. '오만한 자'와 '난폭한 무리'를 언급하는 14절을 볼 때, 아마도 시편 기자는 많은 것을 가진 거칠고 오만한 이들로 인해 어려움을 겪고 있으리라 여겨집니다. 그들의 세력에 비해 시편 기자는 가난하고 궁핍했으니, 모욕과 조롱을 당하고 온갖 험담과 비웃음도 당했을 것입니다. 그래서 시편 기자가 구하는 '은혜'는 하나님께서 그의 억울함을 벗겨주시고 그가 당하는 모욕으로부터 건져주시는 것이라 생각할 수 있습니다. 어쩌면 그는 병에 걸려 고생했을 수도 있고, 경제적인 어려움으로 인해 힘겨웠을 수도 있습니다. 하나님의 '은혜'는 그러한 어려움으로부터 건져주심을 의미하기도 합니다. 이 모든 것의 핵심에는 오직 하나님의 도우심만을 구하는 이를 향한 하나님의 사랑이 있습니다.

니다. 16 내게로 얼굴을 돌려주시고, 내게 은혜를 베풀어주십시오. 주님의 종에게 힘을 주시고, 주님께서 거느리신 여종의 아들에게 구원을 베풀어주십시오. 17 은총을 베풀어주실 징표를 보여주십시오. 나를 미워하는 자들이 보고, 부끄러워할 것입니다. 주님, 주님께서 친히 나를 돕고 위로하셨습니다.

{ 제87편 }

시온산의 영광

[고라 자손의 찬송시]

1 그 터전이 거룩한 산 위에 있구나. 2 주님은 시온의 문들을 야곱의 어느 처소보다 더욱 사랑하신다. 3 너 하나님의 도성아, 너를 가리켜 영광스럽다고 말한다. (셀라)
4 "내가 라합과 바빌로니아를 나를 아는 나라로 기록하겠다. 블레셋과 두로와 에티오피아도 시온에서 태어났다고 하겠다."

시온은 어디를 말하며, 그 의미는 무엇인가요? 87편이 노래하는 시온은 성전이 있는 예루살렘을 가리킵니다. 87편을 비롯한 많은 시편이 예루살렘 성전, 시온을 노래합니다. 여기서 시온은 하나님의 집, 하나님께서 거하시는 곳을 상징합니다. 시온이라는 장소가 특별해서가 아니라, 그곳에 존재하는 건물이 대단히 웅장해서가 아니라, 그곳에 주님께서 이름을 두셨고 거하시기에 특별합니다. 그래서 시온에 대한 찬양은 우리 가운데 거하시는 주님을 향한 찬양입니다. 4절의 '라합'은 이집트를 가리키는 별명입니다. 4절에 따르면 이스라엘의 오랜 대적인 강대국 이집트와 바빌론 그리고 무수한 이방 나라들 역시 시온에서 비롯되었습니다. 시온에 거하시는 주님은 단지 이스라엘만의 하나님이 아니라 온 땅의 하나님이시며, 세상 모든 인류가 하나님께로부터 비롯되었음을 이 시편이 노래합니다.

5 시온을 두고 말하기를, "가장 높으신 분께서 친히 시온을 세우실 것이니, 이 사람 저 사람이 거기에서 났다"고 할 것이다.
6 주님께서 민족들을 등록하실 때에, 그 수를 세시며 "이 사람이 거기에서 났다"고 기록하실 것이다. (셀라)
7 노래하는 이들과 춤을 추는 이들도 말한다. "나의 모든 근원이 네 안에 있다."

{ 제88편 }

길을 찾을 수 없을 때의 기도

[고라 자손의 찬송시, 에스라 사람 헤만의 마스길,
지휘자를 따라 마할랏르안놋에 맞추어 부르는 노래]

1 주님, 나를 구원하신 하나님, 낮이나 밤이나, 내가 주님 앞에 부르짖습니다. 2 내 기도가 주님께 이르게 하시고, 내 울부짖

자신을 표현하는 설명들이 매우 극단적입니다(4-7절). 이 지나친 과장법으로 말하려는 것은 무엇인가요? 88편은 시편 전체에서 가장 특이한 시 가운데 하나입니다. 시편에서 괴로움을 호소하며 하나님의 도우심을 구하는 탄식의 시가 많지만, 대부분 하나님의 건지심을 신뢰하며 찬송하는 내용으로 끝납니다. 그러나 유일하게 88편은 처음부터 마지막까지 자신에게 임한 고통과 삶의 참담함을 토로합니다. 그야말로 이 시는 극심한 고통 가운데 있는 인생을 보여줍니다. 죽은 자들이 가는 스올을 비롯해 죽음의 위협이 이 시에 무수하게 등장합니다. 그는 살아 있지만 죽은 것이나 다름없습니다. 정도의 차이는 있겠지만, 오늘을 살아가는 이들 역시 '살아도 산 것 같지 않은 순간'을 겪습니다. 시편 기자의 이 절절한 기도는 하나님 외에 달리 살 길이 없는 우리 인생을 보여줍니다. 참으로 시편은 가난한 자의 기도, 곤고한 인생의 기도입니다.

음에 귀를 기울여주십시오.

3 아, 나는 고난에 휩싸이고, 내 목숨은 스올의 문턱에 다다랐습니다. 4 나는 무덤으로 내려가는 사람과 다름이 없으며, 기력을 다 잃은 사람과 같이 되었습니다. 5 이 몸은 또한 죽은 자들 가운데 버림을 받아서, 무덤에 누워 있는 살해된 자와 같습니다. 나는 주님의 기억에서 사라진 자와 같으며, 주님의 손에서 끊어진 자와도 같습니다. 6 주님께서는 나를 구덩이의 밑바닥, 칠흑같이 어두운 곳에 던져버리셨습니다. 7 주님은 주님의 진노로 나를 짓눌렀으며, 주님의 파도로 나를 압도하셨습니다. (셀라)

8 주님께서는 나의 가까운 친구들마저 내게서 멀리 떠나가게 하시고, 나를 그들 보기에 역겨운 것이 되게 하시니, 나는 갇혀서, 빠져나갈 수 없는 몸이 되었습니다. 9 고통으로 나는 눈마저 흐려졌습니다. 주님, 내가 온종일 주님께 부르짖으며, 주님을 바라보면서, 두 손을 들고 기도하였습니다.

10 주님은 죽은 사람에게 기적을 베푸시렵니까? 혼백이 일어

절박한 상황에 처해 있음을 호소하지만, 그의 기도에서 참회의 가닥은 보이지 않습니다. 그는 이유 없이 주님으로부터 공격당하고 있는 건가요? 하나님의 진노에 대한 언급을 볼 때(16절), 현재의 괴로움이 자신의 잘못에 대한 하나님의 심판이라 여기고 있음을 짐작할 수 있습니다. 그럼에도 시편 기자는 자신의 고통스러운 상황을 죄의 결과이니 당연하다 여기지 않으며, 오히려 하나님께서 봐주시길 간절히 기도합니다. 죄를 가벼이 여기겠다는 뜻이 아니라, 인간의 한계를 인정하면서 하나님에 대한 신뢰를 포기하지 않은 것이라 볼 수 있습니다. 뜻밖에도 시편에는 죄를 인정하고 고백하는 기도가 그리 많지 않습니다. 하나님을 신뢰한다는 것은 늘 자신의 죄를 돌아보는 것이라기보다는, 무수한 곤경과 괴로움, 고초 속에서도 낙심하지 않고 끝까지 하나님을 찾고 구하는 것입니다.

나서 주님을 찬양하겠습니까? (셀라) 11 무덤에서 주님의 사랑을, 죽은 자의 세계에서 주님의 성실하심을 이야기할 수 있겠습니까? 12 흑암 속에서 주님의 기적을, 망각의 땅에서 주님의 정의를 경험할 수 있겠습니까?

13 주님, 내가 주님께 부르짖고, 첫새벽에 주님께 기도드립니다. 14 주님, 어찌하여 주님은 나를 버리시고, 주님의 얼굴을 감추십니까? 15 나는 어려서부터 고통을 겪었고, 지금까지 죽음의 문턱에서 살아온 몸이기에, 주님께로부터 오는 그 형벌이 무서워서, 내 기력이 다 쇠잔해지고 말았습니다. 16 주님의 진노가 나를 삼켰으며, 주님의 무서운 공격이 나를 파멸시켰습니다. 17 무서움이 날마다 홍수처럼 나를 에워쌌으며, 사방에서 나를 둘러쌌습니다. 18 주님께서 내 사랑하는 사람들과 이웃을 내게서 떼어놓으셨으니, 오직 어둠만이 나의 친구입니다.

{ 제89편 }

주님께서 다윗에게 하신 맹세

[에스라 사람 에단의 마스길]

1 내가 영원히 주님의 사랑을 노래하렵니다. 대대로 이어가면서, 내 입으로 주님의 신실하심을 전하렵니다. 2 참으로 내가 말하겠습니다. "주님의 사랑은 영원토록 굳게 서 있을 것이요, 주님께서는 주님의 신실하심을 하늘에 견고하게 세워두실 것입니다."

3 (주님께서도 말씀하십니다.) "나는, 내가 선택한 사람과 언약을 맺으며, 내 종 다윗에게 맹세하기를 4 '내가 네 자손을 영원히 견고히 세우며, 네 왕위를 대대로 이어지게 하겠다' 고 하였다." (셀라)

5 주님, 하늘은 주님이 행하신 기적을 찬양하게 하여주십시오. 거룩한 회중은 주님의 신실하심을 찬양하게 하여주십시오. 6 저 구름 위의 하늘에서 주님과 견줄 만한 이가 누가 있으며, 신들 가운데서도 주님과 같은 이가 누가 있습니까? 7 하나

주님이 다윗에게 주는 약속은 특별해 보입니다. 그것은 다윗에게만 주어진 특혜였나요? 89편은 크게 1~37절과 38~52절, 이렇게 두 부분으로 나뉩니다. 37절까지는 다윗을 선택하고 영원한 왕위를 약속하신 것에 대한 찬양이고, 38절부터는 하나님께서 다윗 왕가를 버리신 현실로 인한 탄식입니다. 37절까지는 다윗을 선택하신 하나님이 온 우주와 세상의 하나님이심을 노래합니다. 다윗에 대한 약속이 다윗의 후손으로 이어진다는 점에서도, 다윗과의 언약은 다윗으로 대표되는 하나님 백성과의 언약을 상징한다는 것을 알 수 있습니다. 시편의 다윗이 '가난한 자의 표상'이었듯이, 89편의 다윗과 다윗 왕가 역시 하나님 백성을 가리킨다고 볼 수 있습니다.

님은 하늘에 있는 무리 모임에서 심히 엄위하시며, 주님을 모시는 자들이 모두 심히 두려워하는 분이십니다.

8 주 만군의 하나님, 누가 주님 같은 용사이겠습니까? 오, 주님! 주님의 신실하심이 주님을 둘러싸고 있습니다. 9 주님은 소용돌이치는 바다를 다스리시며, 뛰노는 파도도 진정시키십니다. 10 주님은 라합을 격파하여 죽이시고, 주님의 원수들을 주님의 강한 팔로 흩으셨습니다. 11 하늘은 주님의 것, 땅도 주님의 것, 세계와 그 안에 가득한 모든 것이 모두 주님께서 기초를 놓으신 것입니다. 12 자폰산과 아마누스산을 주님이 창조하셨으니, 다볼산과 헤르몬산이 주님의 이름을 크게 찬양합니다. 13 주님의 팔에 능력이 있으며 주님의 손에는 힘이 있으며, 주님의 오른손은 높이 들렸습니다. 14 정의와 공정이 주님의 보좌를 받들고, 사랑과 신실이 주님을 시중들며 앞장서 갑니다.

15 축제의 함성을 외칠 줄 아는 백성은 복이 있습니다. 주님, 그들은 주님의 빛나는 얼굴에서 나오는 은총으로 살아갈 것입니다. 16 그들은 온종일 주님의 이름을 크게 외치며, 주님의 의로우심을 기뻐할 것입니다. 17 주님께서는 그들의 영광스러운

정의와 공정, 사랑과 신실 같은 추상적인 개념들을 의인화해 표현합니다(14절). 그것은 중요한 개념인가요? 정의와 공정이 하나님의 보좌를 받든다는 것은 왕이신 하나님께서 온 세상을 다스리실 때 그 다스림의 기초가 정의와 공정임을 뜻합니다. 왕이 행차할 때 신하들이 시립해 앞장서듯이, 왕이신 하나님께서 행하실 때 언제나 사랑과 신실로 행하십니다. 정의와 공정, 사랑과 신실은 구약성경 곳곳에서 하나님의 다스리심의 핵심으로 언급됩니다(예, 시 85:10; 97:2; 렘 9:24). 하나님이 온 세상의 왕이시라는 것은 단순히 하나님이 최고라는 뜻이 아니라, 그분께서 다스리는 세상이 정의와 공정, 사랑과 신실의 세상임을 증언합니다. 그래서 하나님을 우리 왕으로 고백한다는 것은 사랑과 정의의 세상을 추구하고 따르겠다는 선언이기도 합니다.

힘이십니다. 주님의 사랑 덕분에 우리는 승리의 뿔을 높이 쳐들게 됩니다. 18 주님, 참으로 주님은 우리의 방패이십니다. 이스라엘의 거룩하신 하나님, 참으로 주님은 우리의 왕이십니다. 19 오래전에 주님께서는 환상 가운데 나타나시어, 주님의 성도에게 말씀하셨습니다. "내가 용사들 위에 한 젊은 용사를 세우고 백성들 위에 내가 선택한 용사를 높이 세웠다. 20 나는 내 종 다윗을 찾아서, 내 거룩한 기름을 부어주었다. 21 내 손이 그를 붙들어주고, 내 팔이 그를 강하게 할 것이다. 22 원수들이 그를 이겨내지 못하며, 악한 무리가 그를 괴롭히지 못할 것이다. 23 내가 오히려 그의 대적들을 그의 앞에서 격파하고, 그를 미워하는 자들을 쳐부수겠다. 24 나는 그를 사랑하고, 내 약속을 성실하게 지킬 것이며, 내가 그에게 승리를 안겨주겠다. 25 그의 손은 바다를 치며 그의 오른손은 강을 정복하게 하겠다. 26 그는 나를 일컬어 '주님은 나의 아버지, 나의 하나님, 내 구원의 반석입니다' 하고 말할 것이다. 27 나도 그를 맏아들로 삼아서, 세상의 왕들 가운데서 가장 높은 왕으로 삼겠다. 28 그에게 내 신의를 영원토록 지키며, 그와 맺은 나의 언약을 성실히 지키겠다. 29 그의 자손을 길이길이 이어주며, 그

시편 기자는 주님이 환상 가운데 나타나 다윗을 지키겠다고 성도에게 약속해준 것을 구구절절 복기합니다. 그 의도는 무엇인가요? 본문 19–37절은 구약성경 사무엘기하 7장을 시로 표현한 것이라 볼 수 있습니다. 다윗의 나라가 영원한 것은 그 나라의 국력이나 경제력 때문이 아닙니다. 사무엘기하 7장에서 하나님을 위해 성전을 짓겠다는 다윗의 청을 거절하신 하나님께서는 사람이 만든 건물이 하나님을 담기에는 불충분하다고 이르십니다. 이를 볼 때, 다윗이 하나님께 정성을 다하고 무수한 예물을 드려서 하나님의 영원한 언약을 받은 것도 아님을 알 수 있습니다. 성경은 다윗의 영원함이 오직 하나님의 선택과 은혜, 사랑에서 비롯된 것임을 분명히 합니다.

의 왕위를 하늘이 다할 때까지 지켜주겠다.

30 그러나 그의 자손이 내 법을 내버리고 내 규례를 따라서 살지 않고, 31 내 율례를 깨뜨리고 내 계명을 지키지 않으면, 32 나는 그 죄를 물어 채찍으로 치고 그 죄악을 물어 매질할 것이다. 33 그러나 그에게 약속한 나의 진실함은 변하지 않을 것이며 34 나는 내 언약을 깨뜨리지 않으며, 내 입으로 말한 것은 결코 번복하지 않는다.

35 내가 나의 거룩함을 두고 한번 맹세하였는데, 어찌 다윗을 속이겠느냐? 36 그 자손이 영원토록 이어지고, 그 왕위는 내 앞에서 태양처럼 있을 것이니, 37 저 달처럼, 구름 속에 있는 진실한 증인처럼, 영원토록 견고하게 서 있을 것이다." (셀라)

38 그러나 주님은, 주님께서 기름을 부어서 세우신 왕에게 노하셨습니다. 그를 물리치시고 내버리셨습니다. 39 주님은 주님의 종과 맺으신 언약을 파기하시고, 그의 왕관을 땅에 내던져 욕되게 하셨습니다. 40 주님께서 모든 성벽을 허무시고, 요새를 폐허로 만드셨습니다. 41 길로 지나가는 사람마다 그를 약탈하고, 그는 이웃들에게 수칫거리가 되었습니다. 42 대적들의 오른손을 치켜올려 주셔서, 원수들만 기뻐서 날뛰게 하

시편 기자의 말대로라면 주님은 맹세도 깨고 약속도 지키지 않는 분인가요? 다윗의 영원한 나라는 하나님의 은혜에서 비롯되었으니, 다윗과 그의 후손, 그의 나라는 힘을 기르는 데 치중할 일이 아니라 하나님께서 명하신 법과 규례, 율례, 계명을 지키는 데 힘써야 합니다. 아무렇게나 제멋대로 살고, 하나님께서 주신 힘으로 못된 짓을 하고, 그 나라의 백성을 고통스럽게 만드는데도, 하나님께서 한 번 약속하셨으니 그 나라는 영원해야 한다고 할 수는 없습니다. 만약 그렇다면 온갖 불의와 폭력이 하나님의 이름으로 정당화될 것입니다. 30-32절을 볼 때, 다윗의 나라가 황폐해지고 망한 것은 그들의 불순종과 죄악 때문임을 알 수 있습니다.

셨습니다. 43 또 그의 칼날을 무디게 하셨으며, 전쟁터에서 그를 돕지 않으셨습니다. 44 그의 영광을 끝나게 하시고, 그의 왕위를 땅바닥에 내던지셨습니다. 45 주님은 또한 그의 젊은 날을 줄이시고, 그를 수치로 덮으셨습니다. (셀라)

46 주님, 언제까지입니까? 영영 숨어 계시려합니까? 언제까지 주님의 진노를 불처럼 태우려고 하십니까? 47 내 인생이 얼마나 짧은지 기억해주십시오. 주님께서 모든 인생을 얼마나 허무하게 창조하여주셨는지를 기억해주십시오. 48 산 사람치고 어느 누가 죽지 않고 살 수 있겠습니까? 어느 누가 제 목숨을 스올의 손아귀에서 건져낼 수 있겠습니까? (셀라)

49 주님, 주님의 신실하심을 두고, 다윗과 더불어 맹세하신 그 첫사랑은 지금 어디에 있습니까? 50 주님, 주님의 종들이 받은 치욕을 기억하여주십시오. 뭇 민족이 안겨준 치욕이 내 가슴속에 사무칩니다. 51 주님, 주님의 원수들은 주님이 기름 부어 세우신 왕을 깔보며 가는 곳마다 모욕합니다.

52 주님, 영원토록 찬송을 받으십시오. 아멘, 아멘.

'아멘, 아멘'(52절)은 왜 두 번이나 쓰고 있으며, 그 뜻은 무엇인가요? 5권으로 편집된 시편집에서 각 권의 마지막에 놓인 시의 끝부분에는 '여호와께 대한 찬송'과 '두 번 아멘'이 옵니다. 3권 마지막인 89편은 52절에 그와 같은 내용이 있습니다. '아멘'은 '참으로'라는 뜻을 가진 단어인데, 하나님의 말씀과 같은 말씀에 동의를 표현할 때 사용됩니다. 두 번 겹쳐 써서 "참으로 그러합니다"라는 동의를 강조합니다. 3권 마지막 89편은 37절까지 다윗을 선택하신 하나님을 찬양했고, 38절부터는 깨어진 다윗 언약으로 인해 탄식하고 하나님께 호소하며 부르짖습니다. 하나님께서 그 백성을 돌아보지 않으시면 이들은 살 길이 없을 것이기에 하나님의 사랑과 신실하심을 간구합니다. 52절로 마무리된 3권은 하나님을 향한 질문으로 끝맺었고, 이제 90편부터 전개될 시편집 4권은 3권에서 제기된 부르짖음과 질문에 대한 대답을 제시할 것이라 기대할 수 있습니다.

제4권

{ 제90편 }

하나님은 영원하시다

[하나님의 사람 모세의 기도]

1 주님은 대대로 우리의 거처이셨습니다. 2 산들이 생기기 전에, 땅과 세계가 생기기 전에, 영원부터 영원까지, 주님은 하나님이십니다.

3 주님께서는 사람을 티끌로 돌아가게 하시고 "죽을 인생들아, 돌아가거라" 하고 말씀하십니다. 4 주님 앞에서는 천년도 지나간 어제와 같고, 밤의 한순간과도 같습니다.

5 주님께서 생명을 거두어가시면, 인생은 한순간의 꿈일 뿐, 아침에 돋아난 한 포기 풀과 같이 사라져갑니다. 6 풀은 아침에는 돋아나서 꽃을 피우다가도, 저녁에는 시들어서 말라버립니다.

7 주님께서 노하시면 우리는 사라지고, 주님께서 노하시면 우리는 소스라치게 놀랍니다. 8 주님께서 우리 죄를 주님 앞에 들추

'하나님의 사람'이라는 특별한 수식이 붙은 '모세'는 어떤 인물이었나요? 이스라엘을 이스라엘로 가능하게 만든 중요한 사건은 출애굽입니다. 이집트에서 종살이하던 노예들을 택하신 하나님의 뜻을 따라 강력한 이집트로부터 이스라엘을 이끌어내 새로운 땅에서 살아가도록 한 이가 모세입니다. 그래서 모세는 오직 하나님을 힘입어 순종하고 행동하는 사람을 대표합니다. 3권 마지막인 89편은 하나님께서 진노하셔서 다윗의 나라를 버리셨다며 신음하고 탄식하는 기도를 담았습니다. 89편의 이 탄식이 90편 곳곳에도 있습니다(90:7-9, 11, 13). 그러면서 90편은 첫머리에 모세의 이름을 언급합니다. 모세를 통해 시작된 출애굽처럼, 망하고 흩어지고 다른 나라에 포로로 끌려간 이스라엘을 하나님께서 다시 회복시키시는 새로운 출애굽이 일어나길 구하는 기도를 90편이 담고 있습니다. 그리고 하나님께서 친히 왕으로 다스리시는 나라에 대한 기대와 갈망 또한 담겨 있습니다.

어 내놓으시니, 우리의 숨은 죄가 주님 앞에 환히 드러납니다.

9 주님께서 노하시면, 우리의 일생은 사그라지고, 우리의 한 평생은 한숨처럼 스러지고 맙니다. 10 우리의 연수가 칠십이요 강건하면 팔십이라도, 그 연수의 자랑은 수고와 슬픔뿐이요, 빠르게 지나가니, 마치 날아가는 것 같습니다.

11 주님의 분노의 위력을 누가 알 수 있겠으며, 주님의 진노의 위세를 누가 알 수 있겠습니까? 12 우리에게 우리의 날을 세는 법을 가르쳐주셔서 지혜의 마음을 얻게 해주십시오.

13 주님, 돌아와 주십시오. 언제까지입니까? 주님의 종들을 불쌍히 여겨주십시오. 14 아침에는 주님의 사랑으로 우리를 채워주시고, 평생토록 우리가 기뻐하고 즐거워하게 해주십시오. 15 우리를 괴롭게 하신 날 수만큼, 우리가 재난을 당한 햇수만큼, 우리에게 즐거움을 주십시오. 16 주님의 종들에게 주님께서 하신 일을 드러내주시고, 그 자손에게는 주님의 영광을 나타내주십시오. 17 주 우리 하나님, 우리에게 은총을 베푸셔서, 우리의 손으로 하는 일이 견실하게 하여주십시오. 우리의 손으로 하는 일이 견실하게 하여주십시오.

성경 시대 사람들의 수명도 70-80세였나요? 성경에는 수백 살 넘게 살았다는 사람들도 많았던 것 같은데요. 구약성경에서 수백 년을 살았던 것은 노아 홍수 이전이었고, 홍수 이후 인간의 수명은 100세 근처로 확연히 줄어듭니다. 그리고 왕정기로 오면 남왕국과 북왕국 왕들의 수명에서 보듯, 대부분의 사람들이 오늘날보다 더 짧은 세월을 살게 됩니다. 90편은 강건해야 80년을 사는 인생을 언급하면서 살아 있는 사람의 일생이 얼마나 짧고 덧없는지를 이야기합니다. 영원하신 하나님께서 이 짧은 인생에게 분노하시면 그야말로 인생은 설 수가 없고, 그 짧은 인생이 단번에 지나가 버릴 것입니다. 70-80년의 수명은 인간의 한계와 연약함을 상징합니다. 하나님께서 불쌍히 여기지 않으시면 그 세월은 곤고함과 슬픔으로 가득할 것입니다.

{ 제91편 }

주님은 나의 피난처

1 가장 높으신 분의 보호를 받으면서 사는 너는, 전능하신 분의 그늘 아래 머무를 것이다. 2 나는 주님께 "주님은 나의 피난처, 나의 요새, 내가 의지할 하나님"이라고 말하겠다. 3 정녕, 주님은 너를, 사냥꾼의 덫에서 빼내주시고, 죽을병에서 너를 건져주실 것이다. 4 주님이 그의 깃으로 너를 덮어주시고 너도 그의 날개 아래로 피할 것이니, 주님의 진실하심이 너를 지켜주는 방패와 갑옷이 될 것이다. 5 그러므로 너는 밤에 찾아드는 공포를 두려워하지 않고, 낮에 날아드는 화살을 무서워하지 않을 것이다. 6 흑암을 틈타서 퍼지는 염병과 백주에 덮치는 재앙도 두려워하지 말아라.

7 네 왼쪽에서 천 명이 넘어지고, 네 오른쪽에서 만 명이 쓰러

이렇게만 신의 가호가 함께한다면 얼마나 좋을까요? 하나님을 믿으면 누구에게나 보장된 일인가요? 91편을 들여다보면 하나님을 믿는 사람이 사냥꾼의 덫에 빠지고 죽을병에 걸리기도 하며(3절), 밤에 찾아드는 공포와 낮에 날아드는 화살도 있다(5절)는 것을 알 수 있습니다. 날아드는 화살이 없어 행복한 것이 아니라, 화살이 날아드는데도 두렵지 않다는 것이 이 시의 내용입니다. 덫에 빠지는 일이 아예 없게 하시는 것이 아니라, 덫에 빠졌을 때 빼내주신다고 하나님께서는 약속하십니다. 그래서 하나님을 믿는 이가 어려움도 겪고, 함정에 빠지기도 하고, 심지어 죽을병에 걸리기도 합니다. 그렇지만 하나님께서 함께하고 보호하신다는 약속으로 인해, 어려움을 극복할 수 있습니다. 때로 공포가 밀어닥쳐도 안전한 길을 선택하는 것이 아니라, 옳다 하는 길을 꿋꿋이 걸어갈 수 있기도 합니다. 아무 위험도 없는 안전한 삶이 하나님의 보호라면, 그 사람은 어떤 재앙도 이겨낼 수 없는 약한 존재가 되고 말 것입니다. 그러나 하나님의 도우심을 굳게 신뢰할 때 그 어떤 어려움도 그를 넘어뜨리지 못할 것입니다.

져도, 네게는 재앙이 가까이 오지 못할 것이다. 8 오직 너는 너의 눈으로 자세히 볼 것이니, 악인들이 보응을 받는 것을 보게 될 것이다.

9 네가 주님을 네 피난처로 삼았으니, 가장 높으신 분을 너의 거처로 삼았으니, 10 네게는 어떤 불행도 찾아오지 않을 것이다. 네 장막에는, 어떤 재앙도 가까이하지 못할 것이다.

11 그가 천사들에게 명하셔서 네가 가는 길마다 너를 지키게 하실 것이니, 12 너의 발이 돌부리에 부딪히지 않게 천사들이 그들의 손으로 너를 붙들어줄 것이다. 13 네가 사자와 독사를 짓밟고 다니며, 사자 새끼와 살모사를 짓이기고 다닐 것이다.

14 (하나님께서 말씀하신다.) "그가 나를 간절히 사랑하니, 내가 그를 건져주겠다. 그가 나의 이름을 알고 있으니, 내가 그를 높여주겠다. 15 그가 나를 부를 때에, 내가 응답하고, 그가 고난을 받을 때에, 내가 그와 함께 있겠다. 내가 그를 건져주고, 그를 영화롭게 하겠다. 16 내가 그를 만족할 만큼 오래 살도록 하고 내 구원을 그에게 보여주겠다."

"그가 나의 이름을 알고 있으니"(14절). 하나님에게도 이름이 있나요? 물론 하나님께서 알려주신 이름이 있는데, 그 이름은 '여호와' 혹은 '야훼'라는 이름입니다. 그렇지만 "이름을 안다"는 것이 단순히 그 이름 몇 글자를 안다는 의미는 아닙니다. 우리가 단순히 누구의 이름을 안다 하여 그 사람을 안다고 할 수 없는 것과 마찬가지겠지요. 하나님의 이름을 안다는 것은 그분이 어떤 분인지를 아는 것, 그분이 그 백성을 어떻게 사랑하시는지를 아는 것, 온 세상에 별별 강하고 힘센 세력이 있어도 주 하나님이야말로 온 땅의 왕이심을 아는 것, 그 하나님께서 우리로 하여금 하나님을 본받아 사랑과 정의로 이 땅에서 살아가게 하셨다는 사실을 아는 것입니다. 신약성경을 통해 우리에게 알려진 예수 그리스도라는 이름도 마찬가지입니다. 그 이름 몇 글자를 아는 것이 그분을 아는 것이 아니라, 그 이름에 담긴 그분의 성품과 뜻, 행하심을 아는 것이 예수 그리스도를 아는 것입니다.

{ 제92편 }

주님께 찬양하여라

[안식일에 부르는 찬송시]

1 가장 높으신 하나님, 주님께 감사를 드리며, 주님 이름을 노래하는 것이 좋습니다. 2 아침에 주님의 사랑을 알리며, 밤마다 주님의 성실하심을 알리는 일이 좋습니다. 3 열 줄 현악기와 거문고를 타며 수금 가락에 맞추어서 노래하는 것이 좋습니다. 4 주님, 주님께서 하신 일을 생각하면 기쁩니다. 손수 이루신 업적을 기억하면서, 환성을 올립니다.

5 주님, 주님께서 하신 일이 어찌 이렇게도 큽니까? 주님의 생각이 어찌 이다지도 깊습니까? 6 우둔한 자가 이것을 알지 못하고, 미련한 자가 이것을 깨닫지 못합니다. 7 악인들이 풀처럼 돋아나고, 사악한 자들이 꽃처럼 피어나더라도, 그들은 영원히 멸망하고 말 것입니다. 8 그러나 주님은 영원히 높임을 받으실 것입니다. 9 주님, 주님의 저 원수들, 주님의 저 원수들

안식일은 어떤 날인가요? 일요일을 말하는 것인가요? 고대 이스라엘의 안식일은 요즘의 달력으로 치면 토요일 저녁부터 다음 날 저녁까지입니다. '안식일'이라는 말은 '멈춤, 그침'이라는 히브리어를 옮긴 것입니다. 하나님께서는 엿새 동안 세상을 만드시고 이레째 되는 날 하던 일을 '멈추고' 쉬셨습니다. 그래서 하나님께서는 그 백성 역시 일주일에 하루를 쉬게 하셨는데, 당사자만 쉬는 것이 아니라 그의 집에 있는 가족과 그 집안의 종, 심지어 가축까지도 쉬게 하셨습니다. "하나님이 쉬셨으니 너희도 쉬어라"(출 20:8-11)는 말씀은 '쉼'을 '하나님을 닮는 것'으로 격상시킵니다. 92편은 그렇게 쉼을 누리는 안식일에 부르는 찬송으로 전해져온 시편입니다. 하나님께서 주신 쉼을 누리면서 고대 이스라엘은 하나님의 사랑과 성실하심을 노래했습니다.

은 기필코 멸망하고 말 것입니다. 사악한 자들은 모두 흩어지고 말 것입니다.

10 그러나 주님은 나를 들소처럼 강하게 만드시고 신선한 기름을 부어 새롭게 하셨습니다. 11 나를 엿보던 자들이 멸망하는 것을 내가 눈으로 똑똑히 보며, 나를 거슬러서 일어서는 자들이 넘어지는 소리를 이 귀로 똑똑히 들었습니다.

12 의인은 종려나무처럼 우거지고, 레바논의 백향목처럼 높이 치솟을 것이다. 13 주님의 집에 뿌리를 내렸으니, 우리 하나님의 뜰에서 크게 번성할 것이다. 14 늙어서도 여전히 열매를 맺으며, 진액이 넘치고, 항상 푸르를 것이다. 15 그리하여 주님의 올곧으심을 나타낼 것이다. 주님은 나의 반석이시요, 그에게는 불의가 없으시다.

11절까지는 존댓말인데, 그 이후는 평어체입니다. 이런 형식의 차이는 무엇을 뜻하나요? 10절까지 하나님은 2인칭('당신', 그러나 새번역 성경은 이 부분을 모두 '주님'으로 옮김)으로 불리지만, 13절과 15절에서는 3인칭으로 불립니다. 하나님을 2인칭으로 부르는 부분은 예배하는 이가 하나님께 직접 고백하며 드리는 찬양 혹은 기도라고 볼 수 있다면, 하나님이 3인칭으로 언급되는 부분은 예배자가 다른 사람들을 향해 고백하거나 선포하는 내용이라 볼 수 있습니다. 92편의 경우 새번역 성경(과 가톨릭 성경)은 11절을 존댓말로 옮겼지만, 또 다른 한글 번역판인 개역개정 성경에서는 평어체로 옮겼습니다. 하나님께서 행하신 일로 인해 하나님을 소리 높여 찬양하던 예배자는 이제 회중 혹은 자기 자신을 향해 하나님 앞에서 살아가는 사람의 풍성함을 고백하고 노래합니다.

{ 제93편 }

주님은 왕이시다

1 주님이 다스리신다. 위엄을 갖추시고 능력의 허리띠를 띠시며 다스리신다. 그러므로 세계도 굳건히 서서, 흔들리지 아니한다. 2 주님, 주님의 왕위는 예로부터 견고히 서 있었으며, 주님은 영원 전부터 계십니다.

3 주님, 강물이 소리를 지릅니다. 강물이 그 소리를 더욱 높이 지릅니다. 강물이 미친 듯이 날뛰며 소리를 높이 지릅니다. 4 큰 물소리보다 더 크시고 미친 듯이 날뛰는 물결보다 더 엄위하신 주님, 높이 계신 주님은 더욱 엄위하십니다.

5 주님의 증거는 견고하게 서 있으며, 주님의 집은 영원히 거룩함으로 단장하고 있습니다.

여기 등장하는 '강물'이 예사롭지 않아 보입니다. 어떤 속뜻이 있나요? 그리스-로마 신화에서 바다를 관장하는 신이 따로 있듯이, 고대 중동 지방에서도 바다와 강을 관장하는 신이 있습니다. 특히 구약성경에서 바다는 하나님을 대적하는 혼돈의 세력으로 자주 그려집니다. 시편에서 '물소리' 혹은 '많은 물소리', '바다'가 언급될 때는 하나님이 그 물을 부수고 그의 뜻을 행하시는 분으로 표현되곤 합니다(예, 시 29:3; 74:13-15; 또한 사 51:10). 93편은 하나님을 대적하는 그 모든 세력의 거센 움직임보다 하나님께서 더 강하시고 위엄 있다 선포합니다. 무엇보다도 이 시의 첫머리는 "주님이 다스리신다"고 선포합니다. 달리 말해 주님이야말로 왕이시라는 선포입니다. 4권의 시작인 90편에 하나님의 다스리심에 대한 기도를 담았고, 이제 93편은 하나님의 왕 되심을 담대하게 증언하고 선포합니다. 4권에 있는 시들은 대개 이와 같은 외침을 포함한다는 공통점을 지닙니다.

{ 제94편 }

주님은 악한 자를 벌하신다

1 주님, 주님은 복수하시는 하나님이십니다. 복수하시는 하나님, 빛으로 나타나십시오. 2 세상을 심판하시는 주님, 일어나십시오. 오만한 자들이 받아야 할 마땅한 벌을 내리십시오. 3 주님, 악한 자들이 언제까지, 악한 자들이 언제까지 승전가를 부르게 하시겠습니까?

4 사악한 자들이 거만하게 말하며 그들이 모두 다 거드름을 피웁니다. 5 주님, 그들이 주님의 백성을 짓밟으며, 주님의 택하신 민족을 괴롭힙니다. 6 그들은 과부와 나그네를 죽이고, 고아들을 살해하며, 7 "주가 못 본다. 야곱의 하나님은 생각지도 못한다" 하고 말합니다.

8 백성 가운데서 미련한 자들아, 생각해보아라. 어리석은 자들아, 너희는 언제나 슬기로워지겠느냐? 9 귀를 지어주신 분이 들을 수 없겠느냐? 눈을 빚으신 분이 볼 수 없겠느냐? 10 뭇

하나님은 사랑으로 유명한 분 아닌가요? '복수하시는 하나님'(1절)이라는 표현이 낯설게 느껴집니다. 여기서 말하는 하나님의 복수는 5-6절에서 보듯 과부와 나그네, 고아처럼 달리 아무 곳도 기댈 데가 없는 이들을 짓밟는 자들에 대한 심판을 의미합니다. 그래서 이와 같은 정의로운 심판은 사랑과 반대되는 개념이 아닙니다. 의지할 곳 없는 이들에 대한 하나님의 사랑은 그들을 억압하는 악한 권력과 힘을 심판하시는 것으로 표현되기 때문입니다. 곰곰이 생각해보면, '복수하시는 하나님'이 낯설다기보다는 '가난한 자의 편에 서시는 하나님'이 낯선 것입니다. 이 점을 생각하지 않으면, 자칫 우리는 하나님을 '우리 편의 하나님', 즉 하나님께서 택한 백성이면 무조건 건지고 구원하시는 하나님으로 여기기 쉽습니다.

나라를 꾸짖으시는 분이 벌할 수 없겠느냐? 뭇 사람을 지식으로 가르치는 분에게 지식이 없겠느냐? 11 주님께서는, 사람의 속생각이 허무함을 아신다.

12 주님, 주님께서 꾸짖으시고 주님의 법으로 친히 가르치시는 사람은 복이 많은 사람입니다. 13 이런 사람에게는 재난의 날에 벗어나게 하시고 악인들을 묻을 무덤을 팔 때까지 평안을 주실 것입니다. 14 주님께서는 주님의 백성을 외면하지 않으시며, 주님이 소유하신 백성을 버리지 않으실 것입니다. 15 판결은 반드시 정의를 따를 것이니, 마음이 정직한 사람이 모두 정의를 따를 것입니다.

16 누가 나를 위하여 일어나서 악인을 치며, 누가 나를 위하여 일어나서 행악자들을 대항할까? 17 주님께서 나를 돕지 아니하셨다면, 내 목숨은 벌써 적막한 곳으로 가버렸을 것이다.

18 주님, 내가 미끄러진다고 생각할 때에는, 주님의 사랑이 나를 붙듭니다. 19 내 마음이 번거로울 때에는, 주님의 위로가 나를 달래줍니다.

20 악한 재판장이 주님과 사귈 수 있습니까? 율례를 빌미로

"율례를 빌미로 재난을 만드는"(20절) 것은 무엇을 말하나요? 하나님의 법을 내세워서 사람에게 재앙을 가져오는 짓을 가리킵니다. '악한 재판장'이라는 표현은 그렇게 법을 이용해 악을 행하는 일이 누구나 할 수 있는 것이 아니라 사회에서 꽤 힘 있고 높은 자리에 있는 사람이 하는 짓임을 알려줍니다. 권위주의 정권 시절, 법을 앞세워서 민주주의를 외친 사람을 감옥에 가둔 법정이나 혹은 부당하게 억눌린 노동자들의 인간다운 삶에 대한 요구를 역시 법을 내세워 탄압했던 사례를 생각해볼 수 있습니다. 오늘날에는 성경의 율법을 근거로 여성의 역할을 제한하고 나와 다른 사람을 차별하는 모습에서 이 구절이 가리키는 내용을 볼 수 있습니다. 법이 틀린 것이라기보다, 법을 제멋대로, 자신에게 유리한 대로 악용하는 사람이 문제이며, 대개 그런 사람은 그럴 수 있는 힘과 부를 지닌 경우가 많습니다.

재난을 만드는 자가 주님과 어울릴 수 있습니까? 21 그들은 모여서 의인의 생명을 노리며, 무죄한 사람에게 죄를 씌워 처형하려 합니다.

22 주님은 나의 요새, 나의 하나님은 내가 피할 반석이시다.

23 그들의 죄를 그들에게 물으시며, 그 악함을 벌하셔서, 그들을 없애버리실 것이다. 주 우리 하나님께서 그들을 없애버리실 것이다.

{ 제95편 }

주님께 예배하고 복종하여라

1 오너라, 우리가 주님께 즐거이 노래하자. 우리를 구원하시는 반석을 보고, 소리 높여 외치자. 2 찬송을 부르며 그의 앞으로 나아가서, 노래 가락에 맞추어, 그분께 즐겁게 소리 높

므리바와 맛사(95:8)에서는 무슨 일이 있었던 건가요? 이스라엘이 이집트를 탈출해 광야 길을 걸을 때, 마실 물이 없었던 적이 있습니다(출 17:1-7). 그때 백성들은 물이 없다고 모세를 원망하면서, "왜 우리를 이집트에서 끌어내어 이렇게 광야에서 목말라 죽게 하느냐"며 다투었습니다. 그러나 하나님께서는 모세를 시켜 반석에서 물이 나게 하셨습니다. 이스라엘이 광야에서 하나님을 원망하며 덤벼들었다 해서 '다툼'이라는 뜻의 므리바라는 이름이, 하나님을 시험했다는 의미에서 '시험'이라는 뜻의 맛사라는 이름이 생겼습니다. 이 두 이름은 같은 장소를 가리킵니다. 95편에서 맛사와 므리바는 왕이신 하나님을 따라 나선 자유의 길에서 겪는 어려움으로 인해 하나님의 능력을 못 미더워하며 이리저리 재보는 모습을 가리킵니다. 왕이신 하나님을 신뢰하는 이는 그분의 구원을 경험하고 노래하겠지만, 의심하며 시험하는 이들은 그 안식을 누리지 못할 것입니다.

여 외치자. 3 주님은 크신 하나님이시요, 모든 신들 위에 뛰어나신 왕이시다. 4 땅의 깊은 곳도 그 손 안에 있고, 산의 높은 꼭대기도 그의 것이다. 5 바다도 그의 것이며, 그가 지으신 것이다. 마른 땅도 그가 손으로 빚으신 것이다.

6 오너라, 우리가 엎드려 경배하자. 우리를 지으신 주님 앞에 무릎을 꿇자. 7 그는 우리의 하나님이시요, 우리는 그가 기르시는 백성이며, 그가 손수 이끄시는 양 떼다.

오늘, 너희는 그의 음성을 들어보아라. 8 "므리바에서처럼, 맛사 광야에 있을 때처럼, 너희의 마음을 완고하게 하지 말아라. 9 너희의 조상들은 그때에, 내가 한 일을 보고서도, 나를 시험하고 또 시험하였다. 10 사십 년을 지나면서, 나는 그 세대를 보고 싫증이 나서 '그들은 마음이 빗나간 백성이요, 나의 길을 깨닫지 못하는 자들이구나' 하였고, 11 내가 화가 나서 '그들은 나의 안식에 들어오지 못할 것이다' 하고 맹세까지 하였다."

{ 제96편 }

새 노래로 주님께 노래하여라

1 새 노래로 주님께 노래하여라. 온 땅아, 주님께 노래하여라.
2 주님께 노래하며, 그 이름에 영광을 돌려라. 그의 구원을 날마다 전하여라. 3 그의 영광을 만국에 알리고 그가 일으키신 기적을 만민에게 알려라.

4 주님은 위대하시니, 그지없이 찬양받으실 분이시다. 어떤 신들보다 더 두려워해야 할 분이시다. 5 만방의 모든 백성이 만든 신은 헛된 우상이지만, 주님은 하늘을 지으신 분이시다. 6 주님 앞에는 위엄과 영광이 있고, 주님의 성소에는 권능과 아름다움이 있다.

7 만방의 민족들아, 주님을 찬양하여라. 주님의 영광과 권능을 찬양하여라. 8 주님의 이름에 어울리는 영광을 주님께 돌려라. 예물을 들고, 성전 뜰로 들어가거라. 9 거룩한 옷을 입고, 주님께 경배하여라. 온 땅아, 그 앞에서 떨어라.

'새 노래'(1절)라는 말에 특별한 뜻이 담겨 있나요? 여기서 '새 노래'는 무엇보다도 온 땅의 왕이신 하나님에 대한 찬양입니다. 여기에 굳이 '새롭다'는 표현을 사용해서, 평소 잘 들어보지 못했던 이색적이고 특이한 곡조나 악기, 선율로도 하나님을 찬양할 수 있음을 말합니다. 하나님을 찬양할 때 정말 중요한 분, 정말 두려워할 대상은 오직 보이지 않는 하나님 한 분임을 깨닫게 됩니다. 눈에 보이는 사람이나 세력, 재물로 인해 위축되고 두려움이 생기지만, 하나님을 찬양할 때 눈앞에 있는 것은 그저 사람이며 물건에 불과함을 깨닫게 됩니다. 그래서 하나님 찬양은 하나님께 아첨하라는 것이 아니라, 정말 높이고 두려워할 분이 누구인지를 분명히 하는 것입니다. 하나님을 찬양하는 이들은 사람을 두려워하지 않으며, 세상의 부당하고 불의한 권력과 재물에도 굴복하지 않습니다.

10 모든 나라에 이르기를 "주님께서 다스리시니, 세계는 굳게 서서, 흔들리지 않는다. 주님이 만민을 공정하게 판결하신다" 하여라. 11 하늘은 즐거워하고, 땅은 기뻐 외치며, 바다와 거기에 가득 찬 것들도 다 크게 외쳐라. 12 들과 거기에 있는 모든 것도 다 기뻐하며 뛰어라. 그러면 숲속의 나무들도 모두 즐거이 노래할 것이다. 13 주님이 오실 것이니, 주님께서 땅을 심판하러 오실 것이니, 주님은 정의로 세상을 심판하시며, 그의 진실하심으로 뭇 백성을 다스리실 것이다.

사람과 민족뿐만 아니라 하늘, 땅, 들, 그리고 나무까지 자연을 향해 찬양에 함께하라고 말합니다. 이 격한 찬양의 주제는 무엇인가요? 주 하나님이야말로 온 땅의 왕이요, 주관자라는 점이 온 세상 모든 것들로 하나님을 찬양하라는 초대의 주제입니다. 시편집 4권에 있는 시들은 일관되게 '온 땅의 참된 왕이신 하나님'을 노래하고 선포합니다. 비록 그분의 백성 이스라엘이 어려움 가운데 있고, 심지어 나라가 망해 남의 땅에 포로로 끌려가 있는 신세라 할지라도, 4권과 그 안에 있는 96편 같은 시는 주 하나님의 왕 되심을 크게 선포하고 노래합니다. 그리고 반드시 하나님께서 오셔서 온 땅을 정의로 심판하실 것이라 선언합니다(13절). 이렇게 하나님의 왕 되심과 정의의 심판을 믿을 때, 힘겨운 현실에서도 마음과 몸을 올바르게 지키며 살 수 있습니다. 그럴 때 사람만이 아니라 하늘과 땅, 바다, 세상 모든 생명이 하나님을 찬양하는 것을 느낄 수 있을 것입니다.

{ 제97편 }

하나님이 정의를 실현하신다

1 주님께서 다스리시니, 온 땅아, 뛸 듯이 기뻐하여라. 많은 섬들아, 즐거워하여라. 2 구름과 흑암이 그를 둘러쌌다. 정의와 공평이 그 왕좌의 기초다. 3 불이 그 앞에서 나와서 에워싼 대적을 불사른다. 4 그의 번개가 세상을 번쩍번쩍 비추면, 땅이 보고서 두려워 떤다. 5 산들은 주님 앞에서, 온 땅의 주님 앞에서, 초처럼 녹아버린다.

6 하늘은 그의 의로우심을 선포하고, 만백성은 그의 영광을 본다.

7 조각된 신상을 섬기는 자는 누구나 수치를 당할 것이며, 헛된 우상을 자랑하는 자들도 부끄러움을 당할 것이다. 모든 신들아, 주님 앞에 엎드려라.

8 주님, 주님이 공의로우심을 시온이 듣고 즐거워하며, 유다

'유다의 딸들'(8절)은 누구를 이르는 말인가요? 도시나 나라, 민족의 이름과 나란히 '딸(들)'이 쓰일 때는 그 도시의 여성을 가리키는 경우도 있지만(예, 사 3:16-17), 대개 그 도시의 주민을 가리키곤 합니다(예, 왕하 19:21; 미 1:13). 여기서 '유다의 딸들'은 유다의 주민을 가리키며, 앞부분에 있는 시온과 대응됩니다. 97편 역시 시편집 4권에 속한 시들의 핵심적인 특징인 "주님께서 다스리신다", 즉 하나님의 다스리심이라는 주제를 담고 있습니다. 특히 2절은 하나님의 다스리심을 '정의와 공평의 통치'로 표현합니다. 하나님께서 이렇게 다스리시니 온 세상이 기뻐합니다. 시온과 유다의 딸들도 기뻐 노래하는데, 이들을 두고 '주님을 사랑하는 사람', '성도', '의인', '마음이 정직한 사람'이라 표현합니다(10-11절). '유다의 딸들'은 그저 특정 지역에 살거나 특정 민족이면 전부인 것이 아니라, 주님을 사랑하는 의롭고 정직한 사람을 가리킨다는 것을 알 수 있습니다.

의 딸들이 기뻐 외칩니다. 9 주님, 주님은 온 땅을 다스리는 가장 높으신 분이시고, 어느 신들보다 더 높으신 분이십니다. 10 주님을 사랑하는 사람들아, 너희는 악을 미워하여라. 주님은 그의 성도를 지켜주시며, 악인들의 손에서 건져주신다. 11 빛은 의인에게 비치며, 마음이 정직한 사람에게는 즐거움이 샘처럼 솟을 것이다. 12 의인들아, 주님을 기뻐하여라. 주님의 거룩하신 이름에 감사를 드려라.

{ 제98편 }

주님께서 기적을 일으키신다

[노래]

1 새 노래로 주님께 찬송하여라. 주님은 기적을 일으키는 분이시다. 그 오른손과 그 거룩하신 팔로 구원을 베푸셨다. 2 주님께서 베푸신 구원을 알려주시고, 주님께서 의로우심을 뭇 나라가 보는 앞에서 드러내어 보이셨다. 3 이스라엘 가문에 베푸

주님이 일으키신 기적은 무엇인가요? '기적'은 달리 '기이한 일'로도 옮길 수 있습니다. 대개 초자연적인 어떤 일을 두고 '기적'이라고 부르지만, 성경에서 '기적' 혹은 '이적' 같은 표현은 '상식과 고정관념을 뛰어넘는 일'을 가리키기도 하고, '하나님의 뜻이 드러난 사건'을 가리키기도 합니다. 98편 역시 4권에 속한 시답게 하나님께서 온 땅을 다스리며 심판하신다고 선언합니다(9절). 그러한 하나님의 심판은 정의와 공정을 따라 이루어집니다. 오직 하나님을 의지했던 이스라엘을 하나님께서는 뭇 나라들이 보는 앞에서 건지시며, 그들에게 인자와 성실을 베푸십니다. 이와 같은 시편에 등장하는 이스라엘은 나라가 망하고 이방 땅에 포로로 끌려가기도

신 인자하심과 성실하심을 기억해주셨기에, 땅끝에 있는 모든 사람까지도 우리 하나님의 구원하심을 볼 수 있었다.

4 온 땅아, 소리 높여 즐거이 주님을 찬양하여라. 함성을 터뜨리며, 즐거운 노래로 찬양하여라. 5 수금을 뜯으며, 주님을 찬양하여라. 수금과 아우르는 악기들을 타면서, 찬양하여라. 6 왕이신 주님 앞에서 나팔과 뿔나팔 소리로 환호하여라.

7 바다와 거기에 가득 찬 것들과 세계와 거기에 살고 있는 것들도 뇌성 치듯 큰 소리로 환호하여라. 8 강들도 손뼉을 치고, 산들도 함께 큰 소리로 환호성을 올려라. 9 주님께서 오신다. 그가 땅을 심판하러 오시니, 주님 앞에 환호성을 올려라. 그가 정의로 세상을 심판하시며, 뭇 백성을 공정하게 다스리실 것이다.

했던, 흩어지고 약해진 공동체입니다. 누구라도 업신여기고 짓밟을 수 있는 상태인데, 놀랍게도 하나님께서는 이렇게 약해진 이스라엘을 강한 나라 앞에서 건지고 구원하십니다. 그것이 하나님의 정의입니다. 하나님께서 행하신 기적은 약한 나라를 구원하시는 것, 크고 강하고 힘센 나라가 아니라 이렇게 약한 백성을 온 땅의 하나님께서 건지심으로 그분의 정의를 드러내시는 것을 가리킵니다.

{ 제99편 }

우리의 주님은 왕이시다

1 주님께서 다스리시니, 뭇 백성아, 떨어라. 주님께서 그룹 위에 앉으시니, 온 땅아, 흔들려라. 2 시온에 계시는 주님은 위대하시다. 만백성 위에 우뚝 솟은 분이시다. 3 만백성아, 그 크고 두려운 주님의 이름을 찬양하여라. 주님은 거룩하시다!

4 주님의 능력은 정의를 사랑하심에 있습니다. 주님께서 공평의 기초를 놓으시고, 야곱에게 공의와 정의를 행하셨습니다.

5 우리의 주 하나님을 찬양하여라. 그분의 발등상 아래 엎드려

절하라. 주님은 거룩하시다!

6 그의 제사장 가운데는 모세와 아론이 있으며, 그 이름을 부르는 사람 가운데는 사무엘이 있으니, 그들이 주님께 부르짖을 때마다, 그분은 응답하여주셨다. 7 주님께서 구름기둥 속에서 그들에게 말씀하시니, 그들이 그분에게서 받은 계명과 율례를 모두 지켰다.

8 주 우리 하나님, 주님께서 그들에게 응답해주셨습니다. 그들이 한 대로 갚기는 하셨지만, 주님은 또한, 그들을 용서해주신 하나님이십니다. 9 주 우리 하나님을 높이 찬양하여라. 그 거룩한 산에서 그분을 경배하여라. 주 우리 하나님은 거룩하시다.

주 하나님에 대한 찬양이 계속되고 있습니다. 왜 이렇게 열심히 하나님을 찬양하는 건가요? 99편 역시 4권에 속한 시로, "주님께서 다스리신다"는 외침으로 시작합니다. 3권 마지막인 89편에서 볼 수 있는, 고통과 괴로움 속에 흩어진 백성의 부르짖음에 대한 대답은 또 다른 멋지고 대단한 임금을 세워서 크고 강한 나라를 만드는 것이 아니라 "우리의 하나님께서 온 땅을 다스리신다"입니다. 99편에 등장하는 모세와 사무엘 모두 왕정이 아니라 오직 하나님을 왕으로 모시며 살던 이스라엘을 상징하는 인물입니다. 비록 부강한 나라는 더 이상 그들에게 없지만, 그들에게는 하나님께서 주신 계명과 율례가 있기에 이제 이스라엘은 그 하나님을 높이고 찬양할 것입니다.

{ 제100편 }

주님은 하나님이시다
[감사드리며 부르는 노래]

1 온 땅아, 주님께 환호성을 올려라. 2 기쁨으로 주님을 섬기고, 환호성을 올리면서, 그 앞으로 나아가거라.

3 너희는 주님이 하나님이심을 알아라. 그가 우리를 지으셨으니, 우리는 그의 것이요, 그의 백성이요, 그가 기르시는 양이다.

4 감사의 노래를 드리며, 그 성문으로 들어가거라. 찬양의 노래를 부르며, 그 뜰 안으로 들어가거라. 감사의 노래를 드리며, 그 이름을 찬양하여라.

5 주님은 선하시며, 그의 인자하심 영원하다. 그의 성실하심 대대에 미친다.

{ 제101편 }

왕과 그의 약속

[다윗의 노래]

1 주님, 주님의 사랑과 정의를 노래하렵니다. 주님께 노래로 찬양드리렵니다. 2 흠 없는 길을 배워 깨달으렵니다. 언제 나에게로 오시렵니까?

나는 내 집에서 흠이 없는 마음으로 살렵니다. 3 불의한 일은 눈앞에 얼씬도 못하게 하렵니다.

거스르는 행위를 미워하고, 그런 일에는 집착하지 않겠습니다. 4 구부러진 생각을 멀리하고, 악한 일에는 함께하지 않겠습니다. 5 숨어서 이웃을 헐뜯는 자는, 침묵하게 만들고, 눈이 높고 마음이 오만한 자는, 그대로 두지 않으렵니다.

6 나는 이 땅에서 믿음직한 사람을 눈여겨보았다가, 내 곁에 있게 하고, 흠이 없이 사는 사람을 찾아서 나를 받들게 하렵니다.

저자는 꽤 멋진 결심들을 말합니다. 그 가운데 던진 "언제 나에게로 오시렵니까?"(2절)라는 질문은 무슨 의미인가요? 이 시는 왕이 하나님 앞에서 완전하게 살기 위해 힘쓰면서 하나님의 도우심과 구원을 노래하는 시편 18편과 매우 비슷합니다. 아마도 101편은 나라가 큰 위기에 처했을 때, 온 백성을 대표해 임금이 하나님의 성전에 서서 자신에게 부여된 의무를 충실하게 수행하겠다고 다짐하면서 "언제 나에게 오시렵니까?", 즉 하나님께서 속히 그들을 건져주시기를 구하는 기도로 볼 수 있습니다. 원래는 임금을 주인공으로 해서 불렸던 것이지만, 더 이상 왕정이 아니라 하나님의 왕 되심을 선포하는 4권에 놓았습니다. 결국 이 시는 하나님께서 베푸실 사랑과 정의를 기다리면서, 지금 우리가 할 수 있는 올바른 걸음, 완전한 삶을 살아가겠노라 다짐하는 의미로 이해할 수 있습니다.

7 속이는 자는 나의 집에서 살지 못하게 하며, 거짓말하는 자는 내 앞에 서지 못하게 하렵니다.

8 이 땅의 모든 악인들에게 아침마다 입을 다물게 하고, 사악한 자들을 모두 주님의 성에서 끊어버리겠습니다.

{ 제102편 }

환난 때의 기도

[가련한 사람이 고난을 받을 때에, 자신의 고민을 주님께 토로하는 기도]

1 주님, 내 기도를 들어주시고, 내 부르짖음이 주님께 이르게 해주십시오. 2 내가 고난을 받을 때에, 주님의 얼굴을 숨기지 마십시오. 내게 주님의 귀를 기울여주십시오. 내가 부르짖을 때에, 속히 응답하여주십시오.

3 아, 내 날은 연기처럼 사라지고, 내 뼈는 화로처럼 달아올랐습니다. 4 음식을 먹는 것조차 잊을 정도로, 내 마음은 풀처럼 시들어서, 말라버렸습니다. 5 신음하다 지쳐서, 나는 뼈와 살이 달라붙었습니다. 6 나는 광야의 올빼미와도 같고, 폐허 더미에 사는 부엉이와도 같이 되었습니다. 7 내가 누워서, 잠을 이루지 못하는 것이, 마치, 지붕 위의 외로운 새 한 마리와도 같습니다. 8 원수들이 종일 나를 모욕하고, 나를 비웃는 자들이 내 이름을 불러 저주합니다.

기독교 신앙을 가진 이들은 이 시편에서 무엇을 배워야 하나요? 102편은 첫머리 부제에서 보듯, "가련한 사람이 고난을 받을 때에, 자신의 고민을 주님께 토로하는 기도"입니다. 우리 삶이 괴롭고 힘겨우며 하루하루를 버티는 것이 버거워질 때, 102편을 읽으면서 주 예수님께 기도하면 좋겠습니다. 특히 이 시는 개인의 괴로움과 고통에 대한 호소와 더불어 하나님께서 시온을 긍휼히 여겨주시기를 구하는 기도 또한 담고 있습니다(13–22절). 나의 문제는 내가 속한 공동체 전체의 문제와 결부되어 있습니다. 나와 내 가족만 행복하다고 될 일이 아니라, 우리와 함께 살아가는 이웃의 삶도 좋아져야 합니다. 그래서 이 기도는 나 자신의 괴로움에만 잠겨 있을 것이 아니라, 그럴 때일수록 우리 이웃과 나라 전체를 생각하며 기도하도록 이끕니다.

9 나는 재를 밥처럼 먹고, 눈물 섞인 물을 마셨습니다. 10 주님께서 저주와 진노로 나를 들어서 던지시니, 11 내 사는 날이 기울어지는 그림자 같으며, 말라가는 풀과 같습니다.

12 그러나 주님, 주님은 영원히 보좌에서 다스리시며, 주님의 이름은 대대로 찬양을 받을 것입니다. 13 주님, 일어나셔서 시온을 긍휼히 여겨주십시오. 때가 왔습니다. 시온에 은혜를 베푸실 때가 왔습니다. 14 주님의 종들은 시온의 돌들만 보아도 즐겁습니다. 그 티끌에도 정을 느낍니다.

15 뭇 나라가 주님의 이름을 두려워하고, 이 땅의 왕들이 주님의 영광을 두려워할 것입니다. 16 주님께서 시온을 다시 세우시고, 그 영광 가운데 나타나실 것이기 때문입니다. 17 헐벗은 사람의 기도를 들으시며, 그들의 기도를 업신여기지 않을 것입니다.

18 다음 세대가 읽도록 주님께서 하신 일을 기록하여라. 아직 창조되지 않은 백성이, 그것을 읽고 주님을 찬양하도록 하여

'기울어지는 그림자'와 '말라가는 풀'(11절)에 비유할 만큼 자신의 처지가 쇠락해가는데도, 시편 기자는 주님의 이름과 하신 일을 찬양합니다. 이렇게 하는 의도는 어떻게 이해해야 하나요? 시인은 자신의 상태를 무척 생생하게 표현합니다. 연기처럼 사라지는 날, 화로처럼 달아오른 뼈, 풀처럼 시들어 마른 마음, 광야의 올빼미, 폐허 더미의 부엉이, 지붕 위의 외로운 새 한 마리, 재와 같은 밥, 눈물 섞인 물. 이 모든 비유는 시편 기자의 고통이 참으로 깊고 심각했음을 보여줍니다. 그렇기에 그는 오직 하나님을 부르고, 그분께서 하신 일을 기억하며 노래합니다. 이 정도로 어려우면 세상을 원망하고 자신의 불운을 탓하며 움츠러들 텐데, 시편 기자는 도리어 하나님을 노래하고 선포합니다. 오직 그의 도움은 하나님밖에 없기에 이같이 노래하는 것이면서, 그렇기에 그 어떤 어려움도 이 시편 기자를 침묵하게 할 수는 없다는 것도 알게 됩니다. 시편의 노래는 가난한 자로 침묵하지 않게 하며, 불행을 탓하며 위축되지 않게 합니다. 참으로 하나님은 가난한 자의 하나님, 그들의 소리를 들으시는 하나님이십니다.

라. 19 주님께서 성소 높은 곳에서 굽어보시고, 하늘에서 땅을 살펴보셨다. 20 갇힌 사람들의 신음 소리를 들으시고, 죽게 된 사람들을 풀어놓아 주셨다. 21 시온에서 주님의 이름이 널리 퍼지고, 예루살렘에서 주님께 드리는 찬양이 울려 퍼질 때에, 22 뭇 백성이 다 모이고, 뭇 나라가 함께 주님을 섬길 것이다. 23 나는 아직 한창 때인데 기력이 쇠하여지다니, 주님께서 나의 목숨 거두시려나? 24 나는 아뢰었다. "나의 하나님, 중년에 나를 데려가지 마십시오. 주님의 햇수는 대대로 무궁합니다." 25 그 옛날 주님께서는 땅의 기초를 놓으시며, 하늘을 손수 지으셨습니다. 26 하늘과 땅은 모두 사라지더라도, 주님만은 그대로 계십니다. 그것들은 모두 옷처럼 낡겠지만, 주님은 옷을 갈아입듯이 그것들을 바꾸실 것이니, 그것들은 다만, 지나가 버리는 것일 뿐입니다. 27 주님은 언제나 한결같습니다. 주님의 햇수에는 끝이 없습니다. 28 주님의 종들의 자녀는 평안하게 살 것이며, 그 자손도 주님 앞에 굳건하게 서 있을 것입니다.

25절에서도 그렇듯, 시편 기자들은 여러 시편에서 거듭 하나님의 창조 작업을 복기합니다. 그 이유는 무엇인가요? 하나님께서 하늘과 땅을 지으셨으니, 언제든 그 하늘과 땅이 사라지더라도 하나님께서는 다시 그것을 창조하실 것입니다. 지금 시편 기자가 처한 현실은 마치 하늘이 사라지고, 딛고 설 땅이 없어진 것 같은 현실입니다. 그렇다 할지라도 창조주 하나님께서는 그가 살아갈 세상을 만드실 것입니다. 시편집 4권에 속한 시로 102편 역시 12절에 하나님께서 영원토록 보좌에 앉으셨음을, 즉 온 땅을 다스리는 분이심을 증언합니다. 하나님의 창조를 증언하는 25절 역시 온 땅의 왕이요, 홀로 한 분이신 하나님을 증언합니다.

{ 제103편 }

주님의 놀라운 사랑

[다윗의 노래]

1 내 영혼아, 주님을 찬송하여라. 마음을 다하여 그 거룩하신 이름을 찬송하여라. 2 내 영혼아, 주님을 찬송하여라. 주님이 베푸신 모든 은혜를 잊지 말아라. 3 주님은 너의 모든 죄를 용서해주시는 분, 모든 병을 고쳐주시는 분, 4 생명을 파멸에서 속량해주시는 분, 사랑과 자비로 단장하여주시는 분, 5 평생을 좋은 것으로 흡족히 채워주시는 분, 네 젊음을 독수리처럼 늘 새롭게 해주시는 분이시다.

6 주님은 공의를 세우시며 억눌린 모든 사람의 권리를 변호하신다. 7 모세에게 주님의 뜻을 알려주셨고, 이스라엘 자손에게 주님의 행적들을 알려주셨다. 8 주님은 자비롭고, 은혜로우시며, 노하기를 더디 하시며, 사랑이 그지없으시다. 9 두고두고

이 시편은 "내 영혼아, 주님을 찬송하여라"로 시작해 같은 문구로 끝납니다. 영혼이 찬송한다는 것은 어떤 의미인가요? 구약성경에서 '내 영혼'이라는 표현은 언제나 자기 자신을 마치 3인칭처럼 대상화해 부를 때 쓰입니다. 스스로 자기의 이름을 부르는 것은 어색하니 이처럼 '내 영혼아'라고 부릅니다. 구약 시대에는 사람을 영혼과 육체, 이렇게 둘로 갈라서 생각하지 않았습니다. '영혼'이라고 번역된 히브리어는 다른 곳에서는 '목숨', '생명' 혹은 '입맛'을 뜻하기도 합니다. 사람을 영혼과 육체로 나누어 생각하다 보면, 자칫 '영혼'에 관한 것은 소중하고 '육체'에 대한 것은 열등하다 여기기 쉽습니다. 그러나 사람은 그 전부로 사람입니다. 사람을 사랑한다는 것은 배고프고 아프고 속상해하는 그 전부를 사랑하는 것입니다. "내 영혼아, 주님을 찬송하라"는 표현은 내 모든 존재를 다해 주님을 찬송하겠다는 선포이자 다짐입니다.

꾸짖지 않으시며, 노를 끝없이 품지 않으신다. 10 우리 죄를, 지은 그대로 갚지 않으시고 우리 잘못을, 저지른 그대로 갚지 않으신다. 11 하늘이 땅에서 높음같이, 주님을 두려워하는 사람에게는, 그 사랑도 크시다. 12 동이 서에서부터 먼 것처럼, 우리의 반역을 우리에게서 멀리 치우시며, 13 부모가 자식을 가엾게 여기듯이, 주님께서는 주님을 두려워하는 사람을 가엾게 여기신다. 14 주님께서는 우리가 어떻게 창조되었음을 알고 계시기 때문이며, 우리가 한갓 티끌임을 알고 계시기 때문이다.

15 인생은, 그날이 풀과 같고, 피고 지는 들꽃 같아, 16 바람 한번 지나가면 곧 시들어, 그 있던 자리마저 알 수 없는 것이다. 17 그러나 주님을 경외하는 사람에게는 주님의 사랑이 영원에서 영원까지 이르고, 주님의 의로우심은 자손 대대에 이를 것이니, 18 곧 주님의 언약을 지키고 주님의 법도를 기억하여 따르는 사람에게 이를 것이다.

19 주님은 그 보좌를 하늘에 든든히 세우시고, 그의 나라는 만

주님을 "경외한다"는 것이 무엇인지 궁금합니다. "경외한다"는 것은 "두려워한다"를 의미합니다. 누군가를 두려워한다는 것은 부정적인 의미도 있지만, 누군가의 존재를 인식하면서 조심스러운 태도를 취한다는 의미입니다. 주님을 경외하는 것, 주님을 두려워하는 것은 주님을 인식하며 그분에게 합당한 존중과 합당한 태도를 취하는 것입니다. 주님이야말로 온 땅을 다스리는 분이십니다. 4권에 속한 103편 역시 주님의 보좌, 주님께서 만유를 다스리심을 말합니다(19절). 주님의 다스리심은 언제나 억눌린 사람을 변호하시고(6절) 티끌처럼 약한 이들을 가엾게 여기시는 것(13-14절)과 연결됩니다. 그렇기에 주를 경외하는 이들은 사람 가운데 힘 있다 하여 상대를 휘두르려는 자를 두려워하지 않으며, 힘없고 가난한 자에게 함부로 하지 않습니다. 그리고 우리 삶이 보잘것없더라도 체념하거나 포기하지 않습니다. 이처럼 주님을 경외하는 것은 어떤 종교적인 감정이나 느낌이 아니라, 다른 사람을 대하는 태도, 그리고 나 자신을 함부로 다루지 않는 태도를 통해 드러납니다.

유를 통치하신다. 20 주님의 모든 천사들아, 주님의 말씀을 듣고 따르는, 힘찬 용사들아, 주님을 찬양하여라. 21 주님의 모든 군대들아, 그의 뜻을 이루는 종들아, 주님을 찬양하여라. 22 주님께 지음 받은 사람들아, 주님께서 통치하시는 모든 곳에서 주님을 찬송하여라. 내 영혼아, 주님을 찬송하여라.

{ 제104편 }

주님이 피조물을 돌보신다

1 내 영혼아, 주님을 찬송하여라. 주, 나의 하나님, 주님은 더 없이 위대하십니다. 권위와 위엄을 갖추셨습니다. 2 주님은 빛을 옷처럼 걸치시는 분, 하늘을 천막처럼 펼치신 분, 3 물 위에 누각의 들보를 놓으신 분, 구름으로 병거를 삼으시며, 바람 날개를 타고 다니시는 분, 4 바람을 심부름꾼으로 삼으신 분, 번 갯불을 시종으로 삼으신 분이십니다.

5 주님께서는 땅의 기초를 든든히 놓으셔서, 땅이 영원히 흔들리지 않게 하셨습니다. 6 옷으로 몸을 감싸듯, 깊은 물로 땅을 덮으시더니, 물이 높이 솟아서 산들을 덮었습니다. 7 그러나 주님께서 한번 꾸짖으시니 물이 도망치고, 주님의 천둥소리에 물이 서둘러서 물러갑니다. 8 물은 산을 넘고, 골짜기를 타고 내려가서, 주님께서 정하여주신 그 자리로 흘러갑니다. 9 주님은 경계를 정하여놓고 물이 거기를 넘지 못하게 하시며, 물이

특별히 물에 대한 표현(5~9절)이 인상적입니다. 신비감마저 느껴지는 이 물은 무엇을 일컫는 것인가요? 93편에서도 다루었지만, 고대 사람들은 바다가 어떤 힘을 가진 존재라고 여겼습니다. 구약성경에서도 바다는 하나님께 맞서는 존재로 등장하기도 합니다. 정말 그렇다는 것이 아니라, 고대 사람들의 시각과 인식이 그러했다는 말입니다. 104편은 하나님께서 그 힘 있고 대단한 바다를 제자리에 있게 하셨다고 노래합니다. 특이하게도 구약성경은 하나님께서 힘을 가진 물을 없애버리거나 세상을 뒤덮는 어둠을 제거하시는 것이 아니라, 제자리를 지키게 하신다고 고백합니다. 제자리에 있을 때, 물은 세상에 생명이 이어지게 하고, 어둠은 쉼과 안식을 누리게 합니다. 그래서 주 하나님께서는 그 지으신 모든 것이 제자리에서 제 역할을 하게 하십니다.

되돌아와서 땅을 덮지 못하게 하십니다.

10 주님은, 골짜기마다 샘물이 솟아나게 하시어, 산과 산 사이로 흐르게 하시니, 11 들짐승이 모두 마시고, 목마른 들나귀들이 갈증을 풉니다. 12 하늘의 새들도 샘 곁에 깃들며, 우거진 나뭇잎 사이에서 지저귑니다. 13 누각 높은 곳에서 산에 물을 대주시니, 이 땅은 주님께서 내신 열매로 만족합니다.

14 주님은, 들짐승들이 뜯을 풀이 자라게 하시고, 사람들이 밭갈이로 채소를 얻게 하시고, 땅에서 먹거리를 얻게 하셨습니다. 15 사람의 마음을 즐겁게 하는 포도주를 주시고, 얼굴에 윤기가 나게 하는 기름을 주시고, 사람의 힘을 북돋아주는 먹거리도 주셨습니다.

16 주님께서 심으신 나무들과 레바논의 백향목들이 물을 양껏 마시니, 17 새들이 거기에 깃들고, 황새도 그 꼭대기에 집을 짓습니다. 18 높은 산은 산양이 사는 곳이며, 바위틈은 오소리의 피난처입니다.

사람을 비롯해 모든 자연이 하나님으로 인해 잘 살아가고 있음을 노래합니다. 마치 태평성대를 보는 듯합니다. 시편 기자가 말하려 하는 것은 무엇인가요? 시편 기자는 하늘을 보고 땅을 보며, 바다를 보고 산과 골짜기를 보며, 그 곳곳에서 하나님의 손길과 행하심을 발견하며 노래합니다. 때로 우리도 하늘의 구름을 보며 마치 살아있는 것처럼 느끼기도 하고, 가을날 지나치는 꽃들이 우릴 보고 인사하는 듯한 느낌을 받을 때가 있지 않습니까? 시편 기자는 온 세상을 바라보며 하나님께서 이 모든 세상을 그 자체로 아름답고 풍성하게 지으셨음을 깨닫고 노래합니다. 믿음의 눈으로 세상을 바라볼 때 시편 기자는 하나님을 찬양합니다. 그저 과학적이고 합리적인 눈으로 바라보기만 할 것이 아니라, 꽃과 짐승과 하늘을 보며 하나님의 손길을 발견하도록 이 시는 우리를 초대합니다. 분주히 걸어가는 것이 아니라 멈춰 서서 하늘도 보고 바다도 보며 노래하는 삶으로 초대합니다. 무엇인가를 이루어서가 아니라, 이렇게 노래하며 기뻐할 때 우리 삶은 충만해집니다.

19 때를 가늠하도록 달을 지으시고, 해에게는 그 지는 때를 알려주셨습니다. 20 주님께서 어둠을 드리우시니, 밤이 됩니다. 숲속의 모든 짐승은 이때부터 움직입니다. 21 젊은 사자들은 먹이를 찾으려고 으르렁거리며, 하나님께 먹이를 달라고 울부짖다가, 22 해가 뜨면 물러가서 굴에 눕고, 23 사람들은 일을 하러 나와서, 해가 저물도록 일합니다.

24 주님, 주님께서 손수 만드신 것이 어찌 이리도 많습니까? 이 모든 것을 주님께서 지혜로 만드셨으니, 땅에는 주님이 지으신 것으로 가득합니다. 25 저 크고 넓은 바다에는, 크고 작은 고기들이 헤아릴 수 없이 우글거립니다. 26 물 위로는 배들도 오가며, 주님이 지으신 리워야단도 그 속에서 놉니다.

27 이 모든 피조물이 주님만 바라보며, 때를 따라서 먹이 주시기를 기다립니다. 28 주님께서 그들에게 먹이를 주시면, 그들은 받아먹고, 주님께서 손을 펴 먹을 것을 주시면 그들은 만족해합니다. 29 그러나 주님께서 얼굴을 숨기시면 그들은 떨면서 두려워하고, 주님께서 호흡을 거두어들이시면 그들은 죽어서 본래의 흙으로 돌아갑니다. 30 주님께서 주님의 영을 불어

리워야단(26절)은 무엇인가요? 고대 이스라엘은 리워야단이라는 어떤 커다란 바다 생명체가 존재한다고 여겼습니다. 뱀이나 악어를 보고 그렇게 불렀을 수도 있고, 상상 속의 거대한 바다 생명체를 그렇게 불렀을 수도 있습니다. 상상의 동물이라는 점에서 리워야단은 용으로 이해할 수도 있고, 현실의 동물로는 커다란 뱀이나 악어로 이해할 수 있습니다. 이 시편에 쓰인 리워야단은 악어 같은 것으로 여겨집니다. 우리 선조들이 청룡이나 주작, 현무와 같은 상상의 동물이 존재한다 여겼던 것처럼, 고대 이스라엘 역시 그런 상상의 동물을 생각했습니다. 이 시는 그런 동물의 존재를 주장하는 데 관심이 있는 것이 아니라, 그 모든 크고 대단한 생명체들이 모두 주님의 위대하심과 주인 되심을 증언한다고 말합니다.

넣으시면, 그들이 다시 창조됩니다. 주님께서는 땅의 모습을 다시 새롭게 하십니다.

31 주님의 영광은 영원하여라. 주님은 친히 행하신 일로 기뻐하신다. 32 주님이 굽어보기만 하셔도 땅은 떨고, 주님이 산에 닿기만 하셔도 산이 연기를 뿜는다.

33 내가 살아 있는 동안, 나는 주님을 노래할 것이다. 숨을 거두는 그때까지 나의 하나님께 노래할 것이다. 34 내 묵상을 주님이 기꺼이 받아주시면 좋으련만! 그러면 나는 주님의 품 안에서 즐겁기만 할 것이다. 35 죄인들아, 이 땅에서 사라져라. 악인들아, 너희도 영원히 사라져라.

내 영혼아, 주님을 찬송하여라. 할렐루야.

{ 제105편 }

주님을 신뢰하여라(대상 16:8-22)

1 너희는 주님께 감사하면서, 그의 이름을 불러라. 그가 하신 일을 만민에게 알려라. 2 그에게 노래하면서, 그를 찬양하면서, 그가 이루신 놀라운 일들을 전하여라. 3 그의 거룩하신 이름을 찬양하여라. 주님을 찾는 이들은 기뻐하여라. 4 주님을 찾고, 그의 능력을 힘써 사모하고, 언제나 그의 얼굴을 찾아 예배하여라. 5 주님께서 이루신 놀라운 일을 기억하여라. 그 이적을 기억하고, 내리신 판단을 생각하여라. 6 그의 종, 아브라함의 자손아, 그가 택하신 야곱의 자손아!

7 그가 바로 주 우리의 하나님이시다. 그가 온 세상을 다스리신다. 8 그는, 맺으신 언약을 영원히 기억하신다. 그가 허락하신 약속이 자손 수천 대에 이루어지도록 기억하신다. 9 그것은 곧 아브라함과 맺으신 언약이요, 이삭에게 하신 맹세요, 10 야

여기서 '너희'는 '아브라함의 자손', '야곱의 자손'으로 보입니다(6절). 아브라함과 야곱은 어떤 인물이며, 왜 그들의 자손임을 강조하나요? 하나님께서 모든 인류를 지으셨지만, 그 가운데 아브라함을 택하셔서 그분의 백성으로 삼는 언약을 맺으셨습니다. 아브라함의 아들이 이삭이고, 이삭의 아들은 야곱이며, 야곱의 또 다른 이름이 이스라엘입니다. 결국 아브라함과 이삭, 야곱에 대한 언급은 하나님께서 온 이스라엘과 맺으신 언약이 언제부터 비롯되었는지를 알려줍니다. 아마도 이러한 시는 이스라엘이라는 나라가 멸망해 더 이상 존재하지 않던 시대에 생겨났을 것입니다. 비록 임금과 나라는 없지만, 하나님의 구원과 은혜는 사라지지 않습니다. 왜냐하면 그분의 언약은 나라라고는 전혀 없고 그 수도 적었던 아브라함 시대에 이미 맺으신 것이기 때문입니다. 그래서 믿음의 조상들에 대한 언급은 그 백성을 향한 하나님의 은혜의 견고함을 강조합니다.

곱에게 세워주신 율례요, 이스라엘에게 지켜주실 영원한 언약이다. 11 "내가 이 가나안 땅을 너희에게 줄 것이다. 이것은 너희가 대대로 물려줄 기업이다" 하고 말씀하셨다.

12 그때에 너희의 수효가 극히 적었고, 그 땅에서 나그네로 있었으며, 13 이 민족에게서 저 민족에게로, 이 나라에서 다른 나라 백성에게로, 떠돌아다녔다. 14 그러나 주님께서는, 아무도 너희를 억누르지 못하게 하셨고, 너희를 두고 왕들에게 경고하시기를, 15 "내가 기름 부어 세운 사람에게 손을 대지 말며, 나의 예언자들을 해치지 말아라" 하셨다.

16 그 뒤에 주님께서 그 땅에 기근을 불러들이시고, 온갖 먹거리를 끊어버리셨다. 17 그런데 주님은 그들보다 앞서 한 사람을 보내셨으니, 그는 종으로 팔린 요셉이다. 18 사람들은 그 발에 차꼬를 채우고, 그 목에는 쇠칼을 씌웠다. 19 마침내 그의 예언은 이루어졌다. 주님의 말씀은 그의 진실을 증명해주었다. 20 왕은 사람을 보내어 그를 석방하였다. 뭇 백성의 통치

맺으신 언약, 하신 맹세, 세워주신 율례(8-10절)…. 이것들은 무엇을 말하나요? 8-10절의 처음과 끝을 '언약'으로 맺고 있어서 언약을 이런저런 말로 달리 표현한 것이라 볼 수 있습니다. '언약'은 쉽게 말해 '약속'입니다. 두 당사자가 약속한다는 것은 서로가 서로에게 지켜야 할 것이 있다는 의미이며, 서로를 대등하게 세웁니다. 하나님과 사람은 서로 대등한 상대가 아니며 일방적으로 사람이 하나님으로 말미암아 만들어진 존재이지만, 그럼에도 하나님께서는 아브라함으로 대표되는 사람과 언약을 맺으셨습니다. 그래서 하나님께서 사람과 맺으신 언약은 사람에 대한 하나님의 크고 놀라운 사랑을 의미하며, 그 사랑이 영원토록 변치 않을 것을 의미합니다. 나아가 사람을 마치 하나님과 대등한 존재처럼 약속을 맺으셨다는 점에서, 언약 사건은 사람의 존귀함도 보여줍니다. 특히 아브라함과 그 자손처럼 땅도 지니지 못한 이주민 나그네와 이러한 언약을 맺으셨다는 점에서, 떠돌이 나그네로 대표되는 사람을 향한 하나님의 은혜를 드러냅니다.

자가 그를 자유의 몸이 되게 하였고, 21 그를 세워서 나라의 살림을 보살피는 재상으로 삼아서, 자기의 모든 소유를 주관하게 하며, 22 그의 뜻대로 모든 신하를 다스리게 하며, 원로들에게 지혜를 가르치게 하였다.

23 그때에 이스라엘이 이집트로 내려갔고, 야곱은 함의 땅에서 나그네로 살았다. 24 주님께서 자기의 백성을 크게 불어나게 하셔서 그 대적들보다 강하게 하셨으며, 25 그들의 마음을 변하게 하셔서 자기의 백성을 미워하게 하시며, 자기의 종들을 교묘하게 속이게 하셨다.

26 그러므로 그가 종 모세와 택하신 아론을 보내셔서, 27 백성에게 그의 표징을 보이게 하시고 함의 땅에서 기사를 행하게 하셨다. 28 그가 어둠을 보내셔서 캄캄하게 하셨지만, 그들은 그의 말씀을 거역하였다. 29 그가 물을 모두 피로 변하게 하셔서 물고기를 죽게 하셨으며, 30 땅에는 온통 개구리가 득실거리게 하셔서 왕실 안방까지 우글거리게 하셨다. 31 그가 말씀하시니, 파리 떼와 이가 몰려와서, 그들이 사는 온 땅을 덮쳤

시편 기자는 이스라엘의 역사를 요약합니다. 듣는 이들이 모를 리 없는 역사를 이렇게 누누이 복기하는 이유는 무엇인가요? 4권에 속한 시 105편에도 "하나님께서 온 세상을 다스리신다"는 선포가 있습니다(7절). 하나님의 다스리심을 찬양하되 특히 105편과 106편은 모두 하나님께서 이스라엘에 행하신 구원의 역사를 회고하는 방식으로 찬양합니다. 온 세상의 모든 피조물을 들어 하나님을 찬양하는 시가 있는가 하면, 이처럼 역사를 들어 하나님을 찬양하기도 합니다. 종종 종교나 신앙이 우리가 살아가는 구체적인 현실과 그로 이루어진 역사와는 무관하게 사람의 내면세계만을 다룬다 여기기 쉽지만, 구약 신앙은 이스라엘의 역사를 제외하고는 절대 설명할 수 없습니다. 하나님의 한결같은 구원을 알리고자 하는 이와 같은 시는 그 구원이 우리의 일상으로 이루어진 역사 속에 나타났음을 증언합니다.

다. 32 비를 기다릴 때에 우박을 내리셨고, 그 땅에 화염을 보내셨다. 33 포도나무와 무화과나무를 치시고, 그들이 사는 지경 안의 나무를 꺾으셨다. 34 그가 말씀하시니, 이런 메뚜기 저런 메뚜기 할 것 없이 수없이 몰려와서, 35 온갖 풀을 갉아먹고 땅에서 나는 모든 열매를 먹어치웠다. 36 그가 또 모든 기력의 시작인 그 땅의 장남을 모두 치셨다.

37 그들로 은과 금을 가지고 나오게 하시니, 그 지파 가운데서 비틀거리는 이가 한 사람도 없었다. 38 이집트 사람은 두려움에 떨고 있었으므로, 그들이 떠날 때 기뻐하였다. 39 그는 구름을 펼치셔서 덮개로 삼으시고, 불로 밤길을 밝혀주셨다. 40 그들이 먹거리를 찾을 때에, 그가 메추라기를 몰아다 주시며, 하늘 양식으로 배부르게 해주셨다. 41 반석을 갈라서 물이 흐르게 하셨고, 마른 땅에 강물이 흐르게 하셨다. 42 이것은 그가 그의 종 아브라함에게 하신 그 거룩하신 말씀을 기

"여러 민족이 애써서 일군 땅을 물려받게 하셨"(44절)고 이것은 "그의 율례를 지키고 그의 법을 따르게 하기 위함"(45절)이라고 말합니다. 자신들의 목적을 위해 너무 미화한 서술 아닌가요? 이 표현은 이스라엘이 이집트에서 탈출해 광야를 거쳐 마침내 하나님께서 약속하신 가나안 땅을 차지한 것을 가리킵니다. 이스라엘의 가나안 땅 정착은 아무 잘못도 없는 다른 민족을 강제로 쫓아내고 이루어진 것이 아니라, 가나안 민족들의 죄가 세상에 가득 찼을 때 이루어진 일입니다(창 15:16). 우리 역시 내 가족에게 좋은 것을 주자고 남의 것을 무고하게 빼앗지는 않는다는 것을 생각하면, 온 땅의 하나님께서 이스라엘에게 좋은 땅을 주려고 다른 민족의 땅을 그냥 빼앗지는 않으실 것입니다. 그렇다면 저 표현은 정의롭게 살지 않고 다른 사람을 약탈하고 학대하면서 자기 소유를 늘리느라 애쓴 그 모든 것들을 하나님께서 이집트를 떠나온 노예 출신의 이스라엘 백성에게 주셨다는 의미, 즉 죄에 대한 심판과 노예 집단에 베푸신 은혜로 이해할 수 있습니다. 하나님은 자기 백성만을 챙기는 사사로운 신이 아니라, 온 땅을 정의롭게 다스리시는 하나님이십니다.

억하셨기 때문이다.

43 그는 그의 백성을 흥겹게 나오게 하시며 그가 뽑으신 백성이 기쁜 노래를 부르며 나오게 하셨다. 44 그들에게 여러 나라의 땅을 주셔서, 여러 민족이 애써서 일군 땅을 물려받게 하셨다. 45 이것은 그들에게 그의 율례를 지키고 그의 법을 따르게 하기 위함이었다.

할렐루야.

{ 제106편 }

민족이 용서를 빎

1 할렐루야. 주님께 감사하여라. 그는 선하시며, 그 인자하심이 영원하다. 2 주님의 능력으로 이루신 일을 누가 다 알릴 수 있으며, 주님께서 마땅히 받으셔야 할 영광을 누가 다 찬양할 수 있으랴? 3 공의를 지키는 이들과 언제나 정의를 실천하는 이들은 복이 있다.

4 주님, 주님의 백성에게 은혜를 베푸실 때에, 나를 기억하여주십시오. 그들을 구원하실 때에, 나를 기억하여주십시오. 5 주님께서 택하신 백성의 번영을 보게 해주시며, 주님 나라에 넘치는 기쁨을 함께 누리게 해주시며, 주님의 기업을 자랑하게 해주십시오.

6 우리도 우리 조상처럼 죄를 지었으며, 나쁜 길을 걸으며 악행을 저질렀습니다.

"할렐루야"는 영화나 드라마에서 기독교인임을 보여주려 할 때 (그다지 좋지 않은 뉘앙스로) 자주 쓰이는 것 같습니다. 원래는 무슨 뜻이며, 언제 사용하는 말인가요? 할렐루야는 구약에서 오직 시편에서만 나옵니다. 특히 104편 마지막 구절인 35절에 처음 쓰였고, 105편 마지막 구절(45절), 그리고 106편 첫머리와 마지막(1, 48절)에 사용되었으며, 시편집 5권에는 매우 많이 쓰입니다. 이 표현은 "너희는 하나님을 찬양하라"를 의미하는데, 예배 가운데 하나님의 하나님 되심을 기억하며 높일 때 이렇게 외쳤습니다. 기쁘고 감사할 때 "할렐루야"는 나의 모든 잘됨이 하나님의 은혜임을 기억하게 하면서, 모두 내 것이 아니라 하나님께서 주신 것임을 기억하게 하고 이웃과 나누게 합니다. 힘겹고 어려울 때 "할렐루야"는 어떤 상황에서도 내 삶의 주인은 하나님이심을 기억하게 하고, 당장 모든 것이 이해되지 않더라도 낙심하지 않고 또 한 걸음을 걸어가게 합니다.

7 우리의 조상이 이집트에 있을 때에, 주님께서 일으키신 기적들을 깨닫지 못하고, 주님의 그 많은 사랑을 기억하지도 못한 채로, 바다 곧 홍해에서 주님을 거역하였습니다. 8 그러나 주님께서는 주님의 명성을 위하여, 주님의 권능을 알리시려고 그들을 구원해주셨습니다. 9 주님께서 홍해를 꾸짖어 바다를 말리시고 그들로 깊은 바다를 광야처럼 지나가게 하셨습니다. 10 미워하는 자들의 손에서 그들을 건져내시고, 원수의 손에서 그들을 속량해주셨습니다. 11 물이 대적을 덮으므로, 그 가운데서 한 사람도 살아남지 못하였습니다. 12 그제서야 그들은 주님의 말씀을 믿었고, 주님께 찬송을 불렀습니다.

13 그러나 그들은, 어느새 주님이 하신 일들을 잊어버리고, 주님의 가르침을 기다리지 않았습니다. 14 그들은 광야에서 욕심을 크게 내었고 사막에서는 하나님을 시험하기까지 하였습니다. 15 그래서 주님께서는 그들이 요구한 것을 주셨지만, 그 영혼을 파리하게 하셨습니다.

16 그들은 또한, 진 한가운데서도 모세를 질투하고, 주님의 거

"우리도 우리 조상처럼"(6절)이나 후반에 나오는 "우리를 구원하여주십시오"(47절)라는 표현을 볼 때, 이것은 개인의 기도가 아닌 모양입니다. 어떤 이들이 무슨 일로 드린 기도인가요? 마지막 부분 46-47절을 보면 이스라엘 백성이 다른 나라에 포로로 사로잡혀 갔고, 흩어졌음을 알 수 있습니다. 이 시는 이스라엘 나라가 완전히 멸망한 이후 시기를 배경으로 합니다. 고대 세계에서는 대개 한 나라가 멸망하면 그 나라의 신이 다른 나라의 신에 패배한 것으로 여겨 종교 자체도 강대국 종교에 흡수돼 사라집니다. 그러나 놀랍게도 고대 이스라엘은 나라의 멸망을 두고 자신들의 신이 졌다거나 국력이 약해서라고 풀이하지 않고, 자신들이 하나님의 명령을 떠나 악을 행했기 때문이라 여겼습니다. 그래서 그들은 자신들의 죄악을 돌아보며 하나님께 아뢰고 뉘우쳤으며, 106편 같은 시는 그렇게 함께 모여 뉘우치는 예배를 드릴 때 고백하는 기도 혹은 노래였을 것입니다.

룩한 자 아론을 시기하였습니다. 17 마침내 땅이 입을 벌려 다단을 삼키고, 아비람의 무리를 덮어버렸습니다. 18 불이 그들의 무리를 불사르고, 불꽃이 악인들을 삼켜버렸습니다.

19 그들은 호렙에서 송아지 우상을 만들고, 부어 만든 우상을 보고 절을 하였습니다. 20 그들은 자기들의 영광이 되신 분을 풀을 먹는 소의 형상과 바꾸어버렸습니다. 21 그들은 또한, 이집트에서 큰일을 이룩하신, 자기들의 구원자 하나님을 잊어버렸습니다. 22 함의 땅에서 행하신 놀라운 이적들도, 홍해에서 행하신 두려운 일들도, 그들은 모두 잊어버렸습니다. 23 그래서 주님께서는, 그들을 멸망시키겠다고 선언하셨으나, 주님께서 택하신 모세가 감히 주님 앞에 나아가 그 갈라진 틈에 서서 파멸의 분노를 거두어들이시게 하였습니다.

24 그들은 주님께서 주신 그 낙토를 천하게 여기고, 주님의 약속을 믿지 않았습니다. 25 그들은 장막에서 불평만 하면서, 주님의 말씀에 순종하지 않았습니다. 26 그래서 주님께서는 그

출애굽 전후의 일을 다루고 있다는 공통점이 있으나, 앞의 105편은 하나님이 하신 특별한 기적 같은 일이, 106편은 이스라엘 백성들이 저지른 못된 일 내용의 주를 이룹니다. 105편과 106편은 서로 연관성이 있는 시편인가요? 105편은 하나님께서 이스라엘의 초기 역사 속에서 베푸신 은혜를 열거하고, 106편은 그러한 은혜에도 불구하고 이스라엘이 역사 안에서 줄기차게 행했던 불순종과 불신앙을 열거합니다. 두 시 모두 그를 통해 지금 이스라엘의 참상이 하나님이 약해서나 국력이 약해서가 아님을 기억하게 하며, 오직 하나님의 도우심을 구하고 그분의 말씀을 따라 살아가자고 격려하고 촉구합니다. 하나님께서 베푸신 은혜를 기억할 때 그들을 사로잡고 지배하는 강대국의 힘과 부를 떠받들지 않을 수 있고, 조상들과 자신들이 행했던 죄악을 늘 기억할 때 이제는 다른 삶을 살아가겠다고 결단할 수 있습니다. 과거의 좋았던 시절만 기억할 것이 아니라 과거 자신의 불의와 악행도 함께 기억할 때, 우리에게 더 나은 내일이 있을 것입니다.

들에게 손을 들어 맹세하시고, 그들을 광야에서 쓰러지게 하셨으며, 27 그 자손을 뭇 나라 앞에서 거꾸러지게 하시고, 이 나라 저 나라로 흩어지게 하셨습니다.

28 그들은 또 바알브올과 짝하고, 죽은 자에게 바친 제사 음식을 먹었습니다. 29 이러한 행실로, 그들은 하나님을 격노하게 하여서, 재앙이 그들에게 들이닥쳤습니다. 30 그때에 비느하스가 일어나서 심판을 집행하니, 재앙이 그쳤습니다. 31 이 일은 대대로 길이길이 비느하스의 의로 인정되었습니다.

32 그들이 또 므리바 물가에서 주님을 노하시게 하였으므로 이 일로 모세까지 화를 입었으니, 33 그들이 모세의 기분을 상하게 하여 모세가 망령되이 말을 하였기 때문입니다.

34 그들은, 주님께서 그들에게 당부하신 대로 이방 백성을 전멸했어야 했는데, 35 오히려 이방 나라와 섞여서, 그들의 행위를 배우며, 36 그들의 우상들을 섬겼으니, 이런 일들이 그들에게 올가미가 되었습니다. 37 그들은 또한 귀신들에게 자기의 아들딸들을 제물로 바쳐서, 38 무죄한 피를 흘렸으니, 이는 가

"땅이 피로 더러워졌다"(38절)는 것은 땅의 오염을 말하는 건가요? 이 표현은 구약성경의 독특한 세계관을 보여줍니다. 본문에 따르면 누군가가 억울하게 희생당해 쓰러지면, 땅이 그가 흘린 피로 인해 더러워집니다. 이렇게 억울하게 당하는 이는 대개 힘없고 가난하며 약한 자들입니다. 부와 명예, 권력을 쥔 이들의 횡포로 힘없는 이들이 쓰러지면 땅은 더러워지고, 하나님께서는 더러워진 땅을 심판하십니다. 즉 가난한 자가 억울하게 희생당하는 나라는 결코 오래가지 못하며 하늘의 심판을 받는다는 것입니다. 더 많은 이익을 거두기 위해 환경오염 물질을 쏟아내거나 노동자들의 건강과 생명을 등한시한다면, 그리고 권력을 차지하기 위해 그에 반대하는 많은 시민을 짓밟는 일이 일어난다면, 그 역시 땅을 더럽히는 것입니다. 하나님께서는 그들을 반드시 심판하실 것입니다.

나안의 우상들에게 제물로 바친 그들의 아들딸이 흘린 피였습니다. 그래서 그 땅은 그 피로 더러워졌습니다. 39 그들은 그런 행위로 더러워지고, 그런 행동으로 음란하게 되었습니다.

40 그래서 주님께서는 주님의 백성에게 진노하시고, 주님의 기업을 싫어하셔서, 41 그들을 뭇 나라의 손에 넘기시니, 그들을 미워하는 자들이 그들을 다스리게 되었습니다. 42 원수들이 그들을 억압하였고, 그들은 그 권세 아래에 복종하는 신세가 되었습니다. 43 주님께서는 그들을 여러 번 건져주셨지만, 그들은 자신들의 생각대로 계속하여 거역하며, 자신들의 죄악으로 더욱 비참하게 되었습니다. 44 그러나 주님께서는 그들의 부르짖음을 들으실 때마다, 그들이 받는 고난을 살펴보아 주셨습니다. 45 그들을 위하여 그들과 맺으신 그 언약을 기억하셨으며, 주님의 그 크신 사랑으로 뜻을 돌이키시어, 46 마침내 주님께서는 그들을 사로잡아 간 자들이 그들에게 자비를 베풀도록 하셨습니다.

47 주, 우리의 하나님, 우리를 구원하여주십시오. 여러 나라에

그들을 뭇 나라의 손에 넘긴 이도(41절), 그들에게 자비를 베풀도록 한 이도(46절) 주님이라면, 어떻게 그것을 그 크신 사랑으로 뜻을 돌이킨 것(45절)이라 볼 수 있나요? 기원전 722년에 북왕국 이스라엘은 앗시리아에게 망해 앗시리아 제국 곳곳으로 끌려갔고, 남왕국 유다는 587년에 바빌론에게 멸망해 적지 않은 이들이 바빌론 땅에 포로로 끌려갔습니다. 포로기를 거치면서 흩어진 이스라엘 백성은 이것이 자신들의 죄악으로 인한 심판이었음을 깨달았습니다. 훗날 바빌론을 멸망시킨 페르시아 왕 고레스는 바빌론 땅에 끌려온 자들이 모두 자신들의 본토로 돌아가도 좋다고 허락했습니다(기원전 539년). 45–46절은 이 사건을 반영하는데, 이스라엘은 고레스가 내린 명령을 하나님께서 그들을 사랑하셔서 회복시키시는 것으로 해석하고 믿었습니다. 일어난 사건을 믿음의 눈으로 해석할 때, 열강의 움직임과 변화 속에서도 그들은 믿음으로 살아가며 자신들을 지킬 수 있었습니다.

흩어진 우리를 모아주십시오. 주님의 거룩한 이름에 감사하
며, 주님을 찬양하며, 주님께 영광을 돌리게 해주십시오.

48 주, 이스라엘의 하나님, 영원토록 찬송을 받아주십시오.
온 백성은 "아멘!" 하고 응답하여라.

할렐루야.

제5권

{ 제107편 }

주님은 당신의 백성을 선대하신다

1 주님께 감사드려라. 그는 선하시며, 그의 인자하심이 영원하다. 2 주님께 구원받은 사람들아, 대적의 손에서 구원받은 사람들아, 모두 주님께 감사드려라. 3 동서남북 사방에서, 주님께서 모아들이신 사람들아, 모두 주님께 감사드려라.

4 어떤 이들은 광야의 사막에서 길을 잃고, 사람이 사는 성읍으로 가는 길을 찾지 못했으며, 5 배고프고 목이 말라, 기력이 다 빠지기도 하였다. 6 그러나 그들이 그 고난 가운데서 주님께 부르짖을 때에, 주님께서는 그들을 그 고통에서 건지시고, 7 바른길로 들어서게 하셔서, 사람이 사는 성읍으로 들어가게 하셨다.

8 주님의 인자하심을 감사하여라. 사람들에게 베푸신 주님의 놀라운 구원을 감사하여라. 9 주님께서는 목마른 사람에게 물을 실컷 마시게 하시고, 배고픈 사람에게 좋은 음식을 마음껏 먹게 해주셨다.

주님의 선하심과 인자하심이 자주 언급됩니다. 선하고 인자한 사람의 이미지를 떠올리면 비슷할까요? 선함과 인자함은 어떤 의미인가요? "선하다"로 옮겨진 히브리어의 가장 기본적인 의미는 "좋다"입니다. "주님이 선하시다"는 것은 달리 말해 "주님은 좋으시다"(God is good)입니다. 좋은 날도 있고 나쁜 날도 있지만, 하나님은 좋으신 분, 선하신 분이니, 그 백성을 좋게 하실 것입니다. "인자하심"으로 옮긴 히브리어는 '상대를 향한 자발적인 사랑'이라는 기본적인 의미를 지닙니다. 주님께서는 언약을 맺은 그 백성을 언제나 기억하실 것입니다. 그래서 이 단어는 종종 '자비'나 '긍휼'로도 번역되고, '신실함'이라는 의미를 지니기도 합니다.

10 사람이 어둡고 캄캄한 곳에서 살며, 고통과 쇠사슬에 묶이는 것은, 11 그들이 하나님의 말씀을 거역하고, 가장 높으신 분의 뜻을 저버렸기 때문이다. 12 그러므로 주님께서는 그들의 마음에 고통을 주셔서 그들을 낮추셨으니, 그들이 비틀거려도 돕는 사람이 없었다. 13 그러나 그들이 고난 가운데서 주님께 부르짖을 때에, 그들을 그 곤경에서 구원해주셨다. 14 어둡고 캄캄한 데서 건져주시고, 그들을 얽어맨 사슬을 끊어주셨다. 15 주님의 인자하심을 감사하여라. 사람에게 베푸신 주님의 놀라운 구원을 감사하여라. 16 주님께서 놋대문을 부수시고, 쇠빗장을 깨뜨리셨기 때문이다.

17 어리석은 자들은, 반역의 길을 걷고 죄악을 저지르다가 고난을 받아 18 밥맛까지 잃었으니, 이미 죽음의 문턱에까지 이르렀다. 19 그때에 그들이 고난 가운데서 주님께 부르짖으니, 주님께서 그들을 곤경에서 구원해주셨다. 20 단 한마디 말씀

으로 그들을 고쳐주셨고, 그들을 멸망의 구렁에서 끌어내어 주셨다.

21 주님의 인자하심을 감사하여라. 사람에게 베푸신 주님의 놀라운 구원을 감사하여라. 22 감사의 제물을 드리고, 주님이 이루신 일을 즐거운 노래로 널리 퍼뜨려라.

23 배를 타고 바다로 내려가서, 큰 물을 헤쳐가면서 장사하는 사람들은, 24 주님께서 하신 행사를 보고, 깊은 바다에서 일으키신 놀라운 기적을 본다. 25 그는 말씀으로 큰 폭풍을 일으키시고, 물결을 산더미처럼 쌓으신다. 26 배들은 하늘 높이 떠올랐다가 깊은 바다로 떨어진다. 그런 위기에서 그들은 얼이 빠지고 간담이 녹는다. 27 그들이 모두 술 취한 사람처럼 비틀거리며 흔들리니, 그들의 지혜가 모두 쓸모없이 된다. 28 그러나 그들이 고난 가운데서 주님께 부르짖을 때에, 그들을 곤경에서 벗어나게 해주신다. 29 폭풍이 잠잠해지고, 물결도 잔잔해진다. 30 사방이 조용해지니 모두들 기뻐하고, 주님은 그들이 바라는 항구로 그들을 인도하여주신다.

31 주님의 인자하심을 감사하여라. 사람에게 베푸신 주님의 놀라운 구원을 감사하여라. 32 백성이 모인 가운데서 그분을 기

"주님의 인자하심을 감사하여라. 사람에게 베푸신 주님의 놀라운 구원을 감사하여라"가 4번 반복되어 나옵니다. 내용상 의미를 담은 구분인가요? 그렇습니다. 4절부터 32절까지 이 시는 사람들이 겪는 곤경, 그로 인해 하나님께 부르짖음, 하나님께서 건져내심, 주님의 인자와 구원에 대한 찬양이라는 같은 짜임새를 지닌 내용이 이어집니다(4–9절, 10–16절, 17–22절, 23–32절). 우리의 어리석음으로 인해 우리 삶에 재앙이 임한다 할지라도 언제든 그로부터 돌이켜 하나님의 도우심을 구할 때 하나님께서는 그 백성을 건지실 것입니다. 마지막 33–43절은 하나님께서 어떤 분이신지를 결론적으로 진술합니다. 그분은 강을 마른 땅으로, 마른 땅을 샘물로 바

려라. 장로들이 모인 곳에서 그분을 찬양하여라.

33 주님께서는 강들을 사막으로 만드시며, 물이 솟는 샘들을 마른 땅이 되게 하시며, 34 그곳에서 사는 사람들의 죄악 때문에, 옥토를 소금밭이 되게 하신다. 35 그러나 주님께서는 사막을 연못으로 만드시며, 마른 땅을 물이 솟는 샘으로 만드시고, 36 굶주린 사람들로 거기에 살게 하시어, 그들이 거기에다 사람 사는 성읍을 세우게 하시고, 37 밭에 씨를 뿌리며 포도원을 일구어서, 풍성한 소출을 거두게 하시며, 38 또 그들에게 복을 주시어, 그들이 크게 번성하게 하시고, 가축이 줄어들지 않게 하신다.

39 그들이 억압과 고난과 걱정 근심 때문에 수가 줄어들고 비천해질 때에, 40 주님께서는 높은 자들에게 능욕을 부으시고, 그들을 길 없는 황무지에서 헤매게 하셨지만, 41 가난한 사람은 그 고달픔에서 벗어나게 해주시고, 그 가족을 양 떼처럼 번성하게 하셨다.

42 정직한 사람은 이것을 보고 즐거워하고, 사악한 사람은 말문이 막힐 것이다. 43 지혜 있는 사람이 누구냐? 이 일들을 명심하고, 주님의 인자하심을 깨달아라.

꾸시는 분입니다. 그러므로 우리는 어떤 상황이든지 체념하거나 오만할 것이 아니라, 언제든 하나님을 구하고 찾아야 합니다. 또한 그분은 높은 자는 낮추시고 가난한 사람은 회복시키시는 분이시니, 자신이 가진 재산이나 권세를 결코 자랑하거나 내세우지 말고 겸손하게 하나님께 나아가야 합니다.

{ 제108편 }

하나님이 우리와 함께 계시면(시 57:7–11; 60:5–12)

[다윗의 찬송시]

1 하나님, 나는 내 마음을 정했습니다. 진실로 나는 내 마음을 확실히 정했습니다. 내가 가락에 맞추어서 노래를 부르렵니다. 내 영혼아, 깨어나라. 2 거문고야, 수금아, 깨어나라. 내가 새벽을 깨우련다. 3 주님, 내가 만민 가운데서 주님께 감사드리며, 뭇 나라 가운데서 노래 불러 주님을 찬양하렵니다. 4 주님의 한결같은 그 사랑, 하늘보다 더 높고, 주님의 진실하심, 구름에까지 닿습니다.

5 하나님, 주님, 하늘보다 더 높이 높임을 받으시고, 주님의 영광 온 땅 위에 떨치십시오. 6 주님의 오른손을 내미셔서 주님께서 사랑하시는 사람을 구원하여주십시오. 나에게 응답하여주십시오.

7–9절에 나오는 하나님의 말씀은 지역과 종족에 대한 하나님의 계획이 어떠함을 상징하는 것인가요? 므낫세 지파는 요단강을 경계로 동쪽과 서쪽에 각각 흩어졌는데, 동쪽 므낫세 지파 지역을 길르앗이라 부릅니다. 므낫세와 에브라임은 모두 요셉의 아들인데, 흔히 북왕국 이스라엘 혹은 북쪽에 근거한 지파를 대표적으로 표현합니다. 유다는 남왕국을 이룬 지파들 가운데 대표적인 유다 지파를 가리킵니다. 세겜과 숙곳은 북쪽 지역에 위치한 도시들이고, 모압과 에돔, 블레셋은 남쪽 지역을 둘러싼 이방 민족을 가리킵니다. 그래서 이 내용은 이스라엘과 유다, 그 인근에 이르기까지 주 하나님께서 그분의 뜻으로 행하며 다스리신다는 것을 전합니다. 108편 같은 시는 자신들을 둘러싼 위협 속에서(11–12절), 공동체가 오직 하나님의 도우심을 함께 구하며 부른 노래입니다.

7 하나님께서 그 성소에서 이렇게 말씀하셨습니다. "내가 크게 기뻐하련다. 내가 세겜을 나누고, 숙곳 골짜기를 측량하련다. 8 길르앗도 나의 것이요, 므낫세도 나의 것이다. 에브라임은 나의 머리에 쓰는 투구요, 유다는 나의 통치 지팡이이다. 9 그러나 모압은 나의 세숫대야로 삼고, 에돔에는 나의 신을 벗어 던져 그것이 내 소유임을 밝히련다. 블레셋을 격파하고 승전가를 부르련다."

10 누가 나를 견고한 성으로 데리고 가며, 누가 나를 에돔에까지 인도합니까? 11 아, 하나님, 우리를 정말로 내버리신 것입니까? 아, 하나님, 주님께서 우리 군대와 함께 나아가지 않으시렵니까? 12 사람의 도움은 헛되니 어서, 우리를 도우셔서, 이 원수들을 물리쳐주십시오.

13 하나님이 우리와 함께하시면, 우리는 승리를 얻을 것이다. 그분이 우리의 원수들을 짓밟을 것이다.

{ 제109편 }

주님의 도움을 비는 기도

[지휘자를 따라 부르는 다윗의 노래]

1 하나님, 내가 주님을 찬양합니다. 잠잠히 계시지 마십시오.

2 악한 자와 속이는 자가 일제히, 나를 보고 입을 열고, 혀를 놀려서 거짓말로 나를 비난합니다. 3 미움으로 가득 찬 말을 나에게 퍼붓고, 이유도 없이 나를 맹렬하게 공격합니다. 4 나는 그들을 사랑하여 그들을 위하여 기도를 올리건만, 그들은 나를 고발합니다. 5 그들은 선을 오히려 악으로 갚고, 사랑을 미움으로 갚습니다.

6 "그러므로 악인을 시켜, 그와 맞서게 하십시오. 고소인이 그의 오른쪽에 서서, 그를 고발하게 하십시오. 7 그가 재판을 받을 때에, 유죄판결을 받게 하십시오. 그가 하는 기도는 죄가 되게 하십시오. 8 그가 살날을 짧게 하시고 그가 하던 일도 다른 사람이 하게 하십시오. 9 그 자식들은 아버지 없는 자식이

다윗의 저주는 한 개인을 넘어 자식과 아내로 향하고 멸문지화까지 이릅니다. 과연 이런 기도는 온당한가요? 22-23절에서 보듯, 시편 기자는 정작 가난하고 힘없는 사람입니다. 반면 원수는 남을 저주할 뿐 아니라(17절) 가난한 자를 괴롭히고 못살게 굴었습니다(16절). 시편 기자는 제힘으로 보복하고 원수를 갚는 것이 아니라, 다만 하나님께서 친히 원수를 갚아주시기를 기도할 따름입니다. 그래서 무척이나 폭력적인 내용의 이 기도는 매우 비폭력적인 행동입니다. 하나님은 가난한 자의 오른편에 서시는 분이기에, 가난한 자를 괴롭히는 것은 하나님께 대적하고 맞서는 행동입니다. 그래서 하나님께서 원수를 심판하시기를 구하는 이 기도는 하나님의 뜻이 하늘에서처럼 이 땅에서도 이루어지기를 구하는 기도이기도 합니다.

되게 하고, 그 아내는 과부가 되게 하십시오. 10 그 자식들은 떠돌아다니면서 구걸하는 신세가 되고, 폐허가 된 집에서마저 쫓겨나서 밥을 빌어먹게 하십시오. 11 빚쟁이가 그 재산을 모두 가져가고, 낯선 사람들이 들이닥쳐서, 재산을 모두 약탈하게 하십시오. 12 그에게 사랑을 베풀 사람이 없게 하시고, 그고아들에게 은혜를 베풀어줄 자도 없게 하십시오. 13 자손도 끊어지고, 후대에 이르러, 그들의 이름까지도 지워지게 하십시오. 14 그의 아버지가 지은 죄를 주님이 기억하시고, 그의 어머니가 지은 죄도 지워지지 않게 하십시오. 15 그들의 죄가 늘 주님에게 거슬리게 하시고, 세상 사람들이 그를 완전히 잊게 하여주십시오.

16 이것은 그가 남에게 사랑을 베풀 생각은 않고, 도리어 가난하고 빈곤한 자를 괴롭히며, 마음이 상한 자를 못살게 하였기 때문입니다. 17 그가 저주하기를 좋아하였으니, 그 저주가 그에게 내리게 하십시오. 축복하기를 싫어하였으니, 복이 그에게서 멀어지게 하십시오. 18 저주하기를 옷 입듯 하였으니, 그 저주가 물처럼 그의 뱃속까지 스며들고, 기름처럼 그 뱃속에

다윗에게는 저주의 기도만 있나요? 그가 용서하는 기도를 한 적이 있나요? 이와 같은 시에서 다윗은 전혀 힘과 권세를 가진 왕처럼 보이지 않습니다. 실제로 시편의 다윗은 '힘없고 궁핍하여 오직 하나님의 도우심을 구하는 가난한 자'를 상징합니다. 다윗으로 불리는 이 시편 기자의 삶은 늘 억울하고 원통한 일을 겪으며, 그 속에서 하나님을 구합니다. 그러다 보니 시편에는 하나님의 구원을 구하는 기도, 자기를 괴롭히는 원수를 심판해주시기를 구하는 기도는 많지만, 자신의 잘못을 뉘우치는 이들에 대한 용서를 말하는 내용은 거의 없습니다. 아마도 가난한 사람을 괴롭히는 이들이 자신의 잘못을 뉘우치는 일 자체가 무척이나 드문 현상이기 때문에 그럴 것이고, 시편 기자와 같은 이들의 삶은 거의 대부분 고통과 괴로움, 환난이 그치지 않았기 때문이기도 할 것입니다.

까지 배어들게 하십시오. 19 그 저주가 그에게는 언제나, 입은 옷과 같고, 항상 띠는 띠와 같게 하십시오."

20 주님, 나를 고발하는 자와, 나에게 이런 악담을 퍼붓는 자들이 오히려 그런 저주를 받게 해주십시오. 21 주님은 나의 하나님이시니, 주님의 명성에 어울리게 나를 도와주십시오. 주님의 사랑은 그지없으시니, 나를 건져주십시오.

22 나는 가난하고 빈곤합니다. 내 마음이 깊은 상처를 받았습니다. 23 나는 석양에 기우는 그림자처럼 사라져가고, 놀란 메뚜기 떼처럼 날려갑니다. 24 금식으로, 나의 두 무릎은 약해지고, 내 몸에서는 기름기가 다 빠져서 수척해졌습니다. 25 나는 사람들의 조롱거리가 되고, 그들은 나를 볼 때마다, 머리를 절레절레 흔들면서 멸시합니다.

26 주, 나의 하나님, 나를 도와주십시오. 주님의 한결같으신 사랑을 따라, 나를 구원하여주십시오. 27 주님, 이것은 주님께서 손수 하신 일이며, 바로 주님이 이 일을 이루셨음을 그들이 알게 해주십시오. 28 그들이 나에게 저주를 퍼부어도, 주님은

상대방에게는 최악의 저주를 퍼부어놓고 자신에게는 최고의 축복을 간구합니다. 이런 기도를 하나님은 받으시나요? 이러한 '저주의 기도'는 무척 강렬해 보입니다. 그러나 잊지 말아야 할 사실은 실제로 원수들은 힘 있고 대단한 사람이되, 이런 기도를 하는 시편 기자의 삶은 가난하고 궁핍하며 초라하다는 점입니다. 그는 제 손으로 복수할 수 있는 힘도 없기에 오직 하나님께서 심판하시기를 구할 뿐입니다. 가난한 자를 학대하는 악한 자들이 심판받는 것은 사람들로 하여금 악을 버리고 선을 택하도록 이끌 것입니다. 그와 더불어 시편 기자는 하나님께서 가난한 자신의 삶에 즐거움을 주시길 구하며(28절), 하나님은 가난한 자의 오른쪽에 서시는 분이라 선포합니다(31절). 시편 기자가 이 괴로운 삶을 버틸 수 있도록 한 원동력은 어정쩡하게 중립을 지키는 하나님이 아니라, 가난한 자의 오른쪽, 즉 가난한 자의 편을 드시는 하나님입니다.

나에게 복을 주십니다. 그들은 치려고 일어났다가 부끄러움을 당하여도, 주님의 종은 언제나 즐거워하게 해주십시오. 29 나를 고발하는 사람들은 수치를 뒤집어쓰게 해주시고, 그들이 받을 수모를 겉옷처럼 걸치고 다니게 해주십시오.

30 내가 입을 열어서 주님께 크게 감사드리며, 많은 사람이 모인 가운데서 주님을 찬양하련다. 31 나를 고발하는 자들에게서 나를 구원해주시려고, 주님께서는 이 가난한 사람의 오른쪽에 서계시기 때문이다.

{ 제110편 }

주님께서 승리를 안겨주심
[다윗의 노래]

1 주님께서 내 주님께 말씀하시기를 "내가 너의 원수들을 너의 발판이 되게 하기까지, 너는 내 오른쪽에 앉아 있어라" 하셨습니다.

2 주님께서 임금님의 권능의 지팡이를 시온에서 하사해주시니, 임금님께서는 저 원수들을 통치하십시오. 3 임금님께서 거룩한 산에서 군대를 이끌고 전쟁터로 나가시는 날에, 임금님의 백성이 즐거이 헌신하고, 아침 동이 틀 때에 새벽이슬이 맺히듯이, 젊은이들이 임금님께로 모여들 것입니다. 4 주님께서 맹세하시기를 "너는 멜기세덱을 따른 영원한 제사장이다" 하셨으니, 그 뜻을 바꾸지 않으실 것입니다.

5 주님께서 임금님의 오른쪽에 계시니, 그분께서 노하시는 심판의 날에, 그분께서 왕들을 다 쳐서 흩으실 것입니다. 6 그분

오른쪽이 주님의 편인 것 같은 표현이 종종 나옵니다. 오른쪽을 그렇게 보는 이유는 무엇인가요? 사실 우리도 어린 시절에 왼손으로 밥을 먹거나 글을 쓰면 어른들에게 한 소리를 듣곤 하지 않았습니까? 특히 옛날에 왼손은 잘 쓰지 않는 손, 무엇인가 부정 탄다고 여겨진 손이었습니다. 오늘날에 그와 같은 생각은 전혀 근거가 없다는 점이 잘 드러났지만, 구약의 배경이 되는 고대 시절에는 여전히 그런 편견이 상식이었을 것입니다. 그래서 누군가의 오른쪽에 있다는 것은 그의 편에 선다, 그와 함께한다는 의미입니다. 바로 앞의 109편에서 하나님께서는 가난한 자의 오른쪽에 서셨고, 이제 110편에서는 그분이 세우신 임금의 오른쪽에 서십니다. 나란히 놓인 두 개의 시는 하나님께서 함께하시는 임금은 결국 가난한 자와 함께하는 임금임을 잘 보여줍니다.

께서 뭇 나라를 심판하실 때에, 그 통치자들을 치셔서, 그 주검을 이 땅 이곳저곳에 가득하게 하실 것입니다. 7 임금님께서는 길가에 있는 시냇물을 마시고, 머리를 높이 드실 것입니다.

{ 제111편 }

주님께서 하신 일을 찬양하여라

1 할렐루야. 내가 온 마음을 다 기울여, 정직한 사람의 모임과 회중 가운데서 주님께 감사를 드리겠다.

2 주님께서 하시는 일들은 참으로 훌륭하시니, 그 일을 보고 기뻐하는 사람들이 모두 깊이 연구하는구나. 3 주님이 하신 일은 장엄하고 영광스러우며, 주님의 의로우심은 영원하다. 4 그하신 기이한 일들을 사람들에게 기억하게 하셨으니, 주님은

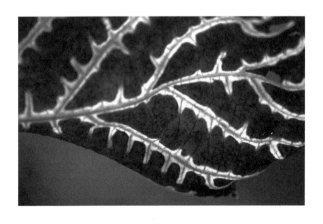

은혜로우시며 긍휼이 많으시다.

5 주님은, 당신을 경외하는 사람들에게는 먹거리를 주시고, 당신이 맺으신 언약은 영원토록 기억하신다. 6 당신의 백성에게 하신 일, 곧 뭇 민족의 유산을 그들에게 주신 일로 당신의 능력을 알리셨다. 7 손수 하신 일들은 진실하고 공의로우며, 주님이 지시하신 법은 모두 든든하며, 8 영원토록 흔들리는 일이 없으니, 진실과 정직으로 제정되었다. 9 당신의 백성에게 구원을 베푸시고 그 언약을 영원히 세우셨으니, 그 이름이 거룩하고 두렵다.

10 주님을 경외하는 것이 지혜의 근본이다. 주님의 계명을 지키는 사람은 바른 깨달음을 얻으니, 영원토록 주님을 찬양할 일이다.

{ 제112편 }

하나님을 예배하는 이들에게 복을 베푸신다

1 할렐루야. 주님을 경외하고 주님의 계명을 크게 즐거워하는 사람은, 복이 있다.

2 그의 자손은 이 세상에서 능력 있는 사람이 되며, 정직한 사람의 자손은 복을 받으며, 3 그의 집에는 부귀와 영화가 있으며, 그의 의로움은 영원토록 칭찬을 받을 것이다.

4 정직한 사람에게는 어둠 속에서도 빛이 비칠 것이다. 그는 은혜로우며, 긍휼이 많으며, 의로운 사람이다. 5 은혜를 베풀면서 남에게 꾸어주는 사람은 모든 일이 잘될 것이다. 그런 사람은 일을 공평하게 처리하는 사람이다. 6 그런 사람은 영원히 흔들리지 않을 것이다. 의로운 사람은 영원히 기억된다.

7 그는 나쁜 소식을 두려워하지 않으니, 주님을 믿으므로 그

1절을 보면 복을 받는 삶은 참 쉬워 보입니다. 그런데도 기독교인 가운데 부귀와 영화 속에 사는 이들은 별로 없습니다. 왜 그런 걸까요? 111편과 112편은 서로 짝이 되는 시편입니다. 111편은 주님께서 어떤 분이신지를 선포합니다. 주의 의로우심이 영원하고, 주님께서 진실하고 공의롭게 행하시며, 그분을 경외하는 이들에게 먹거리를 주신다고 노래합니다. 112편은 주님을 경외하며 그 계명을 즐거워하는 자는 복되다고 노래하는데, 그렇게 하나님을 경외하는 이의 삶을 표현합니다. 그의 의로움도 영원하며, 그는 가난한 사람에게 꾸어주고 나누어주는 사람입니다. 두 시는 나란히 놓여서, 주님께서 행하시는 것을 기억하며 높일 뿐 아니라, 그 주님을 따라 다른 사람을 돕고 가진 것을 나누며 살도록 초대합니다. 사실 우리는 말로는 하나님을 경외한다 하지만, 정작 그분을 본받는 삶을 살지는 않는 경우가 많습니다. 하나님을 높이며 그 하나님을 본받아 일상을 살아갈 때, 그의 삶은 겉으로 명예롭거나 가진 것이 별로 없어 보여도, 충분히 복된 삶일 것입니다.

의 마음이 굳건하기 때문이다. 8 그의 마음은 확고하여 두려움이 없으니, 마침내 그는 그의 대적이 망하는 것을 볼 것이다. 9 그는 가난한 사람들에게 넉넉하게 나누어주니, 그의 의로움은 영원히 기억되고, 그는 영광을 받으며 높아질 것이다. 10 악인은 이것을 보고 화가 나서, 이를 갈다가 사라질 것이다. 악인의 욕망은 헛되이 꺾일 것이다.

{ 제113편 }

주님께서 어려움 당하는 이들을 도우신다

1 할렐루야. 주님의 종들아, 찬양하여라. 주님의 이름을 찬양하여라.

2 지금부터 영원까지, 주님의 이름이 찬양을 받을 것이다. 3 해 뜨는 데서부터 해 지는 데까지, 주님의 이름이 찬양을 받을 것이다. 4 주님은 모든 나라보다 높으시며, 그 영광은 하늘보다 높으시다. 5 주 우리 하나님과 같은 이가 어디에 있으랴? 높은 곳에 계시지만 6 스스로 낮추셔서, 하늘과 땅을 두루 살피시고, 7 가난한 사람을 티끌에서 일으키시며 궁핍한 사람을 거름 더미에서 들어 올리셔서, 8 귀한 이들과 한자리에 앉게 하시며 백성의 귀한 이들과 함께 앉게 하시고, 9 아이를 낳지 못하는 여인조차도 한 집에서 떳떳하게 살게 하시며, 많은 아이들을 거느리고 즐거워하는 어머니가 되게 하신다.

할렐루야.

주님이 낮은 자들을 어려움에서 벗어나게 해주신다면, 세상에 가난하거나 궁핍한 사람, 아이를 낳지 못하는 여인은 없어야 하는 거 아닌가요? 만일 주님께서 이 모든 일을 전부 몸소 행하신다면, 사람은 온실 속의 화초요, 영원토록 돌봄이 필요한 갓난아기인 채로 머물게 될 것입니다. 주님이 낮은 자들을 어려움에서 벗어나게 해주는 분이심을 믿기 때문에, 비록 자신의 능력도 부족하고 실력도 없지만 가난한 사람을 돕고, 부당하게 권력을 휘두르는 자들에게 저항하는 사람들이 있습니다. 그래서 세상에 억압당하는 이가 있다면 그것은 하나님의 책임이 아니라, 그들을 위해 일어나지 않은 우리의 책임일 것입니다. 그렇게 믿음으로 살아간 이들은 주께서 낮은 자를 높이고 존귀하게 하셨다 노래하며 찬송할 것입니다.

{ 제114편 }

주님께서 놀라운 일을 하신다

1 이스라엘이 이집트에서 나올 때에, 야곱의 집안이 다른 언어를 쓰는 민족에게서 떠나올 때에, 2 유다는 주님의 성소가 되고, 이스라엘은 그의 영토가 되었다.

3 바다는 그들을 보고 도망쳤고, 요단강은 뒤로 물러났으며,

4 산들은 숫양처럼 뛰놀고 언덕들도 새끼 양처럼 뛰놀았다.

5 바다야, 너는 어찌하여 도망을 쳤느냐? 요단강아, 너는 어찌하여 뒤로 물러났느냐? 6 산들아, 너희는 어찌하여 숫양처럼 뛰놀았느냐? 언덕들아, 너희는 어찌하여 새끼 양처럼 뛰놀았느냐?

7 온 땅아, 네 주님 앞에서 떨어라. 야곱의 하나님 앞에서 떨어라. 8 주님은 반석을 웅덩이가 되게 하시며, 바위에서 샘이 솟게 하신다.

"유다는 주님의 성소가 되고"(2절)는 무슨 뜻인가요? 114편은 이스라엘이 이집트를 탈출한 출애굽 사건을 소재로 하나님의 권능과 은혜를 높이는 찬양입니다. 이집트는 당시 고대 세계에서 최강의 나라였고, 이스라엘은 수십 년간 강제 노동에 동원되어 시달리던 노예들이었습니다. 그러나 놀랍게도 주님께서는 강력한 이집트가 아니라 초라한 이스라엘을 택하셨습니다. '성소'는 하나님께서 거하시는 장소를 가리키니, 유다가 성소가 되었다는 말은 하나님께서 유다 가운데 거하신다는 의미입니다. 주님께서는 유다를 그분이 머무시는 곳으로, 이스라엘을 그분이 다스리는 나라로 삼으셨습니다. 하나님께서 행하시면 단단해 보이던 반석이 웅덩이가 되고, 바위에서는 샘이 솟습니다. 하나님 앞에서는 세상의 어떤 강력함도 영원하지 않습니다.

{ 제115편 }

주님은 마땅히 찬양받으실 분이시다

1 주님, 영광을 우리에게 돌리지 마십시오. 우리에게 돌리지 마시고, 오직 주님의 이름에만 영광을 돌리십시오. 그 영광은 다만 주님의 인자하심과 진실하심에 돌려주십시오. 2 어찌하여 이방 나라들이 "그들의 하나님이 어디에 있느냐?" 하고 말하게 하겠습니까?

3 우리 하나님은 하늘에 계셔서, 하고자 하시면 어떤 일이든 이루신다. 4 이방 나라의 우상은 금과 은으로 된 것이며, 사람이 손으로 만든 것이다. 5 입이 있어도 말하지 못하고, 눈이 있어도 볼 수 없으며, 6 귀가 있어도 듣지 못하고, 코가 있어도 냄새를 맡지 못하고, 7 손이 있어도 만지지 못하고, 발이 있어도 걷지 못하고, 목구멍이 있어도 소리를 내지 못한다. 8 우상을 만드는 사람이나 우상을 의지하는 사람은 모두 우상과 같이 되고 만다.

인자하심과 진실하심은 나란히 함께 쓰일 때가 종종 있는 것 같습니다. 어떤 특별한 뜻이 있나요? 107편에서도 살펴봤듯이 '인자하심'은 달리 '사랑', '긍휼', '자비'로도 옮길 수 있는 표현입니다. 지으신 사람을 향한 하나님의 사랑을 단적으로 표현하는 말입니다. 누구라도 하나님 보시기에 완벽할 수 없지만, 사람이 살 수 있는 것은 우리의 완벽함이 아니라 우리를 향한 그분의 사랑 때문입니다. '인자'와 함께 쓰인 '진실하심'은 '상대를 향한 한결같은 변함없음'을 의미한다고 볼 수 있습니다. 그러다 보니 이 단어는 '신실함'으로 번역되기도 하며, 그렇게 변함없는 것이라는 점에서 '진리'를 뜻하기도 합니다. 하나님은 진실하시니, 우리가 높든 낮든 상관없이 한결같은 분입니다. 인자하고 진실하신 하나님은 언제나 우리를 불쌍히 여기며 한결같이 사랑하시는 분입니다.

9 이스라엘아, 주님을 의지하여라. 주님은, 도움이 되어주시고, 방패가 되어주신다. 10 아론의 집이여, 주님을 의지하여라. 주님은 도움이 되어주시고, 방패가 되어주신다. 11 주님을 경외하는 사람들아, 주님을 의지하여라. 주님은, 도움이 되어주시고, 방패가 되어주신다.

12 주님께서 우리를 기억하여주셔서 복을 주시고, 이스라엘 집에도 복을 주시며, 아론의 집에도 복을 주신다. 13 주님을 경외하는 사람에게 복을 주시니, 낮은 사람, 높은 사람, 구별하지 않고 복을 주신다.

14 주님께서 너희를 번창하게 하여주시고, 너희의 자손을 번창하게 하여주시기를 바란다. 15 너희는 하늘과 땅을 지으신 주님에게서 복을 받은 사람이다. 16 하늘은 주님의 하늘이라도, 땅은 사람에게 주셨다.

17 죽은 사람은 주님을 찬양하지 못한다. 침묵의 세계로 내려간 사람은 어느 누구도 주님을 찬양하지 못한다. 18 그러나 우리는 이제부터 영원까지 주님을 찬양할 것이다.

할렐루야.

{ 제116편 }

주님께서 나를 죽음에서 구하실 때

1 주님, 주님께서 나의 간구를 들어주시기에, 내가 주님을 사랑합니다. 2 나에게 귀를 기울여주시니, 내가 평생토록 기도하겠습니다.

3 죽음의 올가미가 나를 얽어매고, 스올의 고통이 나를 엄습하여서, 고난과 고통이 나를 덮쳐올 때에, 4 나는 주님의 이름을 부르며 "주님, 간구합니다. 이 목숨을 구하여주십시오" 하였습니다.

5 주님은 은혜로우시고 의로우시며, 우리의 하나님은 긍휼이 많으신 분이시다. 6 주님은 순박한 사람을 지켜주신다. 내가 가련하게 되었을 때에, 나를 구원하여주셨다.

7 내 영혼아, 주님이 너를 너그럽게 대해주셨으니 너는 마음을 편히 가져라.

8 주님, 주님께서 내 영혼을 죽음에서 건져주시고, 내 눈에서

시 또는 노래라는 점을 감안하더라도, 1-2절처럼 "들어주시기에", "기울여주시니"와 같은 조건이 이루어져서 사랑하고 기도하는 건 좀 문제가 있는 거 아닌가요? "하나님께서 나의 간구를 들어주시니 내가 사랑합니다. 계속 기도하겠습니다"라는 고백은 온 세상을 지으시고 다스리시는 하나님이 나 개인과 특별한 관계 안에 있는 분이 되셨다는 의미로 이해할 수 있습니다. 믿음으로 기도한다 해서 모든 기도가 다 우리 뜻대로 이루어지지는 않습니다. 그러나 나의 기도를 하나님께서 들으시는 몇 번의 경험은 온 세상의 주님을 '나의 주님'으로 깨닫고 고백하게 합니다. 그래서 때로 우리의 기도가 응답되지 않더라도 우리는 주님을 신뢰하며 또 한 걸음 걸어갈 수 있고, 힘겹고 버거운 현실을 마주 대할 수 있는 용기도 생깁니다.

눈물을 거두어주시고, 내 발이 비틀거리지 않게 하여주셨으니, 9 내가 살아 있는 동안 주님 보시는 앞에서 살렵니다.

10 "내 인생이 왜 이렇게 고통스러우냐?" 하고 생각할 때에도, 나의 믿음은 흔들리지 않았습니다. 11 나는 한때, 몹시 두려워, "믿을 사람 아무도 없다" 하고 말하곤 하였습니다.

12 주님께서 나에게 베푸신 모든 은혜를, 내가 무엇으로 다 갚을 수 있겠습니까? 13 내가 구원의 잔을 들고, 주님의 이름을 부르겠습니다. 14 주님께 서원한 것은 모든 백성이 보는 앞에서 다 이루겠습니다.

15 성도들의 죽음조차도 주님께서는 소중히 여기신다.

16 주님, 진실로, 나는 주님의 종입니다. 나는 주님의 종, 주님의 여종의 아들입니다. 주님께서 나의 결박을 풀어주셨습니다.

17 내가 주님께 감사제사를 드리고, 주님의 이름을 부르겠습니다.

18 주님께 서원한 것은 모든 백성이 보는 앞에서 다 이루겠습니다. 19 예루살렘아, 네 한가운데서 주님의 성전 뜰 안에서, 주님께 서원한 것들을 모두 이루겠다.

할렐루야.

"모든 백성이 보는 앞에서 다 이루겠다"(14, 18절)고 두 번씩이나 말합니다. 왕의 다짐인가요? 같은 표현이 반복되는 것은 일종의 후렴이라고 볼 수 있습니다. 14절과 18절은 똑같은 표현의 반복입니다. 그 두 구절 바로 앞에 있는 13절과 17절도 거의 비슷합니다. 그래서 12–14절과 15–18절은 서로 대응되는 단락입니다. 13절의 '구원의 잔'과 17절의 '감사제사'는 서로 대응됩니다. 이 시는 크나큰 어려움을 겪을 때 "하나님께서 건져주시면 그 은혜를 잊지 않고 갚겠습니다"라고 서원하며 기도했던 이가 마침내 곤경에서 벗어나자 성전에 나아와 서원을 갚으며 감사제사를 드릴 때 부르는 노래입니다. 약속했던 것을 행하되, 혼자만의 일이 아니라 모든 백성 앞에서 행하는 모습은 오늘로 치면 다른 사람 앞에서 자신의 경험을 이야기하는 '간증'과 비슷합니다. 누군가의 경험은 간증을 통해 우리 모두의 경험이 됩니다.

{ 제117편 }

와서 주님을 찬송하여라

1 너희 모든 나라들아, 주님을 찬송하며, 너희 모든 백성들아, 그를 칭송하여라. 2 우리에게 향하신 주님의 인자하심이 크고 주님의 진실하심은 영원하다.

할렐루야.

{ 제118편 }

주님은 늘 자비하시다

1 주님께 감사하여라. 그는 선하시며, 그의 인자하심이 영원하다. 2 이스라엘아, "그의 인자하심이 영원하다" 하여라. 3 아론의 집아, "그의 인자하심이 영원하다" 하여라. 4 주님을 경외하는 사람들아, "그의 인자하심이 영원하다" 하여라.

5 내가 고난을 받을 때에 부르짖었더니, 주님께서 나에게 응답하여주시고, 주님께서 나를 넓은 곳에 세우셨다. 6 주님은 내 편이시므로, 나는 두렵지 않다. 사람이 나에게 무슨 해를 끼칠 수 있으랴? 7 주님께서 내 편이 되셔서 나를 도와주시니, 나를 미워하는 사람이 망하는 것을 내가 볼 것이다. 8 주님께 몸을 피하는 것이, 사람을 의지하는 것보다 낫다. 9 주님께 몸을 피하는 것이, 높은 사람을 의지하는 것보다 낫다.

10 뭇 나라가 나를 에워쌌지만, 나는 주님의 이름을 힘입어서 그들을 물리쳤다. 11 그들이 나를 겹겹이 에워쌌으나, 나는 주

비슷하거나 같은 단어와 문장들이 3번씩 반복됩니다. 의도적인 형식인가요? 1절이 주님을 찬양하라고 외치고, 2-4절은 이스라엘, 아론의 집, 주님을 경외하는 사람들을 향해 같은 명령을 반복합니다. 이렇게 세 집단을 불러내는 것을 115편 9-11절에서도 볼 수 있습니다. 아마도 이와 같은 외침은 '아론의 집', 즉 제사장 가운데 한 사람이 회중을 대표해 외친 소리일 것입니다. 아울러 10-12절 역시 "주님의 이름을 힘입어 물리쳤다"는 표현을 반복합니다. 어려움이 점점 커지지만, 굴하지 않고 믿음으로 섰음을 그렇게 표현합니다. 이러한 반복을 통해 시편 기자는 시련과 곤경에도 불구하고 주님의 인자하심을 잊지 않도록 깨우치며, 어려움이 나날이 커져갈지라도 인자하신 주님을 신뢰하고 낙심하거나 절망하지 말 것을 격려합니다.

님의 이름을 힘입어서 그들을 물리쳤다. 12 그들이 나를 벌 떼처럼 에워싸고, 가시덤불에 붙은 불처럼 나를 삼키려고 하였지만, 나는 주님의 이름을 힘입어서 그들을 물리쳤다. 13 네가 나를 밀어서 넘어뜨리려고 하였어도, 주님께서 나를 도우셨다. 14 주님은 나의 능력, 나의 노래, 나를 구원하여주시는 분이시다.

15 의인의 장막에서 환호하는 소리, 승리의 함성이 들린다. "주님의 오른손이 힘차시다. 16 주님의 오른손이 높이 들렸다. 주님의 오른손이 힘차시다."

17 내가 죽지 않고 살아서, 주님께서 하신 일을 선포하겠다.

18 주님께서는 엄히 징계하셔도, 나를 죽게 버려두지는 않으신다.

19 구원의 문들을 열어라. 내가 그 문들로 들어가서 주님께 감사를 드리겠다.

20 이것이 주님의 문이다. 의인들이 그리로 들어갈 것이다.

21 주님께서 나에게 응답하시고, 나에게 구원을 베푸셨으니,

"주님이 구별해주신 날"(24절)은 언제를 말하나요? 기뻐하고 즐거워하자는 걸 보면 축제인가요? 무엇보다도 그날은 주님께서 부르짖는 자의 기도를 들으신 날이며, 그를 위해 구원을 베푸신 날입니다(21절). 시인에게는 고난이 있었습니다(5절). 그리고 많은 사람이 그를 둘러싸고 힘겹게 했습니다(10~12절). 시인은 매우 중요하고 특별해서 많은 사람이 주목하는 그런 이가 아니라, 마치 집을 지을 때 필요 없어서 버리는 돌과 같은 존재였는데, 놀랍게도 하나님께서는 그런 시인을 들어서 가장 요긴하고 중요한 자리에 두셨습니다(22절). "낮고 약한 이를 들어 존귀하고 중요하게 하시는 하나님"은 시편에서 줄기차게 반복되는 핵심 주제입니다. 시인은 자신의 삶에서 그와 같은 하나님의 은혜를 경험했습니다. "주님이 구별해주신 날"은 바로 그런 날, 약한 자로 존귀하게 하신 날, 밑바닥에 있던 이를 세우셔서 아름답게 하신 날입니다. 그러니 그날에 기뻐하고 즐거워하는 일이 빠질 수 없겠지요.

내가 주님께 감사를 드립니다.

22 집 짓는 사람들이 내버린 돌이, 집 모퉁이의 머릿돌이 되었다. 23 이것은 주님께서 하신 일이니, 우리의 눈에는 기이한 일이 아니냐? 24 이날은 주님이 구별해주신 날, 우리 모두 이 날에 기뻐하고 즐거워하자.

25 주님, 간구합니다. 우리를 구원하여주십시오. 주님, 간구합니다. 우리를 형통하게 해주십시오.

26 주님의 이름으로 오는 이에게는 복이 있다. 주님의 집에서 우리가 너희를 축복하였다. 27 주님은 하나님이시니, 우리에게 빛을 비추어주셨다. 나뭇가지로 축제의 단을 장식하고, 제단의 뿔도 꾸며라.

28 주님은 나의 하나님이시니, 내가 주님께 감사드립니다. 내 하나님, 내가 주님을 높이 기리겠습니다.

29 주님께 감사하여라. 그는 선하시며, 그의 인자하심이 영원하다.

{ 제119편 }

주님의 법을 찬양함

1 그 행실이 온전하고 주님의 법대로 사는 사람은, 복이 있다.

2 주님의 증거를 지키며 온 마음을 기울여서 주님을 찾는 사람은, 복이 있다. 3 진실로 이런 사람들은 불의를 행하지 않고, 주님께서 가르치신 길을 따라 사는 사람이다.

4 주님, 주님께서는 우리에게 주님의 법도를 주시고, 성실하게 지키라고 명령하셨습니다. 5 내가 주님의 율례들을 성실하게 지킬 수 있도록, 내 길을 탄탄하게 하셔서 흔들리는 일이 없게 해주십시오. 6 내가 주님의 모든 계명들을 낱낱이 마음에 새기면, 내가 부끄러움을 당할 일이 없을 것입니다. 7 내가 주님의 의로운 판단을 배울 때에, 정직한 마음으로 주님께 감사하겠습니다. 8 주님의 율례들을 지킬 것이니, 나를 아주 버리지 말아 주십시오.

9 젊은이가 어떻게 해야 그 인생을 깨끗하게 살 수 있겠습니까? 주님의 말씀을 지키는 길, 그 길뿐입니다. 10 내가 온 마

굉장히 긴 시입니다. 이 시편만의 특징이 있습니까? 176절로 이루어진 이 시는 신구약을 통틀어 성경 전체에서 가장 긴 장입니다. 119편의 주제는 1절에 제시된 대로 '주님의 법대로 사는 복된 삶'입니다. 이렇게 '주님의 법', 달리 '율법'에 대해 노래하는 시는 시편에 1편, 19편, 119편 이렇게 셋이 있습니다. 시편집 4권(90~106편)이 노래하는 주제가 "주 하나님께서 다스리신다"였으니, 이어지는 시편집 5권(107~150편)의 주제가 "할렐루야", 즉 "주님을 찬양하라"인 것은 당연할 겁니다. 그렇게 주님의 다스리심을 신뢰하며 찬송하는 사람의 일상은 어떤 모습일까요? 그 일상의 중심에 바로 '주님의 법'을 묵상하며 실천하는 삶이 있습니다. 119편이 하필 시편집 5권에 배열된 것도 그렇게 "할렐루야 찬송을 부르며 일상에서 주님의 법을 따르라"고 말하고 싶었기 때문일 것입니다.

음을 다하여 주님을 찾습니다. 주님의 계명에서 벗어나지 않게 하여주십시오. 11 내가 주님께 범죄하지 않으려고, 주님의 말씀을 내 마음속에 깊이 간직합니다. 12 찬송을 받으실 주님, 주님의 율례를 나에게 가르쳐주십시오. 13 주님의 입으로 말씀하신 그 모든 규례들을, 내 입술이 큰 소리로 반복하겠습니다. 14 주님의 교훈을 따르는 이 기쁨은, 큰 재산을 가지는 것보다 더 큽니다. 15 나는 주님의 법을 묵상하며, 주님의 길을 따라가겠습니다. 16 주님의 율례를 기뻐하며, 주님의 말씀을 잊지 않겠습니다.

17 주님의 종을 너그럽게 대해주십시오. 그래야 내가 활력이 넘치게 살며, 주님의 말씀을 지킬 수 있습니다. 18 내 눈을 열어주십시오. 그래야 내가 주님의 법 안에 있는 놀라운 진리를 볼 것입니다. 19 나는 땅 위를 잠시 동안 떠도는 나그네입니다. 주님의 계명을 나에게서 감추지 마십시오. 20 내 영혼이 주님의 율례들을 늘 사모하다가 쇠약해졌습니다. 21 주님께서는 오

"복이 있다"(1-2절)라는 표현이 낯섭니다. 우리말에서는 보통 "복을 받다"라고 쓰는데, "복이 있다"라는 표현은 이스라엘의 언어적 습관이나 사고에서 비롯된 것인가요? 같은 히브리어를 "복이 있다", "복되어라", "복 받았도다", "행복하다" 등으로 번역하는 것이 가능해서 우리와 히브리의 언어적 습관이 크게 다르지는 않습니다. 우리는 어떤 사람을 보고 복 받았다 생각하고, 또 언제 우리 스스로 행복하다고 생각하나요? 119편은 주님의 법대로 사는 자, 그 율법을 온 마음으로 지키는 이가 복되다고 노래합니다. 특히 이 "복이 있다"는 시편 전체의 가장 첫 단어로(1:1), 거기에서는 악인의 꾀와 길을 따르지 않되 주님의 율법을 즐거워하며 묵상하는 삶이 복이 있다고 선언합니다. 이제껏 시편에서 읽은 대로, 시편 기자의 삶은 고난이 많았고 탄식이 끊이질 않았으며 가난했습니다. 그러나 시편은 가난의 여부, 탄식의 여부에 행복이 달린 것이 아니라고 이야기합니다. 많은 사람이 걸어가는 그 못되고 악한 길이 아니라, 주님의 법을 기뻐하고 살아가는 것이 행복이라고 증언합니다.

만한 자들을 책망하십니다. 그 저주받은 자들은 주님의 계명에서 이탈하는 자들입니다. 22 그들이 나를 멸시하지 못하게 해주십시오. 그들이 나를 비웃지 못하게 해주십시오. 나는 주님의 교훈을 잘 지켰습니다. 23 고관들이 모여 앉아서, 나를 해롭게 할 음모를 꾸밉니다. 그러나 주님의 종은 오직 주님의 율례를 묵상하겠습니다. 24 주님의 증거가 나에게 기쁨을 주며, 주님의 교훈이 나의 스승이 됩니다.

25 내 영혼이 진토 속에서 뒹구니, 주님께서 약속하신 대로, 나에게 새 힘을 주십시오. 26 내가 걸어온 길을 주님께 말씀드렸고, 주님께서도 나에게 응답하여주셨으니, 주님의 율례를 내게 가르쳐주십시오. 27 나를 도우셔서, 주님의 법도를 따르는 길을 깨닫게 해주십시오. 주님께서 이루신 기적들을 묵상하겠습니다. 28 내 영혼이 깊은 슬픔에 빠졌으니, 주님께서 약속하신 대로, 나에게 힘을 주십시오. 29 그릇된 길로 가지 않도록, 나를 지켜주십시오. 주님의 은혜로, 주님의 법을 나에게 가르쳐주십시오. 30 내가 성실한 길을 선택하고 내가 주님의

비슷한 뜻을 가진 단어들이 반복됩니다. 주님의 법도, 주님의 율례, 주님의 계명 등등… 같은 뜻 다른 표현인가요? 이런 단어들을 반복하는 의도는 무엇인가요? 119편의 또 다른 특징은 176개의 절 거의 모두에 '주님의 법'을 가리키는 다양한 표현이 등장한다는 점입니다. 그러한 표현으로는 법, 증거, 길, 법도, 율례, 계명, 판단, 말씀, 교훈, 약속, 심판, 규례 등이 있습니다. 90절과 121절의 경우 그와 직접적으로 연관된 표현이 없지만, 90절에서는 '주님의 성실하심', 121절에서는 '공의와 정의'가 주님의 법의 특징을 표현했다고 볼 수 있습니다. 122절에는 그런 단어가 없지만, 돕겠다고 '약속하다'라는 동사가 그 역할을 암시합니다. 그리고 132절에서는 "주님의 이름을 사랑하는 사람에게 하시듯이"로 번역되어 있는데, 119편 다른 곳에서 '판단'(예, 7절), '규례'(예, 13절)로 옮겨진 히브리어가 '관례' 같은 의미로 이해되어 '하시듯이'로 번역되었습니다. 결국 119편 전체는 '주님의 법'을 노래하는 시입니다.

규례들을 언제나 명심하고 있습니다. 31 주님, 내가 주님의 증거를 따랐으니, 내가 수치를 당하는 일이 없도록 하여주십시오. 32 주님께서 나에게 큰 깨달음을 주시면, 내가 주님의 계명들이 인도하는 길로 달려가겠습니다.

33 주님, 주님의 율례들이 제시하는 길을 내게 가르쳐주십시오. 내가 언제까지든지 그것을 지키겠습니다. 34 나를 깨우쳐주십시오. 내가 주님의 법을 살펴보면서, 온 마음을 기울여서 지키겠습니다. 35 내가, 주님의 계명들이 가리키는 길을 걷게 하여주십시오. 내가 기쁨을 누릴 길은 이 길뿐입니다. 36 내 마음이 주님의 증거에만 몰두하게 하시고, 내 마음이 탐욕으로 치닫지 않게 해주십시오. 37 내 눈이 헛된 것을 보지 않게 해주시고, 주님의 길을 활기차게 걷게 해주십시오. 38 주님을 경외하는 사람과 맺으신 약속, 주님의 종에게 꼭 지켜주십시오. 39 주님의 규례는 선합니다. 내가 무서워하는 비난에서 나를 건져주십시오. 40 내가 주님의 법도를 사모합니다. 주님의

의로 내게 새 힘을 주십시오.

41 주님, 주님께서 말씀하신 그대로, 주님의 인자하심과 구원을 내게 베풀어주십시오. 42 그때에 나는 주님의 말씀을 의지하고, 나를 비난하는 사람에게 응수하겠습니다. 43 내가 주님의 규례들을 간절히 바라니, 진리의 말씀이 내 입에서 잠시도 떠나지 않게 해주십시오. 44 내가 주님의 율법을 늘 지키고, 영원토록 지키겠습니다. 45 내가 주님의 법도를 열심히 지키니, 이제부터 이 넓은 세상을 거침없이 다니게 해주십시오. 46 왕들 앞에서 거침없이 주님의 증거들을 말하고, 부끄러워하지 않겠습니다. 47 주님의 계명들을 내가 사랑하기에 그것이 나의 기쁨이 됩니다. 48 주님의 계명들을 내가 사랑하기에, 두 손을 들어서 환영하고, 주님의 율례들을 깊이 묵상합니다.

49 주님의 종에게 하신 말씀을 기억해주십시오. 주님께서는 말씀으로 내게 희망을 주셨습니다. 50 주님의 말씀이 나를 살려주었으니, 내가 고난을 받을 때에, 그 말씀이 나에게 큰 위로가

계명은 보통 "~하지 말라", "~하라" 같은 것들이지 않나요? 어떻게 그것이 기쁨이 되나요? 또 어떻게 그 계명을 환영하고 깊이 묵상할 수 있나요?(47-48절) 바로 앞 내용에서 보았듯이, 119편에서는 '주님의 법'을 가리키는 다양한 단어들이 쓰였습니다. 그 단어들은 때로 '약속'을 의미하기도 하고 '말씀'이기도 하며 '계명'이기도 합니다. 그렇기에 '계명'이라는 말을 두고 "~ 하라", "~ 하지 말라"로만 생각할 필요는 없습니다. 또 주님께서 우리에게 무엇을 하라고 명하시는 것은 대개 그 의미도 모른 채 위에서 시키니까 해야 하는 것이 아니라 "이웃을 사랑하라", "정의를 행하라"처럼 스스로 그 내용을 생각해서 결정해야 하는 명령이 많습니다. "하지 말라" 역시 "네 이웃을 억압하지 말라", "네 형제를 미워하지 말라" 같은 명령이 많으며, 구체적으로 어떻게 따라야 할지 궁리가 필요합니다. 그래서 이와 같은 말씀을 묵상하고 생각하면서 우리는 주님께서 어떤 분이신지, 우리처럼 부족한 이들에게 어떤 삶을 원하시는지 깨닫게 됩니다. 그때의 기쁨은 그러한 깨달음을 누려본 자들만이 알 것입니다.

되었습니다. 51 교만한 자들이 언제나 나를 혹독하게 조롱하여도, 나는 그 법을 떠나지 않았습니다. 52 주님, 예부터 내려온 주님의 규례들을 기억합니다. 그 규례가 나에게 큰 위로가 됩니다. 53 악인들이 주님의 율법을 무시하는 것을 볼 때마다, 내 마음속에서 분노가 끓어오릅니다. 54 덧없는 세상살이에서 나 그네처럼 사는 동안, 주님의 율례가 나의 노래입니다. 55 주님, 내가 밤에도 주님의 이름을 기억하고, 주님의 법을 지킵니다. 56 주님의 법도를 따라서 사는 삶에서 내 행복을 찾습니다.

57 주님, 주님은 나의 분깃, 내가 주님의 말씀을 지키겠습니다. 58 내가 온 마음을 다하여서 주님께 간구하니, 주님께서 약속하신 대로, 내게 은혜를 베풀어주십시오. 59 내가 발걸음을 돌려 주님의 증거를 따라갑니다. 60 내가 주저하지 않고, 서둘러 주님의 계명을 지키겠습니다. 61 악인들이 나를 줄로 얽어매어도, 나는 주님의 법을 잊지 않습니다. 62 한밤중에라도, 주님의 의로운 규례들이 생각나면, 벌떡 일어나서 주님께 감사를 드립니다. 63 주님을 경외하는 사람이면 누구에게나, 나는 친구가 됩니다. 주님의 법도를 지키는 사람이면 누구에

이 시편의 저자는 성직자인가요? "주님의 법도를 따라서 사는 삶에서 행복을 찾는다"(56절)는 언급을 보면 신앙의 수준이나 고백이 비범해 보입니다. 시편은 고대 이스라엘 사람들이 그들의 삶의 여정에서 경험하는 이런저런 기쁨과 괴로움을 주님을 향한 고백과 찬양으로 표현한 것입니다. 그런데 이 책이 이후 동서양의 수많은 기독교인에게 수천 년 동안 널리 읽혔다는 것은 이 시가 노래하는 내용이 그 길고 긴 세월 동안 매우 다른 환경을 살아가는 사람들에게 설득력이 있고 공감되었기 때문일 것입니다. '성직자'라고 해서 믿음이 더 깊은 사람들이라고 볼 필요가 전혀 없지만, 만약 시편이 성직자처럼 특정한 환경에 있는 사람의 고백이었다면 이렇게 널리 읽히지는 않았겠지요. 주님의 법, 진리를 따라 살아갈 때 누리는 기쁨은 결코 성직자의 기쁨이 아니라 모든 사람의 것입니다.

게나, 나는 친구가 됩니다. 64 주님, 주님의 인자하심이 온 땅에 가득합니다. 주님의 율례를 나에게 가르쳐주십시오.

65 주님, 주님께서 약속하신 대로, 주님께서는 주님의 종인 나를 잘 대해주셨습니다. 66 내가 주님의 계명을 따르니, 올바른 통찰력과 지식을 주십시오. 67 내가 고난을 당하기 전까지는 잘못된 길을 걸었으나, 이제는 주님의 말씀을 지킵니다. 68 선하신 주님, 너그러우신 주님, 주님의 율례들을 내게 가르쳐주십시오. 69 오만한 자들이 거짓으로 내 명예를 훼손하였지만, 나는 온 정성을 기울여서, 주님의 법도를 지키겠습니다. 70 그들의 마음은 무뎌 분별력을 잃었으나, 나는 주님의 법을 즐거워합니다. 71 고난을 당한 것이, 내게는 오히려 유익하게 되었습니다. 그 고난 때문에, 나는 주님의 율례를 배웠습니다. 72 주님께서 나에게 친히 일러주신 그 법이, 천만 금은보다 더 귀합니다.

73 주님께서 손으로 몸소 나를 창조하시고, 나를 세우셨으니, 주님의 계명을 배울 수 있는 총명도 주십시오. 74 내가 주님의 말씀에 희망을 걸고 살아가기에, 주님을 경외하는 사람들이 나를 보면, 기뻐할 것입니다. 75 주님, 주님의 판단이 옳은 줄을,

고난이 주는 유익함을 말합니다(71, 75절). 고난 없는 유익이 더 좋은 거 아닌가요? 아니면 아예 고난이 없거나요. 누구나 자기 삶에 고난이 없기를 바라지만, 우리 삶에는 반드시 고난이 있습니다. 중요한 것은 그 고난을 견뎌내고 이해하는 태도와 방식입니다. 특히 시편에서는 이제껏 무수하게 많은 시들이 심한 고난 속에서 하나님께 부르짖는 탄식을 중심 내용으로 삼았습니다. 고난을 겪으면서 우리는 자신이 누리는 넉넉함 때문에 하나님을 신뢰하는지, 아니면 어려움에도 불구하고 하나님을 신뢰하는지 스스로의 신앙을 돌아보게 됩니다. 고난에도 불구하고 하나님을 신뢰하는 것을 배울 때, 고난에도 불구하고 옳은 일을 포기하지 않을 수 있습니다. 고난을 겪지 않고서는 다른 이들의 고난을 거의 이해할 수 없을 것입니다. 그래서 고난을 겪으면 다른 사람을 이해하고 사랑하는 힘을 얻기도 합니다.

나는 압니다. 주님께서 나에게 고난을 주신 것도, 주님께서 진실하시기 때문이라는 것을, 나는 압니다. 76 주님의 종에게 약속하신 말씀대로, 주님의 인자하심을 베풀어주셔서, 나를 위로해주십시오. 77 주님의 법이 나의 기쁨이니, 주님의 긍휼을 나에게 베풀어주십시오. 그러면 내가 새 힘을 얻어 살 것입니다. 78 이유도 없이 나를 괴롭히는 저 오만한 자들은, 수치를 당하게 해주십시오. 나는 주님의 법도만을 생각하겠습니다. 79 주님을 경외하는 사람들이 내게로 돌아오게 해주십시오. 그들은 주님의 증거를 아는 사람들입니다. 80 내 마음이 주님의 율례들을 완전히 지켜서, 내가 수치를 당하지 않게 해주십시오.

81 내 영혼이 지치도록 주님의 구원을 사모하며, 내 희망을 모두 주님의 말씀에 걸어두었습니다. 82 '주님께서 나를 언제 위로해주실까' 하면서 주님의 말씀을 기다리다가, 시력조차 잃었습니다. 83 내가 비록 연기에 그을린 가죽부대처럼 되었어도, 주님의 율례들만은 잊지 않습니다. 84 주님의 종이 살 수 있는 날이 이제 얼마 남지 않았습니다. 나를 핍박하는 자를 언제 심

"내 마음이 주님의 율례들을 완전히 지켜서"(80절). "주님의 모든 법도를 어김없이 지키고"(128절). 거듭 반복되는 이렇게 지킨다는 것이 하나님 앞에서 가능한 일인가요? 119편 첫 구절 역시 "행실이 온전하고 주님의 법대로 사는 사람은 복되다"고 선언합니다. 과연 그 누가 '완전한 삶'을 살 수 있겠습니까? 그럼에도 성경은 '완전한 삶'으로 우리를 초대합니다. 완전한 삶에 대한 강조는 우리가 더 나은 삶을 살 수 있음을 알려 준다는 점에서, 인간의 존귀함과 존엄함에 대한 강조라고 볼 수 있습니다. 아울러 우리의 연약함에서 비롯되는 죄악을 숨기지 않고 주께 아뢸 때, 그리고 우리가 잘못한 사람에게 사과할 때, 주님께서는 우리를 용서하십니다. 그렇게 우리 죄악을 숨김없이 고백하고 인정하는 삶 역시 주께서 우리에게 찾으시는 '완전한 삶'입니다. 죄를 전혀 짓지 않는 삶이 아니라, 언제든 넘어지면 다시 일어나서 죄악을 고백하고 인정하며, 포기하지 않고 다시 주의 율례를 따라 살아가려는 삶이야말로 완전한 삶입니다.

판하시겠습니까? 85 주님의 법대로 살지 않는 저 교만한 자들이, 나를 빠뜨리려고 구덩이를 팠습니다. 86 주님의 계명들은 모두 진실합니다. 사람들이 무고하게 나를 핍박하니, 나를 도와주십시오. 87 이 세상에서, 그들이 나를 거의 다 죽여놓았지만, 주님의 법도를 나는 잊지 않았습니다. 88 주님의 인자하심으로 나를 살려주십시오. 그러면 주님께서 친히 명하신 증거를 지키겠습니다.

89 주님, 주님의 말씀은 영원히 살아 있으며, 하늘에 굳건히 자리 잡고 있습니다. 90 주님의 성실하심은 대대에 이릅니다. 땅의 기초도 주님께서 놓으신 것이기에, 언제나 흔들림이 없습니다. 91 만물이 모두 주님의 종들이기에, 만물이 오늘날까지도 주님의 규례대로 흔들림이 없이 서 있습니다. 92 주님의 법을 내 기쁨으로 삼지 아니하였더라면, 나는 고난을 이기지 못하고 망하고 말았을 것입니다. 93 주님께서 주님의 법도로 나를 살려주셨으니, 나는 영원토록 그 법도를 잊지 않겠습니다. 94 나는 주님의 것이니, 나를 구원하여주십시오. 나는 열심히 주님의 법도를 따랐습니다. 95 악인들은, 내가 망하기를

우리말로 볼 때 절의 길이가 비슷합니다. 일정한 형식이나 운율의 틀에 따라 맞춰 쓴 것인가요? 구약성경은 거의 대부분 히브리어로 기록되어 전해집니다. 히브리어 알파벳은 모두 22개인데, 119편의 경우 첫 여덟 절은 히브리어 알파벳 첫 글자로 시작하는 단어가 가장 앞부분에 있습니다. 그리고 다음 여덟 절은 히브리어 알파벳 두 번째 글자로 시작하는 단어가 각각의 절 첫 부분에 있습니다. 이렇게 22개의 알파벳마다 여덟 절씩이니, 모두 176개의 절이 됩니다. 이러한 배열은 예술적이고 문학적인 아름다움 때문에 생겨났을 것이라고 여겨집니다. 우리는 말씀의 의미만을 중요하게 여기지만, 고대 이스라엘 사람은 이처럼 예술적인 아름다움까지 표현했습니다. 그래서 시편을 읽을 때는 신앙적인 동기만이 아니라 글 자체의 아름다움도 함께 음미하면 좋습니다.

간절히 바라지만, 나는 주님의 교훈만을 깊이깊이 명심하겠습니다. 96 아무리 완전한 것이라도, 모두 한계가 있다는 것을 알았습니다. 그러나 주님의 계명은 완전합니다.

97 내가 주님의 법을 얼마나 사랑하는지, 온종일 그것만을 깊이 생각합니다. 98 주님의 계명이 언제나 나와 함께 있으므로, 그 계명으로 주님께서는 나를 내 원수들보다 더 지혜롭게 해 주십니다. 99 내가 주님의 증거를 늘 생각하므로, 내가 내 스승들보다도 더 지혜롭게 되었습니다. 100 내가 주님의 법도를 따르므로, 노인들보다도 더 슬기로워졌습니다. 101 주님의 말씀을 지키려고, 나쁜 길에서 내 발길을 돌렸습니다. 102 주님께서 나를 가르치셨으므로, 나는 주님의 규례들에서 어긋나지 않았습니다. 103 주님의 말씀의 맛이 내게 어찌 그리도 단지요? 내 입에는 꿀보다 더 답니다. 104 주님의 법도로 내가 슬기로워지니, 거짓된 길은 어떤 길이든지 미워합니다.

105 주님의 말씀은 내 발의 등불이요, 내 길의 빛입니다. 106 주님의 의로운 규례들을 지키려고, 나는 맹세하고 또 다짐합니다. 107 주님, 내가 받는 고난이 너무 심하니, 주님께서 약속하신 대

주님의 약속과 증거를 믿는다면서 지은이는 왜 주님과 주님의 판단을 두려워하며 떠는 걸까요? 구약성경이 말하는 '두려움'은 '공포'와는 좀 다릅니다. '주님에 대한 두려움'은 달리 말하면 '주님을 경외하는 것'인데, 이는 사람을 제 마음대로 처분하고 휘둘러대는 무시무시하고 강력한 힘에 대한 공포 같은 것이 아니라, 온 땅의 유일하신 주님을 알고 인정하는 것에 좀 더 가깝습니다. 자신이 가진 힘과 돈을 믿고 횡포를 부리는 이를 두고 "하늘 무서운 줄 모른다"고 말하지 않습니까? 그처럼 주님을 두려워한다는 것은 이 세상에 하나님께서 살아계셔서 의로운 이를 지키신다는 것, 그리고 그분께서 악을 반드시 심판하신다는 것, 약자를 억압하고 괴롭히며 힘을 휘두르는 자에게는 반드시 하늘의 심판이 있다는 것을 기억하는 겁니다. 그럴 때 그는 일상에서 용기를 내서 좀 더 나은 삶을 살아갈 것입니다.

로 나를 살려주십시오. 108 주님, 내가 기쁨으로 드리는 감사의 기도를 즐거이 받아주시고, 주님의 규례를 내게 가르쳐주십시오. 109 내 생명은 언제나 위기에 처해 있습니다만, 내가 주님의 법을 잊지는 않습니다. 110 악인들은 내 앞에다가 올무를 놓지만, 나는 주님의 법도를 벗어나지 않습니다. 111 주님의 증거는 내 마음의 기쁨이요, 그 증거는 내 영원한 기업입니다. 112 내 마지막 순간까지, 변함없이 주님의 율례를 지키기로 결심하였습니다.

113 나는, 두 마음을 품은 자를 미워하지만, 주님의 법은 사랑합니다. 114 주님은 나의 은신처요, 방패이시니, 주님께서 하신 약속에 내 희망을 겁니다.

115 악한 일을 하는 자들아, 내게서 떠나가거라. 나는 내 하나님의 계명을 지키겠다.

116 주님께서 약속하신 대로, 나를 붙들어 살려주시고, 내 소망을 무색하게 만들지 말아 주십시오. 117 나를 붙들어주십시오. 그러면 내가 구원을 얻고, 주님의 율례들을 항상 살피겠습니다. 118 주님의 율례들에서 떠나는 자를 주님께서 다 멸시하셨으

니, 그들의 속임수는 다 헛것입니다. 119 세상의 모든 악인을 찌꺼기처럼 버리시니, 내가 주님의 증거를 사랑합니다. 120 이 몸은 주님이 두려워서 떨고, 주님의 판단이 두려워서 또 떱니다. 121 나는 공의와 정의를 행하였으니, 억압하는 자들에게 나를 내주지 마십시오. 122 주님의 종을 돕겠다고 약속하여주시고, 오만한 자들이 나를 억압하지 못하게 해주십시오. 123 내 눈이 주님의 구원을 기다리다가 피곤해지고, 주님의 의로운 말씀을 기다리다가 지쳤습니다. 124 주님의 인자하심을 따라 나를 맞아주시고, 주님의 율례들을 내게 가르쳐주십시오. 125 나는 주님의 종이니, 주님의 증거를 알 수 있도록 나를 깨우쳐주십시오. 126 그들이 주님의 법을 짓밟아버렸으니, 지금은 주님께서 일어나실 때입니다. 127 그러므로 내가 주님의 계명들을, 금보다, 순금보다 더 사랑합니다. 128 그러므로 내가 매사에 주님의 모든 법도를 어김없이 지키고, 모든 거짓 행위를 미워합니다.

129 주님의 증거가 너무 놀라워서, 내가 그것을 지킵니다. 130 주님의 말씀을 열면, 거기에서 빛이 비치어 우둔한 사람도 깨닫게 합니다. 131 내가 주님의 계명을 사모하므로, 입을 벌리

주님의 계명을 사랑한다(127, 131절)고 과장법으로 표현합니다. 지은이의 의도는 무엇인가요? 성경은 곧잘 "금은보다 주님을, 또 주님의 말씀을 사랑한다"는 표현을 씁니다. 사람이 살면서 결국 원하는 것은 금은으로 대표되는 부귀영화일 텐데, 이와 같은 성경의 고백은 부귀영화보다 더 나은 것이 주님의 말씀, 즉 그 말씀을 묵상하고 실천하며 살아가는 삶임을 증언합니다. 온통 더 많은 재물을 얻고자 하고 그렇게 되어야만 안심하는 세상에서, 우리는 어떻게 사는 것이 참된 삶인지, 그냥 이렇게 남들처럼 살아가면 되는 것인지 고민하며 괴로워합니다. 그렇게 참된 삶과 진리를 찾는 갈망을 시인은 "입을 벌리고 헐떡인다"고 표현했을 겁니다. 목마른 자에게 한 그릇 물이 생수이듯, 진리를 찾는 이들에게 주님의 말씀은 생명의 물입니다.

고 헐떡입니다. 132 주님의 이름을 사랑하는 사람에게 하시듯이 주님의 얼굴을 내게로 돌리셔서, 나에게 은혜를 베풀어주십시오. 133 내 걸음걸이를 주님의 말씀에 굳게 세우시고, 어떠한 불의도 나를 지배하지 못하게 해주십시오. 134 사람들의 억압에서 나를 건져주십시오. 그러시면 내가 주님의 법도를 지키겠습니다. 135 주님의 종에게 주님의 밝은 얼굴을 보여주시고, 주님의 율례들을 내게 가르쳐주십시오. 136 사람들이 주님의 법을 지키지 않으니, 내 눈에서 눈물이 시냇물처럼 흘러내립니다. 137 주님, 주님은 의로우시고, 주님의 판단은 올바르십니다. 138 주님께서 세우신 증거는 의로우시며, 참으로 진실하십니다. 139 내 원수들이 주님의 말씀을 잊어버리니, 내 열정이 나를 불사릅니다. 140 주님의 말씀은 정련되어 참으로 순수하므로, 주님의 종이 그 말씀을 사랑합니다. 141 내가 미천하여 멸시는 당하지만, 주님의 법도만은 잊지 않았습니다. 142 주님의 의는 영원하고, 주님의 법은 진실합니다. 143 재난과 고통이 내게 닥쳐도, 주님의 계명은 내 기쁨입니다. 144 주님의 증거는 언제나 의로우시니, 그것으로 나를 깨우쳐주시고 이 몸이

119편에서 '주님의 증거'가 17번 나옵니다. 이것은 무슨 뜻인가요? 모두 같은 뜻으로 사용되었나요? 119편에 '주님의 법'을 가리키는 여러 단어가 거의 모든 절마다 쓰였다는 점을 앞에서 이야기했습니다. 그 가운데 하나가 '주님의 증거'입니다. '증거'라는 말은 법정 혹은 재판과 연관된 표현으로, 어떤 사건을 판단하게 하는 결정적인 근거를 가리킵니다. 이 표현이 구약성경에서는 주님의 말씀을 가리키는 것으로 매우 빈번하게 쓰입니다. 이를 통해 주님의 말씀은 주님께서 책임지고 알리신 내용이며, 확실하고 견고하다는 점을 보여줍니다. 사건을 판단할 때 증거에 기반을 둬야 하듯이, 우리의 모든 삶은 주님께서 일러주신 증거, 그 법을 따라 이루어져야 합니다.

활력을 얻게 해주십시오.

145 온 마음을 다하여 부르짖으니, 주님, 나에게 응답하여주십시오. 내가 주님의 율례들을 굳게 지키겠습니다. 146 내가 주님을 불렀으니, 나를 구원하여주십시오. 내가 주님의 증거를 지키겠습니다. 147 주님의 말씀을 갈망하여 날이 밝기도 전에 일어나서 울부짖으며, 148 주님의 말씀 묵상하다가, 뜬눈으로 밤을 지새웁니다. 149 주님, 주님의 인자하심을 따라 내 간구를 들어주십시오. 주님, 주님의 규례를 따라 나를 살려주십시오. 150 악을 따르는 자가 가까이 왔습니다. 그들은 주님의 법과 거리가 먼 자들입니다. 151 그러나 주님, 주님께서 나에게 가까이 계시니, 주님의 계명은 모두 다 진실합니다. 152 주님께서 영원한 증거를 주셨습니다. 나는 그 증거를 오래전부터 잘 알고 있었습니다.

153 내가 주님의 법을 어기지 않았으니, 내 고난을 보시고, 나

를 건져주십시오. 154 내 변호인이 되셔서, 나를 변호해주시고, 주님께서 약속하신 말씀대로, 나를 살려주십시오. 155 악인은 주님의 율례를 따르지 않으니, 구원은 그들과는 거리가 멉니다. 156 주님, 주님은 긍휼이 많으신 분이시니, 주님의 규례로 나를 살려주십시오. 157 나를 핍박하는 자들과 나를 대적하는 자들이 많으나, 나는 주님의 증거에서 떠나지 않았습니다. 158 주님의 말씀을 지키지 아니하는 저 배신자들을 보고, 나는 참으로 역겨웠습니다. 159 주님의 법도를 따르기를 내가 얼마나 좋아하였는지를, 살펴보아 주십시오. 주님, 주님의 인자하심을 따라 나를 살려주십시오. 160 주님의 말씀은 모두 진리이며, 주님의 의로운 규례들은 모두 영원합니다.

161 권력자는 이유 없이 나를 핍박하지만, 내 마음이 두려워하는 것은 주님의 말씀뿐입니다. 162 많은 전리품을 들고 나오는 자들이 즐거워하듯이, 나는 주님의 말씀을 즐거워합니다. 163 나는 거짓은 미워하고 싫어하지만, 주님의 법은 사랑합니다. 164 주님의 공의로운 규례들을 생각하면서, 내가 하루에도 일곱 번씩 주님을 찬양합니다. 165 주님의 법을 사랑하는

"일곱 번씩 주님을 찬양합니다"(164절)에서 '일곱 번'은 어떤 규칙에 의한 것인가요, 아니면 다른 뜻이 있나요? 성경에서 숫자 7은 완전, 충만 같은 상징적인 의미를 지니며, 그래서 '하나님의 행하심'을 뜻하기도 합니다. 나팔 부는 일곱 제사장을 중심으로 여리고 성을 7일 동안 돌되, 일곱째 날에는 일곱 바퀴를 돌라는 명령(수 6:1-7)에는 숫자 7이 반복되는데, 이를 통해 전쟁의 승패가 전적으로 하나님께 달려 있으니 하나님의 명령을 온전히 믿고 순종할 것을 말합니다. 그렇다면 하루에 일곱 번 주님을 찬양한다는 표현은 하루 종일 주님을 찬양한다는 의미일 것이며, 삶의 모든 순간에 주님을 신뢰하겠다는 의미라고 볼 수 있습니다. 기쁠 때도, 힘겨울 때도 주의 계명을 기억하며 주의 법을 따라 살겠다는 고백이 일곱 번 주님 찬양에 담겨 있습니다.

사람에게는 언제나 평안이 깃들고, 그들에게는 아무런 장애물이 없습니다. 166 주님, 내가 주님의 구원을 기다리며, 주님의 계명들을 따릅니다. 167 내가 주님의 증거를 지키고, 그 증거를 매우 사랑합니다. 168 내가 가는 길을 주님께서 모두 아시니, 내가 주님의 증거와 법도를 지킵니다.

169 주님, 나의 부르짖음이 주님 앞에 이르게 해주시고, 주님의 말씀으로 나를 깨우쳐주십시오. 170 나의 애원이 주님께 이르게 해주시고, 주님께서 약속하신 말씀대로 나를 건져주십시오. 171 주님께서 주님의 율례들을 나에게 가르치시니, 내 입술에서는 찬양이 쏟아져 나옵니다. 172 주님의 계명들은 모두 의로우니, 내 혀로 주님께서 주신 말씀을 노래하겠습니다. 173 내가 주님의 법도를 택하였으니, 주님께서 손수 나를 돕는 분이 되어주십시오. 174 주님, 내가 주님의 구원을 간절히 기다리니, 주님의 법이 나의 기쁨입니다. 175 나를 살려주셔서, 주님을 찬양하게 해주시고, 주님의 규례로 나를 도와주십시오. 176 나는 길을 잃은 양처럼 방황하고 있습니다. 오셔서, 주님의 종을 찾아주십시오. 나는 주님의 계명을 잊은 적이 없습니다.

{ 제120편 }

주님의 도움을 구하는 기도
[성전에 올라가는 순례자의 노래]

1 내가 고난을 받을 때에 주님께 부르짖었더니, 주님께서 나에게 응답하여주셨다.

2 주님, 사기꾼들과 기만자들에게서 내 생명을 구하여주십시오.

3 너희, 사기꾼들아, 하나님이 너희에게 어떻게 하시겠느냐? 주님이 너희를 어떻게 벌하시겠느냐? 4 용사의 날카로운 화살과 싸리나무 숯불로 벌하실 것이다!

5 괴롭구나! 너희와 함께 사는 것이 메섹 사람의 손에서 나그네로 사는 것이나 다름없구나. 게달 사람의 천막에서 더부살이하는 것이나 다름없구나. 6 내가 지금까지 너무나도 오랫동안, 평화를 싫어하는 사람들과 더불어 살아왔구나. 7 나는 평

메섹 사람의 손에서 나그네로 사는 것과 게달 사람의 천막에서 더부살이하는 것(5절)으로 괴로움을 표현했습니다. 메섹 사람이나 게달 사람은 이스라엘 민족에게 어떤 존재였나요? 메섹은 오늘날의 아르메니아와 흑해 인근 지역을 가리킨다고 여겨집니다. 에스겔서에서는 미래의 어떤 결정적인 날에 이스라엘을 치러 내려오는 북방의 강력한 민족 가운데 하나로 메섹을 언급합니다(겔 38:2–6; 39:1–2). 게달은 아라비아의 대표 도시 중 하나로, 굉장한 무력과 부로 유명했던 곳으로 여겨집니다(사 21:13–17; 겔 27:21). 메섹은 이스라엘의 북쪽 끝, 게달은 남쪽 끝이라 할 수 있는 무척이나 먼 곳입니다. 그래서 이 시편에서처럼 "메섹에서 살고 게달에서 산다"는 표현은 이스라엘 땅으로부터 아주 멀리 떨어진 곳에서 나그네로 살아간다는 것을 비유적으로 표현했다고 이해할 수 있습니다. 시편 기자는 지금 이스라엘 가운데 살아가고 있으나 그를 대적하는 이들이 평화를 거부하며 시편 기자를 핍박하고 배척하기에, "내가 마치 메섹과 게달에 사는 것 같다"라고 표현합니다.

화를 사랑하는 사람이다. 그러나 내가 평화를 말할 때에, 그들은 전쟁을 생각한다.

{ 제121편 }

주님께서 백성을 보호하심

[성전에 올라가는 순례자의 노래]

1 내가 눈을 들어 산을 본다. 내 도움이 어디에서 오는가? 2 내 도움은 하늘과 땅을 만드신 주님에게서 온다.

3 주님께서는, 네가 헛발을 디디지 않게 지켜주신다. 너를 지키시느라 졸지도 않으신다. 4 이스라엘을 지키시는 분은, 졸지도 않으시고, 주무시지도 않으신다.

5 주님은 너를 지키시는 분, 주님은 네 오른쪽에 서서, 너를 보호하는 그늘이 되어주시니, 6 낮의 햇빛도 너를 해치지 못하며, 밤의 달빛도 너를 해치지 못할 것이다.

7 주님께서 너를 모든 재난에서 지켜주시며, 네 생명을 지켜주실 것이다. 8 주님께서는, 네가 나갈 때나 들어올 때나, 이제부터 영원까지 지켜주실 것이다.

"성전에 올라가는 순례자의 노래"라는 부제가 붙은 시편이 계속 이어집니다. 어느 때에 누가 부르던 노래였나요? 120편에서 134편에 이르는 15개의 시에는 모두 같은 부제가 첫머리에 붙어 있어서 흔히 '순례시'라고 부릅니다. 이스라엘의 중요한 절기에 모든 이스라엘은 예루살렘 성전에 와야 했기에, 이 절기를 가리켜 '순례 절기'라고 부릅니다. 이 순례 길을 오가면서, 혹은 마침내 예루살렘 성전에 도착해서, 또는 성전을 떠나면서 그들이 주고받으며 불렀던 시가 이러한 순례시였을 것이라고 여겨집니다. 이 시들은 무척 다양한 내용으로 되어 있지만, 기본적으로 성전, 즉 시온이라는 주제를 공통으로 지닙니다. 훗날 예루살렘이 멸망한 후 바빌론과 같은 이방 민족의 땅에 흩어져 살게 된 이스라엘 역시 이 시들을 기억하고 부르면서 시온을 기억했습니다. 시온을 기억한다는 것, 시온의 성전으로 가는 길을 기억한다는 것은 주 하나님이야말로 어디서든 그들을 지키고 보호하시는 분이심을 기억하는 것입니다.

{ 제122편 }

찬양의 노래

[성전에 올라가는 순례자의 노래, 다윗의 시]

1 사람들이 나를 보고 "주님의 집으로 올라가자" 할 때에 나는 기뻤다. 2 예루살렘아, 우리의 발이 네 성문 안에 들어서 있다. 3 예루살렘아, 너는 모든 것이 치밀하게 갖추어진 성읍처럼, 잘도 세워졌구나. 4 모든 지파들, 주님의 지파들이, 주님의 이름을 찬양하려고 이스라엘의 전례에 따라 그리로 올라가는구나. 5 거기에 다스리는 보좌가 놓여 있으니, 다윗 가문의 보좌로구나. 6 예루살렘에 평화가 깃들도록 기도하여라. "예루살렘아, 너를 사랑하는 사람들에게 평화가 있기를, 7 네 성벽 안에 평화가 깃들기를, 네 궁궐 안에 평화가 깃들기를 빈다" 하여라. 8 내 친척과 이웃에게도 "평화가 너에게 깃들기를 빈다" 하고 축복하겠다. 9 주 우리 하나님의 집에 복이 깃들기를 빈다.

다윗은 미래의 예루살렘의 역사까지 내다보고 이런 기도를 드렸던 걸까요? 122편에서 노래하는 것처럼 예루살렘에 평화가 깃든 적이, 또 예루살렘을 사랑하는 사람들에게 평화가 있었던 적이 있나요? 다윗은 처음으로 예루살렘을 나라의 수도로 삼았던 사람이고, 이곳에 성전을 건축하기 위해 준비했던 사람입니다. 그래서 여기서 '다윗'은 하나님을 예배하는 사람을, '예루살렘'은 하나님의 성전, 결국 하나님을 상징합니다. 이 시는 하나님의 성전, 즉 하나님을 중심으로 온 이스라엘이 함께 모여 그분을 예배하고 찬양하는 아름다움을 노래합니다. 그때 그들에게 '평화'가 있습니다. 사실 '예루살렘'이라는 이름 안에도 '평화'를 의미하는 단어('샬롬')가 들어 있기도 합니다. 비록 과거에 평화가 없었고, 현재 평화가 없다 할지라도, 예루살렘에 모이고 예루살렘을 기억한다는 것은 하나님께로부터 오는 참된 평화가 임하기를 갈망하고 기대하는 것입니다.

{ 제123편 }

자비를 비는 기도

[성전에 올라가는 순례자의 노래]

1 하늘 보좌에서 다스리시는 주님, 내가 눈을 들어 주님을 우러러봅니다. 2 상전의 손을 살피는 종의 눈처럼, 여주인의 손을 살피는 몸종의 눈처럼, 우리의 눈도, 주님께서 우리에게 자비를 베푸시길 원하여 주 우리 하나님을 우러러봅니다.

3 주님, 우리에게 자비를 베풀어주십시오. 우리에게 자비를 베풀어주십시오. 너무나도 많은 멸시를 받았습니다.

4 평안하게 사는 자들의 조롱과 오만한 자들의 멸시가 우리의 심령에 차고 넘칩니다.

{ 제124편 }

승리를 주신 주님께 감사

[다윗의 시, 성전에 올라가는 순례자의 노래]

1 이스라엘아, 대답해보아라. 주님께서 우리 편이 아니셨다면, 우리가 어떠하였겠느냐?

2 "주님께서 우리 편이 아니셨다면, 원수들이 우리를 치러 일어났을 때에, 3 원수들이 우리에게 큰 분노를 터뜨려서, 우리를 산 채로 집어삼켰을 것이며, 4 물이 우리를 덮어, 홍수가 우리를 휩쓸어갔을 것이며, 5 넘치는 물결이 우리의 영혼을 삼키고 말았을 것이다."

6 우리를 원수의 이에 찢길 먹이가 되지 않게 하신 주님을 찬송하여라. 7 새가 사냥꾼의 그물에서 벗어남같이 우리는 목숨을 건졌다. 그물은 찢어지고, 우리는 풀려났다.

8 천지를 지으신 주님이 우리를 도우신다.

이스라엘은 노아의 홍수 트라우마라도 있는 건가요? 지역 특성상 물이 지역과 사람들을 덮치는 일이 많아서(4-5절) 이런 표현을 한 건가요? 시편 69편에서도 시편 기자가 겪는 고난을 가리켜 물이 목까지 차고 깊은 물에 삼켜질 지경이라 표현합니다(69:1, 14-15). 바다가 아니더라도 물에 잠겨 숨이 차는 경험은 누구라도 했을 것입니다. 물속에서는 도무지 숨을 쉴 수 없기에 목숨이 위태로워집니다. 시편 기자, 그리고 이스라엘은 그들이 겪는 어려움을 이처럼 큰물에 휩쓸려 숨조차 쉴 수 없는 상태에 견주어 표현합니다. 구약성경 요나서에서 보듯 바다를 항해하는 배라 할지라도 폭풍에 휘말리면 모든 것이 끝장나고 맙니다. 아울러 이 시편 내용에는 그들에게 전해 내려왔을 노아의 홍수 이야기도 한몫했을 것입니다.

{ 제125편 }

주님의 백성은 안전하다

[성전에 올라가는 순례자의 노래]

1 주님을 의지하는 사람은 시온산과 같아서, 흔들리는 일이 없이 영원히 서 있다. 2 산들이 예루살렘을 감싸고 있듯이, 주님께서도 당신의 백성을 지금부터 영원토록 감싸주신다. 3 의인이 불의한 일에 손대지 못하게 하려면, 의인이 분깃으로 받은 그 땅에서 악인이 그 권세를 부리지 못하게 하여야 한다.

4 주님, 선한 사람과 그 마음이 정직한 사람에게 은혜를 베풀어주십시오.

5 주님, 비틀거리면서 굽은 길을 가는 자를 벌하실 때에, 악한 일을 하는 자도 함께 벌 받게 해주십시오.

이스라엘에 평화가 깃들기를!

125편을 마무리하는 "이스라엘에 평화가 깃들기를!"(5절)과 같은 표현은 이스라엘에서 흔히 사용되는 관용구 같은 건가요? 여기에서 '평화'로 번역된 히브리어는 '샬롬'입니다. 샬롬은 '어디 하나 이지러진 것이 없이 온전한 상태'라고 표현해볼 수 있습니다. 단순히 정신적인 평화만이 아니라, 건강이나 경제적인 문제 모두를 포괄합니다. 사실 사람의 평화가 그저 내면의 평화만으로 이루어지지는 않을 것입니다. 성경 곳곳에서 서로를 안심시키며 축복하는 인사를 나눌 때 "평화가 당신에게 있기를"이라고 인사합니다(예, 삿 6:23; 왕하 4:26; 시 122:7). "누군가의 안부를 묻다"라는 표현은 직역하면 "누군가의 평화를 묻다"입니다(예, 창 43:27). 상대를 향한 축복과도 같은 인사입니다. 그리고 하나님을 중심에 모신 이스라엘을 상징하는 것이 예루살렘이니, "예루살렘에 평화가 깃들기를"이라는 인사는 그렇게 하나님을 모시고 앞으로도 든든히 존재할 수 있기를 비는 축복이라 할 수 있습니다.

{ 제126편 }

수확을 기뻐함

[성전에 올라가는 순례자의 노래]

1 주님께서 시온에서 잡혀간 포로를 시온으로 돌려보내실 때에, 우리는 꿈을 꾸는 사람들 같았다. 2 그때에 우리의 입은 웃음으로 가득 찼고, 우리의 혀는 찬양의 함성으로 가득 찼다. 그때에 다른 나라 백성들도 말하였다. "주님께서 그들의 편이 되셔서 큰일을 하셨다." 3 주님께서 우리 편이 되시어 큰일을 하셨을 때에, 우리는 얼마나 기뻤던가!

4 주님, 네겝의 시내들에 다시 물이 흐르듯이 포로로 잡혀간 자들을 돌려보내 주십시오.

5 눈물을 흘리며 씨를 뿌리는 사람은 기쁨으로 거둔다. 6 울며 씨를 뿌리러 나가는 사람은 기쁨으로 단을 가지고 돌아온다.

"시온에서 잡혀간 포로를 시온으로 돌려보내실 때"(1절)는 어떤 역사를 말하는 건가요? 앗수르, 이집트와의 싸움에서 이긴 후 고대 중동의 힘은 바빌론에게 넘어갔습니다. 결국 기원전 597년, 587년, 582년 세 차례에 걸쳐 왕과 귀족을 비롯한 예루살렘 사람들이 바빌론에 포로로 끌려갔고 유다는 멸망했습니다. 그러나 이 바빌론을 멸망시킨 페르시아 황제 고레스는 바빌론과는 달리 바빌론에 의해 끌려왔던 모든 포로들이 제 나라 땅에 돌아가서 신전을 짓도록 명했고, 포로로 끌려왔던 유다 백성들 역시 538년부터 시온을 향해 돌아갈 수 있었습니다. 126편은 포로 귀환을 하나님께서 행하신 일로 고백하며 기억합니다(1절). 그러나 그렇게 돌아온 고국 땅의 현실은 각박하고 힘들었으며, 당장 어떤 변화가 일어나지 않은 채 갈등이 커져갔습니다. 이 시는 겉으로만 돌아오는 것이 아니라 진정한 회복, 진정한 귀환을 간구합니다.

{ 제127편 }

주님만이 가정에 복을 주신다

[성전에 올라가는 순례자의 노래, 솔로몬의 노래]

1 주님께서 집을 세우지 아니하시면 집을 세우는 사람의 수고가 헛되며, 주님께서 성을 지키지 아니하시면 파수꾼의 깨어 있음이 헛된 일이다. 2 일찍 일어나고 늦게 눕는 것, 먹고살려고 애써 수고하는 모든 일이 헛된 일이다. 진실로 주님께서는, 사랑하시는 사람에게는 그가 잠을 자는 동안에도 복을 주신다.
3 자식은 주님께서 주신 선물이요, 태 안에 들어 있는 열매는, 주님이 주신 상급이다. 4 젊어서 낳은 자식은 용사의 손에 쥐어 있는 화살과도 같으니, 5 그런 화살이 화살통에 가득한 용사에게는 복이 있다. 그들은 성문에서 원수들과 담판할 때에, 부끄러움을 당하지 아니할 것이다.

{ 제128편 }

주님은 신실한 백성에게 상을 주신다

[성전에 올라가는 순례자의 노래]

1 주님을 경외하며, 주님의 명에 따라 사는 사람은, 그 어느 누구나 복을 받는다. 2 네 손으로 일한 만큼 네가 먹으니, 이것이 복이요, 은혜이다.

3 네 집 안방에 있는 네 아내는 열매를 많이 맺는 포도나무와 같고, 네 상에 둘러앉은 네 아이들은 올리브나무의 묘목과도 같다. 4 주님을 경외하는 사람은 이와 같이 복을 받는다.

5 주님께서 시온에서 너에게 복을 내리시기를 빈다. 평생토록 너는, 예루살렘이 받은 은총을 보면서 살게 될 것이다. 6 아들딸 손자손녀 보면서 오래오래 살 것이다.

이스라엘에 평화가 깃들기를!

성경에서 포도나무와 올리브나무에 대한 비유를 종종 봅니다. 이 나무들은 주로 무엇을 상징하는 표현으로 사용되었나요? 포도나무와 올리브나무는 이스라엘 땅에서 가장 널리 재배되던 나무였습니다. 포도는 과일로도 먹지만 포도주로 제조할 수 있고, 포도주는 즐거움과 흥겨움, 기쁨의 상징으로 고대 이스라엘 문화에서 활용됩니다. 예수님께서도 갈릴리의 한 결혼 잔치에서 포도주가 떨어지자 물로 포도주를 만들어 잔치 자리의 기쁨을 크게 하셨습니다. 올리브나무에서 거둔 올리브로 만든 기름도 이스라엘의 일상에서 널리 쓰였습니다. 성전에서 필요한 기름 역시 올리브로 만들었습니다. 구약성경 사사기 9장의 한 우화에 따르면 숲속의 나무들이 함께 모여 임금을 뽑기로 했습니다. 올리브나무가 왕으로 추대되자, 하나님과 사람을 영화롭게 하는 기름 내는 일을 그만두지 않겠다며 거절합니다. 포도나무 역시 하나님과 사람을 즐겁게 하는 포도주 내는 일을 그만두지 않겠다며 왕위를 거절합니다. 이러한 우화는 올리브기름과 포도주가 이스라엘의 일상에 얼마나 필수적이면서도 중요했는지 잘 보여줍니다.

{ 제129편 }

보호를 구하는 기도

[성전에 올라가는 순례자의 노래]

1 이스라엘아, 이렇게 고백하여라. "내가 어릴 때부터, 나의 원수들이 여러 번 나를 잔인하게 박해했다. 2 비록 내가 어릴 때부터, 내 원수들이 여러 번 나를 잔인하게 박해했으나, 그들은 나를 이겨내지를 못했다. 3 밭을 가는 사람이 밭을 갈아엎듯 그들이 나의 등을 갈아서, 거기에다가 고랑을 길게 냈으나, 4 의로우신 주님께서 악인의 사슬을 끊으시고, 나를 풀어주셨다." 5 시온을 미워하는 사람은 그 어느 누구나, 수치를 당하고 물러가고 만다. 6 그들은 지붕 위의 풀같이 되어, 자라기도 전에 말라버리고 만다. 7 베는 사람의 품에도 차지 않고, 묶는 사람의 품에도 차지 않아 8 지나가는 사람 가운데 어느 누구도 "주님께서 너희에게 복을 베푸시기를 빈다" 하지 아니하며, "주님의 이름으로 너희에게 축복한다" 하지도 아니할 것이다.

"이스라엘아"로 시작하는 이 기도는 개인의 기도인가요, 아니면 집단적 기도인가요? 1-4절은 악인에게 박해와 괴롭힘을 당했던 개인을 보여줍니다. 5-8절은 시온을 미워하는 자에게 마침내 임할 재앙을 선언합니다. 그래서 이 시는 개인의 경험을 빌려서 시온을 지키시는 하나님을 향한 공동체의 신뢰와 선포를 표현합니다. 사실 시편에는 '나'라는 개인이 부르는 노래와 기도가 다수지만, 이 시편이 지금까지도 널리 읽힌다는 것은 이 '나'의 고백에 무수히 많은 사람이 공감하기 때문일 것입니다. 시편의 '나'의 경험은 사실 공동체의 경험입니다. 이스라엘이라는 공동체는 이 '나'를 통해 구체적으로 표현되고, '나'의 기도와 간구는 공동체의 기도와 간구입니다. 오늘 우리 역시 개인의 경험을 통해 우리가 속한 공동체 전체를 바라보는 시각을 얻지 않습니까?

{ 제130편 }

환난 때에 주님을 신뢰함

[성전에 올라가는 순례자의 노래]

1 주님, 내가 깊은 물속에서 주님을 불렀습니다. 2 주님, 내 소리를 들어주십시오. 나의 애원하는 소리에 귀를 기울여주십시오. 3 주님, 주님께서 죄를 지켜보고 계시면, 주님 앞에 누가 감히 맞설 수 있겠습니까? 4 용서는 주님만이 하실 수 있는 것이므로, 우리가 주님만을 경외합니다.

5 내가 주님을 기다린다. 내 영혼이 주님을 기다리며 내가 주님의 말씀만을 바란다. 6 내 영혼이 주님을 기다림이 파수꾼이 아침을 기다림보다 더 간절하다. 진실로 파수꾼이 아침을 기다림보다 더 간절하다.

7 이스라엘아, 주님만을 의지하여라. 주님께만 인자하심이 있고, 속량하시는 큰 능력은 그에게만 있다. 8 오직, 주님만이 이스라엘을 모든 죄에서 속량하신다.

용서와 속량은 주님만이 할 수 있다고 말합니다(130:4, 8). 우리는 그것을 어떻게 알수 있나요? 우리가 다른 사람에게 피해를 끼쳤다면 반드시 당사자에게 사과하고 잘못을 바로잡는 일이 꼭 필요합니다. 그런데 우리가 피해를 준 다른 사람 역시 하나님께서 만드신 사람이라는 점에서, 사람에게 저지른 잘못은 근본적으로 사람을 지으신 하나님에 대한 잘못입니다. 그렇기에 하나님께 우리 잘못과 죄를 고백하고 그분의 용서를 구하는 것이 필요합니다. 또 나의 말과 행동이 다른 이에게 상처나 아픔을 줬다는 것을 그 순간에는 모를 때도 있고, 나중에 알더라도 다시 당사자를 만나기가 어려운 경우도 있습니다. 우리의 잘못은 반드시 무엇인가 피해를 만들어 냅니다. 그럴 때 우리는 오직 하나님께만 우리 잘못을 인정하고 고백할 수 있으며, 하나님께서 상대방을 지켜주시길 기도할 수 있습니다.

{ 제131편 }

주님을 신뢰하여라

[다윗의 시, 성전에 올라가는 순례자의 노래]

1 주님, 이제 내가 교만한 마음을 버렸습니다. 오만한 길에서 돌아섰습니다. 너무 큰 것을 가지려고 나서지 않으며, 분에 넘치는 놀라운 일을 이루려고도 하지 않습니다. 2 오히려, 내 마음은 고요하고 평온합니다. 젖 뗀 아이가 어머니 품에 안겨 있듯이, 내 영혼도 젖 뗀 아이와 같습니다.

3 이스라엘아, 이제부터 영원히 오직 주님만을 의지하여라.

{ 제132편 }

주님은 늘 백성과 함께 계심

[성전에 올라가는 순례자의 노래]

1 주님, 다윗을 기억하여주십시오. 그가 겪은 그 모든 역경을 기억하여주십시오.

2 다윗이 주님께 맹세하고, 야곱의 전능하신 분께 서약하기를

3 "내가 내 집 장막에 들어가지 아니하며, 내 침상에도 오르지 아니하며 4 눈을 붙이고, 깊은 잠에 빠지지도 아니할 것이며, 눈꺼풀에 얕은 잠도 들지 못하게 하겠습니다. 5 주님께서 계실 장막을 마련할 때까지, 야곱의 전능하신 분이 계실 곳을 찾아 낼 때까지 그렇게 하겠습니다" 하였습니다.

6 법궤가 있다는 말을 에브라다에서 듣고, 야알의 들에서 그것을 찾았다.

7 "그분 계신 곳으로 가자. 그 발 아래에 엎드려 경배하자."

8 주님, 일어나셔서 주님께서 쉬실 그곳으로 드십시오. 주님의

1–5절까지는 기도문 같다가, 6–7절은 설명 같고, 다시 이런 형식이 반복됩니다. 누가 어떻게 부른 노래입니까? 이 시는 다윗 왕가의 후예인 왕이 대표가 되어서 성전에서 드린 찬송 혹은 기도라고 여겨집니다. 1–7절은 왕가를 처음 시작한 다윗이 어떻게 예루살렘에 하나님의 법궤를 모시게 되었는지 전해 내려오는 이야기를 소개합니다. 하나님의 법궤를 제대로 모시기 위한 다윗의 열심이 이 단락에서 매우 강조되었습니다. 반면 8–10절은 다윗에 대한 하나님의 약속을 따라 이제 왕위에 오른 임금을 지켜주시기를 구하는 기도입니다. 11–18절은 다윗을 향한 하나님의 약속(11–12절)과 시온에 대한 하나님의 뜻(13–18절)을 차례로 선포합니다. 아마도 11–18절은 성전 제사장에 의해 선포되었을 것입니다.

권능 깃들인 법궤와 함께 그곳으로 드십시오. 9 주님의 제사장들이 의로운 일을 하게 해주시고, 주님의 성도들도 기쁨의 함성을 높이게 해주십시오. 10 주님의 종 다윗을 보시고, 주님께서 기름 부어서 세우신 그 종을 물리치지 말아 주십시오.

11 주님께서 다윗에게 맹세하셨으니, 그 맹세는 진실하여 변하지 않을 것이다. "네 몸에서 난 자손 가운데서, 한 사람을 왕으로 삼을 것이니, 그가 보좌에 앉아 네 뒤를 이을 것이다. 12 만일 네 자손이 나와 더불어 맺은 언약을 지키고, 내가 가르친 그 법도를 지키면, 그들의 자손이 대대로 네 뒤를 이어서 네 보좌에 앉을 것이다."

13 주님께서 시온을 택하시고, 그곳을 당신이 계실 곳으로 삼으시기를 원하셔서, 이렇게 말씀하셨다. 14 "이곳은 영원히 내가 쉴 곳, 이곳을 내가 원하니, 나는 여기에서 살겠다. 15 이 성읍에 먹거리를 가득하게 채워주고, 이 성읍의 가난한 사람들에게 먹거리를 넉넉하게 주겠다. 16 제사장들로 의로운 일을 하게 하고, 성도들은 기쁨의 함성을 지르게 하겠다. 17 여기에서 나는, 다윗의 자손 가운데서 한 사람을 뽑아서 큰 왕이 되게 하고, 내가 기름 부어 세운 왕의 통치가 지속되게 하겠다.

다윗의 자손 가운데 한 사람을 왕으로 삼겠다는 약속을 주님은 지켰습니까? 그 왕은 누구인가요? 우선은 다윗 이후로 왕이 된 다윗의 자손이 이 약속의 대상일 것입니다. 이 시는 유다의 임금이 전적으로 하나님께서 다윗에게 하셨던 약속에 따라 왕이 되었음을 증언합니다. 그렇기에 임금은 자신의 권세를 함부로 휘둘러서는 안되며, 제 능력으로 모든 일이 다 된 줄로 생각해서도 안 될 것입니다. 도리어 하나님을 두려워하고 자신을 세우신 그분의 뜻을 신중히 수행해야 합니다. 신약성경에 따르면 예수 그리스도는 다윗의 후손입니다(마 1:1~16). 그래서 이 시편이 증언하는 다윗의 후손 가운데 왕위에 오를 한 사람은 궁극적으로는 예수님을 가리킵니다.

18 그의 원수들은 수치를 당하게 하지만, 그의 면류관만은 그의 머리 위에서 빛나게 해주겠다."

{ 제133편 }

함께 평화를 누림

[다윗의 시, 성전에 올라가는 순례자의 노래]

1 그 얼마나 아름답고 즐거운가! 형제자매가 어울려서 함께 사는 모습! 2 머리 위에 부은 보배로운 기름이 수염 곧 아론의 수염을 타고 흘러서 그 옷깃까지 흘러내림 같고, 3 헤르몬의 이슬이 시온산에 내림과 같구나. 주님께서 그곳에서 복을 약속하셨으니, 그 복은 곧 영생이다.

{ 제134편 }

밤에 주님을 찬양함
[성전에 올라가는 순례자의 노래]

1 밤에 주님의 집에 서 있는 주님의 모든 종들아, 주님을 송축
하여라. 2 성소를 바라보면서, 너희의 손을 들고 주님을 송축
하여라.
3 하늘과 땅을 지으신 주님께서 시온에서 너희에게 복을 내려
주시기를!

{ 제135편 }

주님의 자비를 찬양함

1 할렐루야. 주님의 이름을 찬송하여라. 주님의 종들아, 찬송하여라. 2 주님의 집 안에, 우리 하나님의 집 뜰 안에 서 있는 사람들아, 3 주님은 선하시니, 주님을 찬송하여라. 그가 은혜를 베푸시니, 그의 이름 찬송하여라. 4 주님께서는 야곱을 당신의 것으로 택하시며, 이스라엘을 가장 소중한 보물로 택하셨다.

5 나는 알고 있다. 주님은 위대하신 분이며, 어느 신보다 더 위대하신 분이시다. 6 주님은, 하늘에서도 땅에서도, 바다에서도 바다 밑 깊고 깊은 곳에서도, 어디에서나, 뜻하시는 것이면 무엇이든, 다 하시는 분이다. 7 땅끝에서 안개를 일으키시고, 비를 내리시려 번개를 치시고, 바람을 창고에서 끌어내기도 하신다.

8 이집트에서 태어난 맏이는 사람이든지 짐승이든지, 모두 치셨다. 9 이집트야, 주님께서 표적과 기사를 너희에게 나타내셨

이스라엘 백성들은 왜 출애굽의 역사를 끝없이 복기하며 반복해서 곱씹나요? 출애굽 사건은 이집트에서 종으로 살아가던 이스라엘을 하나님께서 건져내신 사건입니다. 이스라엘을 지배하던 이집트의 강한 힘을 물리치시고, 이스라엘을 둘러싼 여러 왕국을 치시면서 하나님께서는 이스라엘에게 거할 땅을 주셨습니다. 구원의 능력이 나라의 강력한 힘에 있는 것이 아님이 잘 드러난 사건이기에, 이스라엘은 어려운 처지에 처할 때마다 출애굽 사건을 기억합니다. 공동체의 어려움과 낮아짐, 연약함에도 낙심하거나 체념하지 말고, 출애굽을 기억하며 하나님께서 행하실 것을 신뢰하고 오늘을 살아가도록 이와 같은 시편으로 격려합니다. 이 시편에서도, 그리고 오늘의 기독교 신앙에서도 가장 중요한 핵심은 약하고 낮은 자들을 하나님께서 건지셔서 강하고 힘센 이들을 부끄럽게 하신다는 믿음입니다. 이런 믿음의 근거가 되는 사건이 바로 출애굽 사건입니다.

다. 바로의 모든 신하에게 나타내 보이셨다. 10 주님께서 많은 나라를 치시고 힘이 있는 왕들을 죽이셨으니, 11 아모리 왕 시혼, 바산 왕 옥, 가나안의 모든 왕들을 죽이셨다. 12 주님께서 땅을 당신의 백성에게 유산으로 주셨으니, 당신의 백성 이스라엘에게 그 땅을 주셨다.

13 주님, 주님의 이름이 영원히 빛날 것입니다. 주님, 주님을 기념하는 일이 대대로 계속될 것입니다.

14 주님께서 당신의 백성을 변호해주시고, 당신의 종들을 위로하여주신다.

15 이방 나라의 우상들은 은덩이나 금덩이일 뿐, 사람이 손으로 만든 것이므로, 16 입이 있어도 말을 못하고, 눈이 있어도 볼 수 없고, 17 귀가 있어도 듣지 못하고, 입으로 숨도 쉴 수 없으니, 18 우상을 만든 자들과 우상을 의지하는 자들은 누구나 우상과 같이 될 것이다.

19 이스라엘 가문아, 주님을 송축하여라. 아론 가문아, 주님을 송축하여라. 20 레위 가문아, 주님을 송축하여라. 주님을 경외

지금은 우상을 만들거나 의지하는 사람이 없으니, 18절 같은 말씀은 우리 시대에는 그다지 해당 사항이 없는 거 아닌가요? 고대의 문화는 정교한 솜씨를 동원해서 금과 은, 나무나 돌 같은 것으로 우상을 만들었습니다. 사람의 손으로 만든 것에 절도 하고 제물도 바치면서 평안과 안전을 빌었습니다. 특히 고대 제국의 임금들은 엄청난 규모의 조각상을 세우고 제국을 지키는 신이라 여겼습니다. 사람이 자그마하게 만든 조각상이나, 제국의 부를 투입해 굉장한 크기로 만든 신상이나, 본질은 사람의 손으로 만든 무엇인가에 기대 자신의 욕망을 이루어보려는 것입니다. 그 점에서 우상의 본질은 욕망 추구라고 할 수 있습니다. 오늘날에는 손으로 무엇을 만들어 숭배하지는 않지만, 강대국과의 화친만이 살 길이라 여기는 것이나 큰 부와 권력을 지닌 사람에게 굽실거리는 것은 실상 사람의 손으로 만든 것에 절하며 욕망을 추구하는 것과 다름없습니다.

하는 사람들아, 주님을 송축하여라.

21 예루살렘에 계시는 주님, 시온에서 드리는 찬송을 받아주십시오.

할렐루야.

{ 제136편 }

하나님의 인자하심 영원하다

1 주님께 감사하여라. 그는 선하시며 그 인자하심이 영원하다.

2 모든 신들 가운데 가장 크신 하나님께 감사하여라. 그 인자하심이 영원하다. 3 모든 주 가운데 가장 크신 주님께 감사하여라. 그 인자하심이 영원하다.

4 홀로 큰 기적을 일으키신 분께 감사하여라. 그 인자하심이 영원하다. 5 지혜로 하늘을 만드신 분께 감사하여라. 그 인자하심이 영원하다. 6 물 위에 땅을 펴놓으신 분께 감사하여라. 그 인자하심이 영원하다. 7 큰 빛들을 지으신 분께 감사하여

"~ 분께 감사하여라. 그 인자하심이 영원하다"가 처음부터 끝까지 반복됩니다. 쓰임새가 분명해 보이는데, 언제 불렀던 노래인가요? "~ 감사하여라"까지의 전반부를 성전 성가대의 일원이 독창으로 부르면, 성가대의 나머지 전체가 후반부의 "그 인자하심이 영원하다"를 노래하는 방식으로, 혹은 성가대가 전반절을 부르고 회중 전체가 후반절로 화답하는 방식으로, 성전에서 이 노래를 불렀을 것입니다. 특정한 어느 시기를 확정하기는 어렵지만, 아마도 유월절이나 초막절 같은 중요한 절기나 행사에 모든 이스라엘이 함께 모였을 때, 이처럼 이스라엘의 역사 속에서 하나님께서 행하신 일을 노래하며 선포하는 찬양을 웅장하게 불렀을 것이라 여겨집니다.

라. 그 인자하심이 영원하다. 8 낮을 다스릴 해를 지으신 분께
감사하여라. 그 인자하심이 영원하다. 9 밤을 다스릴 달과 별
을 지으신 분께 감사하여라. 그 인자하심이 영원하다.

10 이집트의 맏아들을 치신 분께 감사하여라. 그 인자하심이
영원하다. 11 이스라엘을 그들 가운데서 이끌어내신 분께 감사
하여라. 그 인자하심이 영원하다. 12 이스라엘을 강한 손과 펴
신 팔로 이끌어내신 분께 감사하여라. 그 인자하심이 영원하
다. 13 홍해를 두 동강으로 가르신 분께 감사하여라. 그 인자하
심이 영원하다. 14 이스라엘을 그 가운데로 지나가게 하신 분
께 감사하여라. 그 인자하심이 영원하다. 15 바로와 그의 군대
를 뒤흔들어서 홍해에 쓸어버리신 분께 감사하여라. 그 인자
하심이 영원하다.

16 자기 백성을 광야에서 인도하여주신 분께 감사하여라. 그
인자하심이 영원하다. 17 위대한 왕들을 치신 분께 감사하여
라. 그 인자하심이 영원하다. 18 힘센 왕들을 죽이신 분께 감
사하여라. 그 인자하심이 영원하다. 19 아모리 왕 시혼을 죽이
신 분께 감사하여라. 그 인자하심이 영원하다. 20 바산 왕 옥

단순한 반복이 강조된 이와 같은 형식이 갖는 의미는 무엇인가요? 이 시는 하나님
께서 행하신 일을 전반절에서 노래합니다. 여기에는 크게 온 땅을 창조하신 하나님
의 행하심이라는 주제가 있고, 이집트에서 이스라엘을 건져내시고 광야 길에서 인
도하셨으며 마침내 약속의 땅까지 이르게 하신 하나님의 행하심이라는 주제도 있
습니다. 창조의 주님이신 하나님과 역사의 주님이신 하나님이 결합되었습니다. 후
반절은 이러한 하나님의 행하심을 일러 그분의 '영원한 인자하심'이라고 증언합니
다. 시인은 하늘과 땅, 해와 달을 보며 하나님의 사랑을 깨닫고, 낮아진 이스라엘을
강한 왕들로부터 건져내신 역사를 통해 하나님의 사랑을 깨닫습니다. 단순 반복으
로 이루어진 노래는 그 말하고자 하는 바를 매우 명료하게 강조해 드러냅니다.

을 죽이신 분께 감사하여라. 그 인자하심이 영원하다. 21 그들의 땅을 유산으로 주신 분께 감사하여라. 그 인자하심이 영원하다. 22 그들의 땅을 당신의 종 이스라엘에게 기업으로 주신 분께 감사하여라. 그 인자하심이 영원하다.

23 우리가 낮아졌을 때에, 우리를 기억하여주신 분께 감사하여라. 그 인자하심이 영원하다. 24 우리를 우리의 원수들에게서 건져주신 분께 감사하여라. 그 인자하심이 영원하다. 25 육신을 가진 모든 사람에게 먹거리를 주시는 분께 감사하여라. 그 인자하심이 영원하다.

26 하늘에 계시는 하나님께 감사하여라. 그 인자하심이 영원하다.

{ 제137편 }

복수를 구하는 기도

1 우리가 바빌론의 강변 곳곳에 앉아서, 시온을 생각하면서 울었다. 2 그 강변 버드나무 가지에 우리의 수금을 걸어두었더니, 3 우리를 사로잡아 온 자들이 거기에서 우리에게 노래를 청하고, 우리를 짓밟아 끌고 온 자들이 저희들 흥을 돋우어주기를 요구하며, 시온의 노래 한 가락을 저희들을 위해 불러보라고 하는구나.

4 우리가 어찌 이방 땅에서 주님의 노래를 부를 수 있으랴. 5 예루살렘아, 내가 너를 잊는다면, 내 오른손아, 너는 말라비틀어져 버려라. 6 내가 너를 기억하지 않는다면, 내가 너 예루살렘을 내가 가장 기뻐하는 것보다도 더 기뻐하지 않는다면, 내 혀야, 너는 내 입천장에 붙어버려라.

7 주님, 예루살렘이 무너지던 그날에, 에돔 사람이 하던 말,

왜 그들은 바빌론의 강변에서 시온을 생각하며 울었나요? 여기에 담긴 의미는 무엇인가요? 남왕국 유다는 기원전 597년 바빌론의 공격을 받아 예루살렘이 함락되면서 여호야긴 왕을 비롯해 많은 사람이 바빌론의 포로로 끌려갔고, 587년 나라가 바빌론에게 완전히 멸망했을 때도 적지 않은 사람이 포로로 끌려갔습니다. 137편은 그렇게 바빌론에 포로로 끌려갔던 사람들의 슬픔과 아픔을 노래한 시편입니다. 비록 나라가 망해 포로 된 신세지만, 이들은 시온을 잊지 않겠다고 굳게 다짐합니다. 여기서 시온은 직접적으로는 예루살렘을 가리키지만, 하나님께서 택하시고 이제까지 함께하셨던 하나님 백성 이스라엘을 상징하는 것이라고 볼 수 있습니다. 현재의 처지가 암담하지만 그들은 시온을 기억합니다. 나라가 망한다고 신앙이 사라지는 것이 아니라, 이렇게 시온을 기억함으로써 포로가 되어도 신앙을 이어가고 마침내 회복의 날도 올 것입니다.

"헐어버려라, 헐어버려라. 그 기초가 드러나도록 헐어버려라"
하던 그 말을 기억하여주십시오.

8 멸망할 바빌론 도성아, 네가 우리에게 입힌 해를 그대로 너
에게 되갚는 사람에게, 복이 있을 것이다. 9 네 어린아이들을
바위에다가 메어치는 사람에게 복이 있을 것이다.

{ 제138편 }

온 마음으로 주님께 찬양드리어라
[다윗의 노래]

1 주님, 온 마음을 기울여서 주님께 감사를 드립니다. 신들 앞
에서, 내가 주님께 찬양을 드리렵니다. 2 내가 주님의 성전을
바라보면서 경배하고, 주님의 인자하심과 주님의 진실하심을
생각하면서 주님의 이름에 감사를 드립니다. 주님은 주님의

공동체가 한마음으로 복수를 다짐하며 부른 이 137편이 말하려는 것은 무엇인가
요? 바빌론에게 예루살렘이 함락되던 때, 에돔은 바빌론 군대의 편이 되어 예루살
렘 공격을 지원하고 즐거워했습니다. 이 시는 그런 에돔과 바빌론을 하나님께서 기
억해주시기를 기도합니다. 8-9절은 매우 끔찍한 저주를 기도의 말로 표현합니다.
앞에서도 여러 번 다루었던 것처럼(특히 시편 109편), 이 저주를 말하는 이스라엘은
포로로 끌려온 약자이고, 저주당하는 세력인 바빌론은 당대 최강의 제국입니다. 이
런 기도는 말 자체가 저주 효력이 있어서 에돔이나 바빌론을 약화시키는 것이 아니
라, 하나님께 기도하는 형식을 통해 실제로는 강대국에 끌려 살고 있는 이스라엘
이 굴복하거나 쇠해지지 않도록 격려합니다. 무엇보다 이와 같은 시는 현재의 고통
과 참상으로 인한 슬픔을 그대로 표현합니다. 섣불리 희망을 말하기보다, 현재의 괴
로움을 그대로 표현하고 슬퍼하는 것도 이처럼 성경에 포함되어 있습니다.

이름과 말씀을 온갖 것보다 더 높이셨습니다. 3 내가 부르짖었을 때에, 주님께서는 나에게 응답해주셨고, 나에게 힘을 한껏 북돋우어주셨습니다.

4 주님, 주님께서 친히 하신 말씀을 들은 모든 왕들이 주님께 감사를 드립니다. 5 주님의 영광이 참으로 크시므로, 주님께서 하신 일을 그들이 노래합니다. 6 주님께서는 높은 분이시지만, 낮은 자를 굽어보시며, 멀리서도 오만한 자를 다 알아보십니다.

7 내가 고난의 길 한복판을 걷는다고 하여도, 주님께서 나에게 새 힘 주시고, 손을 내미셔서, 내 원수들의 분노를 가라앉혀 주시며, 주님의 오른손으로 나를 구원하여주십니다. 8 주님께서 나를 위해 그들에게 갚아주시니, 주님, 주님의 인자하심은 영원합니다. 주님께서 손수 지으신 이 모든 것을 버리지 말아 주십시오.

{ 제139편 }

주님은 늘 가까이 계심
[지휘자를 따라 부르는 다윗의 노래]

1 주님, 주님께서 나를 샅샅이 살펴보셨으니, 나를 환히 알고 계십니다. 2 내가 앉아 있거나 서 있거나 주님께서는 다 아십니다. 멀리서도 내 생각을 다 알고 계십니다. 3 내가 길을 가거나 누워 있거나, 주님께서는 다 살피고 계시니, 내 모든 행실을 다 알고 계십니다. 4 내가 혀를 놀려 아무 말 하지 않아도 주님께서는 내가 하려는 말을 이미 다 알고 계십니다. 5 주님께서 나의 앞뒤를 두루 감싸주시고, 내게 주님의 손을 얹어주셨습니다. 6 이 깨달음이 내게는 너무 놀랍고 너무 높아서, 내가 감히 측량할 수조차 없습니다.

7 내가 주님의 영을 피해서 어디로 가며, 주님의 얼굴을 피해서 어디로 도망치겠습니까? 8 내가 하늘로 올라가더라도 주님

아무 말 하지 않아도 주님이 이미 다 알고 있다(4절)고 말한 다윗도 그 많은 시편을 지으며 자신의 기원을 구구절절 주님에게 말했습니다. 주님은 다 알고 있어도 다윗처럼 우리가 기도를 많이 해야 들어주는 분인가요? 하나님께서는 우리의 모든 사정을 아십니다. 그렇기에 무엇이라 사정을 이야기하고 도움을 청했기 때문에 하나님께서 아시고 들어주시는 것이 아닙니다. 가까운 사람에게 괴로움을 나눌 때 상대가 내게 어떤 해결책을 제시해줄 것을 기대하기보다, 그저 내 말을 들어주고 끄덕여주길 원하는 경우가 많지 않습니까? 이처럼 주 하나님은 그저 전능자가 아니라, 사람을 아시고 사람의 마음을 이해하시는 분이십니다. 그래서 시편 기자는 자신의 마음을 아뢰고, 때로 불평도 하고, 때로 한숨도 내쉬며, 크게 찬송을 부르기도 합니다. 시편 기자는 전능한 능력을 가지고 사람을 제멋대로 좌우하는 무시무시한 신이 아니라, 변치 않는 사랑으로 사람과 함께하시는 하나님 앞에 서 있습니다.

께서는 거기에 계시고. 스올에다 자리를 펴더라도 주님은 거기에도 계십니다. 9 내가 저 동녘 너머로 날아가거나, 바다 끝 서쪽으로 가서 거기에 머무를지라도, 10 거기에서도 주님의 손이 나를 인도하여주시고, 주님의 오른손이 나를 힘 있게 붙들어주십니다. 11 내가 말하기를 "아, 어둠이 와락 나에게 달려들어서, 나를 비추던 빛이 밤처럼 되어라" 해도, 12 주님 앞에서는 어둠도 어둠이 아니며, 밤도 대낮처럼 밝으니, 주님 앞에서는 어둠과 빛이 다 같습니다.

13 주님께서 내 장기를 창조하시고, 내 모태에서 나를 짜 맞추셨습니다. 14 내가 이렇게 빚어진 것이 오묘하고 주님께서 하신 일이 놀라워, 이 모든 일로 내가 주님께 감사를 드립니다. 내 영혼은 이 사실을 너무도 잘 압니다. 15 은밀한 곳에서 나를 지으셨고, 땅속 깊은 곳 같은 저 모태에서 나를 조립하셨으니 내 뼈 하나하나도, 주님 앞에서는 숨길 수 없습니다. 16 나의 형질이 갖추어지기도 전부터, 주님께서는 나를 보고 계셨

"주님께서 악인을 죽여만 주신다면…!"(19절) 시편 기자가 주님에게 하고 싶은 말은 정작 이 한 줄 아닌가요? 너무 노골적이어서 그의 기도들이 달리 보입니다. 시편 기자들이 저주하는 '악인'은 단순히 시편 기자의 대적이 아니라, 하나님을 경외하며 올바르게 살아가려는 사람을 괴롭히고 비웃으며 짓밟는 자들입니다. 시편 기자는 늘 자신을 가난한 자로 표현하고, 그의 대적은 이렇게 가난한 자를 조롱하는 이들입니다. 그렇다면 이 '악인'은 가난한 자의 대적이요, 나아가 하나님의 대적입니다. 하나님께서 악인을 심판해주시기를 구하는 기도는 실질적으로는 하나님께서 악을 심판해주시기를 구하는 기도입니다. 이렇게 악인에 대한 심판을 구할 때, 시편 기자는 자신의 삶도 돌아보면서 자신이 악의 길로 가지 않게 해달라고 하나님께 기도합니다(23–24절). 우리가 악인에게 관대할 수 있는 까닭은 어쩌면 우리 역시 그들과 별 차이 없이 악하게 살아가기 때문일 수도 있습니다. 불의를 강하게 비판하는 것은 그렇게 비판한 것이 부끄러워서라도 좀 더 나은 길을 걸어가겠다는 다짐의 표현이기도 합니다.

으며, 나에게 정하여진 날들이 아직 시작되기도 전에 이미 주님의 책에 다 기록되었습니다. 17 하나님, 주님의 생각이 어찌 그리도 심오한지요? 그 수가 어찌 그렇게도 많은지요? 18 내가 세려고 하면 모래보다 더 많습니다. 깨어나 보면 나는 여전히 주님과 함께 있습니다.

19 하나님, 오, 주님께서 악인을 죽여만 주신다면…!
"피 흘리게 하기를 좋아하는 자들아, 내게서 물러가거라."
20 그들은 주님을 모욕하는 말을 하며, 주님의 이름을 거슬러 악한 말을 합니다. 21 주님, 주님을 미워하는 자들을 내가 어찌 미워하지 않으며, 주님께 대항하면서 일어나는 자들을 내가 어찌 미워하지 않겠습니까? 22 나는 그들을 너무나도 미워합니다. 그들이 바로 나의 원수들이기 때문입니다.

23 하나님, 나를 샅샅이 살펴보시고, 내 마음을 알아주십시오. 나를 철저히 시험해보시고, 내가 걱정하는 바를 알아주십시오. 24 내가 나쁜 길을 가지나 않는지 나를 살펴보시고, 영원한 길로 나를 인도하여주십시오.

{ 제140편 }

도움을 구하는 기도

[지휘자를 따라 부르는 다윗의 노래]

1 주님, 악인에게서 나를 건져주시고, 포악한 자에게서 나를 보호하여주십시오.

2 그들은 속으로 악을 계획하고, 날마다 전쟁을 준비하러 모입니다. 3 뱀처럼 날카롭게 혀를 벼린 그들은, 입술 아래에는 독사의 독을 품고 있습니다. (셀라)

4 주님, 악인에게서 나를 지켜주시고, 포악한 자에게서 나를 보호하여주십시오. 그들이 나를 밀어서 넘어뜨리려 합니다.

5 오만한 사람들이 나를 해치려고 몰래 덫과 올가미를 놓고, 길목에는 그물을 치고, 나를 빠뜨리려고 함정을 팠습니다. (셀라)

6 그러나 나는 주님께 아뢰기를 "주님은 나의 하나님이십니다.

주님, 나의 애원하는 소리에 귀를 기울여주십시오" 하고 말하였습니다. 7 내 구원의 힘이신 주 하나님, 전쟁을 하는 날에 주님께서 내 머리에 투구를 씌워 보호해주셨습니다.

8 주님, 악인의 욕망을 이루어주지 마시고, 그들이 우쭐대지 못하도록, 그들의 계획이 성공하지 못하게 해주십시오. (셀라) 9 나를 에워싸고 있는 자들이 승리하지 못하게 해주십시오. 그들이 남들에게 퍼붓는 재앙을 다시 그들에게 되덮어주십시오. 10 뜨거운 숯불이 그들 위에 쏟아지게 하시고, 그들이 불구덩이나 수렁에 빠져서 다시는 일어나지 못하게 해주십시오. 11 혀를 놀려 남을 모함하는 사람은, 이 땅에서 버젓이 살지 못하게 해주십시오. 폭력을 놀이 삼는 자들에게는 큰 재앙이 늘 따라다니게 해주십시오.

12 주님이 고난받는 사람을 변호해주시고, 가난한 사람에게 공의를 베푸시는 분임을, 나는 알고 있습니다. 13 분명히 의인은 주님의 이름에 찬양을 돌리고, 정직한 사람은 주님 앞에서 살 것입니다.

{ 제141편 }

주님의 보호를 구하는 기도

[다윗의 노래]

1 주님, 내가 주님을 부르니, 내게로 어서 와주십시오. 주님께 부르짖는 내 음성에 귀를 기울여주십시오. 2 내 기도를 주님께 드리는 분향으로 받아주시고, 손을 위로 들고서 드리는 기도는 저녁 제물로 받아주십시오.

3 주님, 내 입술 언저리에 파수꾼을 세우시고, 내 입 앞에는 문지기를 세워주십시오. 4 내 마음이 악한 일에 기울어지지 않게 해주십시오. 악한 일을 하는 자들과 어울려서, 악한 일을 하지 않게 도와주십시오. 그들의 진수성찬을 먹지 않게 해주십시오.

5 의인이 사랑의 매로 나를 쳐서, 나를 꾸짖게 해주시고 악인들에게 대접을 받는 일이 없게 해주십시오. 나는 언제나 그들

악한 일에 기울어지거나 악한 일을 하는 자들과 어울리는 일, 악한 일을 하는 것(4절) 등은 자신의 의지가 중요한 것 아닌가요? 왜 그것을 주님에게 도와달라고 하는 건가요? 당연히 우리 스스로 결단하고 선택해서 악을 반대해야 합니다. 그런데 기도는 주님께 우리 마음을 토로하는 것이며, 주님과의 대화이기도 합니다. 우리가 기도한다고 해서 하나님께서 우리 기도대로 다 행하지는 않습니다. 만일 그렇게 다 행하신다면 세상은 온갖 이기적이고 탐욕스러운 일로 가득 차고 말 것입니다. 하나님께 마음을 열고 기도하면서 우리는 자신의 모습도 돌아보고, 악을 고발하며 기도할 때 악에게 맞설 힘과 의지가 샘솟기도 합니다. 그렇게 기도하며 우리 힘으로 악에게 맞섰을 때, 우리는 훗날 하나님께서 우리를 도우셨다 고백하게 됩니다. 이런 경험을 통해 우리는 다음번에 또다시 악과 싸우거나 맞서야 할 때 하나님을 신뢰하며 더욱 용기를 낼 수 있습니다. 그래서 기도는 평범하거나 못난 사람이 끝까지 선을 결정하고 악을 반대할 수 있도록 힘을 줍니다.

의 악행을 고발하는 기도를 드리겠습니다. 6 그들의 통치자들이 돌부리에 걸려서 넘어지면, 그제서야 백성은 내 말이 옳았음을 알고서, 내게 귀를 기울일 것입니다. 7 맷돌이 땅에 부딪쳐서 깨지듯이 그들의 해골이 부서져서, 스올 어귀에 흩어질 것입니다.

8 주 하나님, 내 눈이 주님을 우러러보며, 주님께로 내가 피하니, 내 영혼을 벌거벗겨서 내쫓지는 말아 주십시오. 9 내 원수들이 나를 잡으려고 쳐놓은 덫에서 나를 지켜주시고, 악한 일을 저지르는 사람들의 함정에서 나를 건져주십시오. 10 악인들은, 자기가 친 덫에 걸려서 넘어지게 해주시고, 나만은 안전하게, 빠져나가게 해주십시오.

{ 제142편 }

도움을 구하는 기도

[다윗이 굴에 있을 때에 지은 마스길, 기도]

1 나는 소리를 높여서 주님께 부르짖는다. 나는 소리를 높여서 주님께 애원한다. 2 내 억울함을 주님께 호소하고, 내 고통을 주님께 아뢴다.

3 내 영혼이 연약할 때에 주님은 내 갈 길을 아십니다. 사람들은 나를 잡으려고 내가 가는 길에 덫을 놓았습니다. 4 아무리 둘러보아도 나를 도울 사람이 없고, 내가 피할 곳이 없고, 나를 지켜줄 사람이 없습니다. 5 주님, 내가 주님께 부르짖습니다. "주님은 나의 피난처, 사람 사는 세상에서 내가 받은 분깃은 주님뿐"이라고 하였습니다.

6 나는 너무 비참하게 되었습니다. 내가 이렇게 부르짖으니, 내게 귀를 기울여주십시오. 나를 핍박하는 자들에게서, 나를 건져주십시오. 그들이 나보다 강합니다. 7 내 영혼을 감옥에서

위험하고 억울한 지경에 처한 다윗이 주님을 부르며 도움을 청하는 기도가 계속 나옵니다. 내용이 비슷비슷한데, 이런 시편들은 다윗의 저작이라서 다 실어둔 건가요? 시편집 4권이 말하는 주제가 "주 하나님께서 다스리신다"였고, 그에 이은 시편집 5권의 주제는 당연히 '찬양'입니다. 하나님께서 나와 세상을 다스리신다는 것을 알고 믿으며, 그래서 그 은혜를 기억하면서 감사하고 찬양하며 산다지만, 그러한 삶에도 여전히 괴로움과 고생, 눈물과 슬픔이 있습니다. 전체 주제를 '찬양'이라 볼 수 있는 시편집 5권에도 그런 슬픔과 괴로움, 그 속에서 부르짖는 기도를 표현한 시들이 있는데, 5권의 거의 마지막 부분인 139~143편에 몰려 있습니다. 이 시들에 적힌 '다윗'은 꼭 저자라기보다는 다윗으로 대표되는 신앙인, 하나님을 찬양하지만 여전히 고생하며 기도하는 가난한 신앙인을 가리키는 말로 이해하는 것이 좋습니다.

끌어내 주셔서, 주님의 이름을 찬양하게 해주십시오.
주님께서 내게 넘치는 은혜를 베푸시니, 의인들이 나를 감싸 줄 것입니다.

{ 제143편 }

위험 속에서 드리는 기도
[다윗의 노래]

1 주님, 내 기도를 들어주십시오. 애원하는 내 소리에 귀를 기울여주십시오. 주님의 진실하심과 주님의 의로우심으로 나에게 대답해주십시오. 2 살아 있는 어느 누구도 주님 앞에서는 의롭지 못하니, 주님의 종을 심판하지 말아 주십시오.
3 원수들이 내 목숨을 노리고 뒤쫓아와서, 내 생명을 땅에 짓이겨서, 죽은 지 오래된 사람처럼 흑암 속에서 묻혀 살게 하였습니다. 4 내 기력은 약해지고, 놀란 심장은 박동조차 멎어버렸

시편 기자는 왜 자신을 주님의 종이라고 표현했나요? 교회 목사들도 자신을 하나님의 종이라고 표현하던데, 같은 맥락인가요? 여기서 '종'은 주인에 의해 그 생사화복이 결정되는 존재를 가리킵니다. 시인이 자신을 주님의 종이라 표현하는 것은 곤고하고 힘겨운 삶에서 오직 주 하나님 한 분밖에는 아무도 의지할 데가 없기 때문입니다. 오직 하나님의 도우심만을 구하는 이가 주님의 종으로 자신을 표현한다는 점에서, 이러한 표현은 결코 목사와 같은 교역자에게 국한될 수 없습니다. 이제까지 보았던 것처럼, 시편 기자는 가난하고 궁핍한 사람이며 힘도 권세도 없기에 하나님만을 구합니다. 주님만이 그 편이 되시고 보호해주십니다. 그렇기에 '주님의 종'은 목사가 아니라 가난한 자, 약자, 괴롭고 슬픈 자를 가리킵니다.

습니다. 5 내가 옛날을 기억하고, 주님의 그 모든 행적을 돌이켜보며, 주님께서 손수 이루신 일들을 깊이깊이 생각합니다. 6 내가 주님을 바라보며, 내 두 손을 펴 들고 기도합니다. 메마른 땅처럼 목마른 내 영혼이 주님을 그리워합니다. (셀라)

7 주님, 나에게 속히 대답해주십시오. 숨이 끊어질 지경입니다. 주님의 얼굴을 나에게 숨기지 말아 주십시오. 내가 무덤으로 내려가는 자들처럼 될까 두렵습니다. 8 내가 주님을 의지하니, 아침마다 주님의 변함없는 사랑의 말씀을 듣게 해주십시오. 내 영혼이 주님께 의지하니, 내가 가야 할 길을 알려주십시오.

9 주님, 내가 주님께로 몸을 피하니, 내 원수들에게서 건져주십시오. 10 주님은 나의 하나님이시니, 주님의 뜻을 따라 사는 길을 가르쳐주십시오. 주님의 선하신 영으로 나를 이끄셔서, 평탄한 길로 나를 인도하여주십시오. 11 주님, 주님의 이름을 위하여 나를 살리시고, 주님의 의로우심으로 내가 받는 모든 고난에서 내 영혼을 건져주십시오. 12 주님은 한결같이 나를 사랑하시니, 내 원수들을 없애주십시오. 나를 억압하는 자들을 멸하여주십시오. 나는 주님의 종입니다.

{ 제144편 }

국가를 위한 기도
[다윗의 시]

1 나의 반석이신 주님을 내가 찬송하련다. 주님은 내 손을 훈련시켜 전쟁에 익숙하게 하셨고, 내 손가락을 단련시켜 전투에도 익숙하게 하셨다. 2 주님은 나의 반석, 나의 요새, 나의 산성, 나의 구원자, 나의 방패, 나의 피난처, 뭇 백성을 나의 발 아래에 굴복하게 하신다.

3 주님, 사람이 무엇이기에 그렇게 생각하여주십니까? 인생이 무엇이기에 이토록 생각하여주십니까? 4 사람은 한낱 숨결과 같고, 그의 일생은 사라지는 그림자와 같습니다.

5 주님, 하늘을 낮게 드리우시고, 내려오시며, 산들을 만지시어 산마다 연기를 뿜어내게 하십시오. 6 번개를 번쩍여서 원수들을 흩으시고, 화살을 쏘셔서 그들을 혼란에 빠뜨려주십시오. 7 높은 곳에서 주님의 손을 내미셔서 거센 물결에서 나를

국가를 위한 기도는 다윗 왕이 백성을 대표해 하나님에게 드린 기도인가요? 언제 어떻게 쓰인 기도인가요? 10절에 있는 왕과 다윗에 대한 언급으로 보건대 이 시는 왕이 드리는 기도 혹은 찬양이라고 볼 수 있습니다. 3–4절은 사람의 연약함과 한계를 표현하고, 5–11절은 대적에 대한 묘사와 더불어 주님께서 건져주시기를 구하는 내용이라는 점에서, 이 시는 국가적인 위기가 닥치리라 예상되는 상황에서 임금과 백성이 함께 모인 성전 예배에서 공개적으로 드린 기도였을 것입니다. 12–15절은 주님을 하나님으로 섬기는 백성에게 베푸시는 은혜를 열거합니다. 어려움이 예상되지만 그 믿음의 길에서 흔들리지 않고 하나님을 신뢰하며 노래하는 것은 시편의 전형적인 특징이기도 합니다.

끌어내시고, 외적의 손에서 나를 건져주십시오. 8 그들의 입은 헛된 것을 말하며, 그들이 맹세하는 오른손은 거짓으로 속이는 손입니다.

9 하나님, 내가 하나님께 새 노래를 불러드리며, 열 줄 거문고를 타면서 하나님을 찬양하겠습니다. 10 왕들에게 승리를 안겨주신 주님, 주님의 종 다윗을 무서운 칼에서 건져주신 주님, 11 외적의 손에서 나를 끌어내셔서 건져주십시오. 그들의 입은 헛된 것을 말하며, 그들이 맹세하는 오른손은 거짓으로 속이는 손입니다.

12 우리의 아들들은 어릴 때부터 나무처럼 튼튼하게 잘 자라고, 우리의 딸들은 궁전 모퉁이를 장식한 우아한 돌기둥처럼 잘 다듬어지고, 13 우리의 곳간에는 온갖 곡식이 가득하고, 우리가 기르는 양 떼는 넓은 들판에서 수천 배, 수만 배나 늘어나며, 14 우리가 먹이는 소들은 살이 찌고, 낙태하는 일도 없고, 잃어버리는 일도 없으며, 우리의 거리에는 울부짖는 소리가 전혀 없을 것이다.

외적으로부터의 보호, 자손의 강건함, 풍성한 먹거리(11–14절) 이런 것들이 보장되는 것도 왕의 능력이 아닌 하나님을 섬겨서 받은 복인가요? 하나님께서 도와주신다고 표현하지만, 실제 대부분의 일은 당연히 사람이 해야 하고 노력해야 합니다. 그러나 시편에서 볼 수 있는 이 신앙인들은 그들에게 주어진 모든 것이 하나님을 신뢰했을 때 그분께서 베푸신 은혜라고 고백합니다. 그럴 때 그들은 가진 것이 얼마이든 하나님께 감사할 수 있습니다. 자신의 힘이 아니라 하나님의 은혜로 주어진 것이기에, 내 것이니 나만 가지겠다고 고집하지 않고 다른 사람에게 베풀고 나눌 수 있습니다. 3–4절에서 보듯 사람은 한계가 많은 존재이되 하나님께서 보호하실 것이니, 강력하고 거센 대적이나 어려움을 만나더라도 자신의 능력에 좌우되지 않고 용기 있게 한 걸음 더 나아갈 힘을 얻게 됩니다. 하나님께서 모든 복을 베푸신다는 믿음은 이처럼 실제로 우리의 생각과 삶을 변화시킵니다.

15 이와 같은 백성은 복을 받은 백성이다. 주님을 자기의 하나님으로 섬기는 백성은 복을 받은 백성이다.

{ 제145편 }

주님은 자비하시다

[다윗의 찬양시]

1 나의 임금님이신 하나님, 내가 주님을 높이며, 주님의 이름을 영원토록 송축하렵니다. 2 내가 날마다 주님을 송축하며, 영원토록 주님의 이름을 송축하렵니다.

3 주님은 위대하시니, 그지없이 찬양받으실 분이시다. 그 위대하심은 측량할 길이 없다.

4 주님께서 하신 일을 우리가 대대로 칭송하고, 주님의 위대한 행적을 세세에 선포하렵니다. 5 주님의 찬란하고 영광스러

주님을 찬양하는 시가 나머지 시편을 이룹니다. 이러한 배열에는 어떤 의미가 있나요? 시편집 5권 마지막 부분인 139~143편은 삶의 괴로움과 힘겨움을 고백하는 시들입니다. 144편은 임금이 부르는 노래로, 하나님께서 그 나라를 보호하고 지키실 것을 노래합니다. 이제 145편이 노래하는 것은 '주님의 나라'입니다(11~13절). 144편과 나란히 놓인 145편을 볼 때, 시편이 말하는 좋은 나라는 좋은 임금이 다스리는 나라가 아니라, 주님께서 진정으로 우리의 임금이 되시는 나라라는 것을 알 수 있습니다. 시편집 4권(90~106편)은 "하나님께서 다스리신다"를 선포했고, 5권집을 마무리하는 145편 역시 하나님께서 다스리시는 나라를 선포합니다. 그 나라는 넘어지는 사람을 붙들어주고, 짓눌린 사람을 일으켜 세우는 나라입니다(14절). 이제 146편부터 마지막 150편에는 논리적으로 당연하게 "할렐루야", 즉 "주님을 찬양하라"는 외침이 가득합니다.

운 위엄과 주님의 놀라운 기적을, 내가 가슴 깊이 새기렵니다.

6 사람들은 주님의 두려운 권능을 말하며, 나는 주님의 위대하심을 선포하렵니다. 7 사람들은 한량없는 주님의 은혜를 기념하면서, 주님의 의를 노래할 것입니다.

8 주님은 은혜롭고 자비로우시며, 노하기를 더디 하시며, 인자하심이 크시다. 9 주님은 모든 만물을 은혜로 맞아주시며, 지으신 모든 피조물에게 긍휼을 베푸신다.

10 주님, 주님께서 지으신 모든 피조물이 주님께 감사 찬송을 드리며, 주님의 성도들이 주님을 찬송합니다. 11 성도들이 주님의 나라의 영광을 말하며, 주님의 위대하신 행적을 말하는 것은, 12 주님의 위대하신 위엄과, 주님의 나라의 찬란한 영광을, 사람들에게 알리려 함입니다. 13 주님의 나라는 영원한 나라이며, 주님의 다스리심은 영원무궁합니다.

(주님이 하시는 말씀은 모두 다 진실하고, 그 모든 업적에는 사랑이 담겨 있다.) 14 주님은 넘어지는 사람은 누구든지 붙들어주시며, 짓눌린 사람은 누구든지 일으켜 세우신다.

사람만이 아니라, 주님이 지으신 모든 살아 있는 피조물이 주님을 찬양한다고 합니다. 이것은 시적 표현인가요, 아니면 진심으로 그렇다고 믿는 건가요? 당연히 시적인 표현입니다. 그렇지만 가난한 자를 돌아보고 억울한 자를 일으키시는 주님의 다스리심은 실제로도 온 피조 세계를 풍성하게 할 것입니다. 사람의 탐욕과 죄악 때문에 이 세상에 공해와 오염 물질이 가득하고, 전 세계에 미치는 기후 위기는 그러한 인간의 활동과 무관하지 않다는 것을 오늘 우리는 알고 있습니다. 산속의 동물도, 북극과 남극의 자연조차도 파괴되어 기후 재앙이 갈수록 완연해지는 시기에, "피조물이 주님을 찬양한다"는 표현은 분명 시적 표현이지만 시적 표현을 넘어 우리가 회복하고 바로잡아야 할 상태가 무엇인지를 잘 보여줍니다. 사람이 피조 세계를 마구잡이로 파헤치고 개발하는 것이 아니라 제대로 있는 그대로 보존할 때, 우리는 정말 피조물의 노랫소리를 들을 수 있지 않을까요?

15 만물이 모두 주님만을 바라보며 기다리니, 주님께서 때를 따라 그들에게 먹거리를 주신다.

16 주님께서는 손을 펴시어서, 살아 있는 피조물의 온갖 소원을 만족스럽게 이루어주십니다.

17 주님이 하시는 그 모든 일은 의롭다. 주님은 모든 일을 사랑으로 하신다. 18 주님은, 주님을 부르는 모든 사람에게 가까이 계시고, 진심으로 부르는 모든 사람에게 가까이 계신다. 19 주님은, 당신을 경외하는 사람의 소원을 이루어주시고, 그들의 부르짖는 소리를 듣고 구원해주신다. 20 주님은, 당신을 사랑하는 사람은 누구나 지켜주시며, 악한 사람은 누구든지 다 멸하신다.

21 나는 내 입으로 주님을 찬양하련다. 육체를 가진 사람이면, 누구나, 주님의 거룩한 이름을 영원히 찬송하여라.

{ 제146편 }

주님을 찬양하여라

1 할렐루야. 내 영혼아, 주님을 찬양하여라. 2 내가 평생토록 주님을 찬양하며 내가 살아 있는 한, 내 하나님을 찬양하겠다. 3 너희는 힘 있는 고관을 의지하지 말며, 구원할 능력이 없는 사람을 의지하지 말아라. 4 사람은 숨 한번 끊어지면 흙으로 돌아가니, 그가 세운 모든 계획이 바로 그날로 다 사라지고 만다. 5 야곱의 하나님을 자기의 도움으로 삼고 자기의 하나님이신 주님께 희망을 거는 사람은, 복이 있다. 6 주님은, 하늘과 땅과 바닷속에 있는 모든 것을 지으시며, 영원히 신의를 지키시며, 7 억눌린 사람을 위해 공의로 재판하시며, 굶주린 사람에게 먹을 것을 주시며,

감옥에 갇힌 죄수를 석방시켜주시며 8 눈먼 사람에게 눈을 뜨게

시편 기자가 찬양하는 하나님이 정말 그러하다면 믿고 의지할 만할 존재일 겁니다. 그러나 현실에선 억눌린 사람도, 가난한 사람도 계속해서 나옵니다. 이런 상황은 어떻게 이해해야 하나요? 이제 146편부터는 하나님의 다스리심에 대한 찬양이 마지막 150편까지 이어집니다. 146편 마지막 구절 역시 "주님께서 영원히 다스리신다"고 크게 선포합니다. 하나님의 다스리심은 모두가 교회에 가는 세상이 아니라, 가난하고 억울한 사람이 회복되는 세상, 의인이 대접받고 나그네와 고아, 과부가 살 수 있는 세상입니다. 하나님의 세상이 이와 같다는 것을 믿는다면, 우리 역시 그러한 하나님의 행하심에 참여하고 힘쓰는 것이 당연합니다. 그러나 우리는 하나님의 다스리심을 그저 종교적인 믿음을 가지는 것으로만 국한시키는 경우가 많고, 우리 현실에서 벌어지는 차별과 억압, 폭력에는 무관심합니다. 현실 세계의 재앙과 참상은 우리 스스로 하나님의 뜻을 무시하거나 거역한 결과입니다. 146편과 같은 시는 우리로 하여금 하나님을 노래하며 현실을 변화시키는 삶으로 용기 있게 나서도록 초대합니다.

해주시고, 낮은 곳에 있는 사람을 일으켜 세우시는 분이시다.

주님은 의인을 사랑하시고, 9 나그네를 지켜주시고, 고아와 과부를 도와주시지만 악인의 길은 멸망으로 이끄신다.

10 시온아, 주님께서 영원히 다스리신다! 나의 하나님께서 대대로 다스리신다!

할렐루야.

{ 제147편 }

주님을 노래하고 찬양하여라

1 할렐루야.

우리의 하나님께 찬양함이 얼마나 좋은 일이며, 하나님께 찬송함이 그 얼마나 아름답고 마땅한 일인가! 2 주님은 예루살렘을 세우시고, 흩어진 이스라엘 백성을 모으신다. 3 마음이 상한 사람을 고치시고, 그 아픈 곳을 싸매어 주신다.

4 별들의 수효를 헤아리시고, 그 하나하나에 이름을 붙여주신다. 5 우리 주님은 위대하시며 능력이 많으시니, 그의 슬기는 헤아릴 수 없다. 6 주님은 불쌍한 사람을 도와주시며, 악인을 땅바닥까지 낮추시는 분이다.

7 주님께 감사의 노래를 불러드려라. 우리의 하나님께 수금을 타면서 노래 불러드려라. 8 주님은 하늘을 구름으로 덮으시고, 땅에 내릴 비를 준비하시어, 산에 풀이 돋게 하시며, 9 들짐승

하나님은 사람의 찬양을 좋아하고 바라시는 것 같습니다. 그렇다면 하나님을 찬양하는 일이 사람에게는 어떤 의미가 있나요? 다른 시편에서도 그렇지만 147편 역시 하나님께서 어떤 일을 하시는지 증언합니다. 하나님을 찬양할 때마다 하나님이 어떤 분이시며 어떤 일을 행하시는지 기억하게 됩니다. 그러면 하나님 아닌 다른 것, 그것이 우상이든, 아니면 강력한 제국이든, 혹은 천둥과 번개처럼 자연의 힘이든, 하나님 아닌 다른 것에 굴복하거나 엎드리지 않게 됩니다. 힘 있는 사람으로 인해 옳은 것을 옳다 하지 못하고 비굴해지다가도, 하나님을 찬양하러 나아오면서 진정으로 두려워하고 높일 이는 오직 하나님 한 분이심을 고백하게 됩니다. 움츠러들었던 어깨가 펴지고 위축된 마음에 용기를 얻습니다. 사실 하나님께서 찬양을 받으시는 것은 찬양하는 우리가 이렇게 변화되는 것을 보고 기뻐하시는 것이지, 사람의 아첨이나 아부를 좋아하시는 것이 아닙니다.

과, 우는 까마귀 새끼에게 먹이를 주신다.

10 주님은 힘센 준마를 좋아하지 않으시고, 빨리 달리는 힘센 다리를 가진 사람도 반기지 아니하신다. 11 주님은 오직 당신을 경외하는 사람과 당신의 한결같은 사랑을 기다리는 사람을 좋아하신다.

12 예루살렘아, 주님께 영광을 돌려라. 시온아, 네 하나님을 찬양하여라. 13 주님이 네 문빗장을 단단히 잠그시고, 그 안에 있는 네 자녀에게 복을 내리셨다. 14 네가 사는 땅에 평화를 주시고, 가장 좋은 밀로 만든 음식으로 너를 배불리신다.

15 주님이 이 땅에 명령만 내리시면, 그 말씀이 순식간에 퍼져 나간다. 16 양털 같은 눈을 내리시며, 재를 뿌리듯 서리도 내리시며, 17 빵 부스러기같이 우박을 쏟으시는데, 누가 감히 그 추위 앞에 버티어 설 수 있겠느냐? 18 그러나 주님은 말씀을 보내셔서 그것들을 녹이시고, 바람을 불게 하시니, 얼음이 녹아서, 물이 되어 흐른다.

19 주님은 말씀을 야곱에게 전하시고, 주님의 규례와 법도를

"주님은 말씀을 야곱에게 전하시고"(19절)는 무슨 뜻인가요? 말씀은 무엇이고, 야곱은 누구입니까? 19절에서 야곱은 이스라엘과 대응되는 표현으로, 창세기의 등장인물 야곱에게 하나님께서 부여하신 다른 이름이 이스라엘입니다. 이후 구약의 이야기에서 이스라엘이 공식적인 이름이라면, 야곱은 그들을 향한 하나님의 마음이 담긴 애칭이라 할 수 있습니다. 2-11절이 하나님께서 행하시는 일을 묘사한다면, 15-20절은 하나님께서 말씀을 통해 그분의 일을 행하신다는 것을 보여줍니다. 말씀, 규례와 법도는 모두 같은 것을 가리키며, 이스라엘에게 명하셨던 하나님의 말씀을 뜻합니다. 좁게는 모세를 통해 주신 것으로 표현된 율법인 오경(창세기, 출애굽기, 레위기, 민수기, 신명기)을 가리키고, 넓게는 오경에 예언자들을 통해 전해진 말씀 전체를 포함합니다. 이스라엘의 가장 큰 자랑은 그들에게 하나님의 말씀이 주어졌다는 것입니다(20절).

이스라엘에게 알려주신다. 20 어느 다른 민족에게도 그와 같이 하신 일이 없으시니, 그들은 아무도 그 법도를 알지 못한다. 할렐루야.

{ 제148편 }

와서 주님을 찬양하여라

1 할렐루야.

하늘에서 주님을 찬양하여라. 높은 곳에서 주님을 찬양하여라. 2 주님의 모든 천사들아, 주님을 찬양하여라. 주님의 모든 군대야, 주님을 찬양하여라.

3 해와 달아, 주님을 찬양하여라. 빛나는 별들아, 모두 다 주님을 찬양하여라. 4 하늘 위의 하늘아, 주님을 찬양하여라. 하늘 위에 있는 물아, 주님을 찬양하여라.

5 너희가 주님의 명을 따라서 창조되었으니, 너희는 그 이름을 찬양하여라. 6 너희가 앉을 영원한 자리를 정하여주시고, 지켜야 할 법칙을 주셨다.

7 온 땅아, 주님을 찬양하여라. 바다의 괴물들과 바다의 심연아, 8 불과 우박, 눈과 서리, 그분이 명하신 대로 따르는 세찬 바람아,

148편은 세상의 모든 것들에게 주님을 찬양하라고 말합니다. 굳이 이렇게 만물을 향해 찬양을 명령하는 이유는 무엇인가요? 이제 시편은 막바지에 이르렀습니다. 145편이 하나님께서 다스리시는 나라를 노래했고, 이제 146-150편은 할렐루야로 시작해서 할렐루야로 끝납니다. 이러한 흐름에서 148편은 모든 피조물을 향해 하나님을 찬양하라 명하고, 149편은 하나님의 백성을 향해 하나님을 찬양하라 선포합니다. 이 세상이 모두 주님의 명을 따라 창조되었다는 것을 시편과 구약성경은 확고하게 고백합니다. 고대의 사람들은 하늘과 땅, 태양을 숭배하거나 대단한 임금을 신처럼 떠받들곤 했지만, 148편과 같은 시는 하늘에서 땅, 즉 하늘의 모든 천사에서부터 바다의 괴물, 땅의 모든 임금에 이르기까지, 오직 찬양받으실 분은 하나님 한 분이심을 선포합니다.

9 모든 산과 언덕들, 모든 과일나무와 백향목들아, 10 모든 들 짐승과 가축들, 기어 다니는 것과 날아다니는 새들아,

11 세상의 모든 임금과 백성들, 세상의 모든 고관과 재판관들아, 12 총각과 처녀, 노인과 아이들아.

13 모두 주님의 이름을 찬양하여라. 그 이름만이 홀로 높고 높다. 그 위엄이 땅과 하늘에 가득하다. 14 주님이 그의 백성을 강하게 하셨으니, 찬양은 주님의 모든 성도들과, 주님을 가까이 모시는 백성들과, 이스라엘 백성이, 마땅히 드려야 할 일이다. 할렐루야.

{ 제149편 }

새 노래로 찬양하여라

1 할렐루야.

새 노래로 주님께 노래하며, 성도의 회중 앞에서 찬양하여라.
2 이스라엘아, 창조주를 모시고 기뻐하여라. 시온의 주민아, 너
희의 임금님을 모시고 큰 소리로 즐거워하여라. 3 춤을 추면서
그 이름을 찬양하여라. 소구 치고 수금을 타면서 노래하여라.
4 주님께서 당신의 백성을 보시고 기뻐하신다. 눌림 받는 약
한 사람에게 승리의 영광을 안겨주신다. 5 성도들아, 이 영광
을 크게 기뻐하여라. 잠자리에 들어서도 기뻐하며 노래하여
라. 6 성도들의 입에는 하나님께 드릴 찬양이 가득하고, 그 손
에는 두 날을 가진 칼이 들려 있어, 7 뭇 나라에게 복수하고,
뭇 민족을 철저히 심판한다. 8 그들의 왕들을 족쇄로 채우고,
고관들을 쇠사슬로 묶어서, 9 기록된 판결문대로 처형할 것이
니, 이 영광은 모든 성도들의 것이다.

할렐루야.

계속해서 찬양시가 나옵니다. 이 시편에 수록되지 않는 다른 시편들도 있나요? 이
제까지 보았던 대로, 시편에는 삶의 고통과 슬픔, 괴로움을 토로하며 도우심을 구하
는 것들이 있는가 하면, 하나님의 건지심을 경험하고 부르는 감사도 있었고, 온 세
상을 지으시고 이스라엘을 인도하신 하나님을 향한 찬양도 있었습니다. 이와 같은
노래는 사람이 하나님을 믿으며 이 땅에 존재한 이래 고대로부터 현재에 이르기까
지 언제나 불리고 고백될 수밖에 없습니다. 그렇기에 이와 같은 시들은 아마 시편에
실린 것들보다 훨씬 많았을 것입니다. 시편이 아닌 다른 구약성경의 책들 곳곳에도
형식과 내용 면에서 시편에 실린 시와 비슷한 것들이 많이 등장합니다.

{ 제150편 }

주님을 찬양하여라

1 할렐루야.

주님의 성소에서 하나님을 찬양하여라. 하늘 웅장한 창공에서 찬양하여라.

2 주님이 위대한 일을 하셨으니, 주님을 찬양하여라. 주님은 더없이 위대하시니, 주님을 찬양하여라.

3 나팔 소리를 울리면서 주님을 찬양하고, 거문고와 수금을 타면서 주님을 찬양하여라. 4 소구 치며 춤추면서 주님을 찬양하고, 현금을 뜯고 피리 불면서 주님을 찬양하여라. 5 오묘한 소리 나는 제금을 치면서 주님을 찬양하고, 큰 소리 나는 제금을 치면서 주님을 찬양하여라.

6 숨 쉬는 사람마다 주님을 찬양하여라.

할렐루야.

여러 악기가 등장합니다. 우리 악기와 비슷한 것으로 번역한 것인가요, 아니면 이스라엘의 전통 악기인가요? 150편은 시편집 전체의 마지막 장입니다. 146편 이래 할렐루야 찬양이 넘쳐나고, 마지막 150편은 그렇게 함께 모여 하나님을 높이며 부르는 찬양의 풍성한 소리를 보여줍니다. 여기에 언급된 히브리어 악기 이름을 오늘날에는 정확히 알 수 없어서, 비슷할 것이라 여겨지는 우리나라 고대 악기로 표현했습니다. 일례로 거문고로 번역된 단어는 영어 성경에서는 류트(lute)로 옮겨졌고, 제금은 심벌즈입니다. 나팔이나 피리 같은 관악기가 있고, 거문고나 수금, 현금과 같은 현악기도 있습니다. 소구와 제금은 타악기입니다. 그야말로 오케스트라라고 할 수 있습니다. 모든 소리, 모든 악기로 주님을 찬양하는 노래 모음, 그것이 시편입니다.

창세기 우주와 세상 만물, 시간, 인류가 어디서 비롯되었으며 어떻게 존재하게 되었는지 설명한다. 한편으로는 하나님께서 손수 인간을 빚어 만드신 뜻은 무엇이며, 그 하나하나와 어떤 관계를 맺고 싶어 하시는지, 인류를 향해 어떤 계획과 기대를 가지고 있으며 또 무얼 약속하시는지, 그 약속이 어떻게 한 세대에서 다음 세대로 꿋꿋이 흘러내려 갔는지 그려낸다. 천지창조의 파노라마에서 출발해서, 약속을 간직한 야곱 일가가 기근을 피해 이집트로 내려가 정착한 내력으로 마감된다.

출애굽기 이집트에서 종살이를 하던 이스라엘 백성의 탈출기. 하나님은 모세라는 지도자를 내세워 가혹한 착취와 노역에 시달리던 이스라엘 백성을 건져내 약속의 땅으로 안내하신다. 끝까지 거부하고 버티는 파라오에게 내린 열 가지 엄청난 재앙, 바다가 갈라져 길이 열리는 사건을 비롯해 하나님께서 이스라엘 백성에게 베푸신 갖가지 기적 등 흥미진진한 이야기들이 실려 있다. 두고두고 지키도록 하나님께서 직접 정해주신 여러 절기와 예배의식, 법률 제도 등도 볼 수 있다.

레위기 이스라엘 백성이 지켜야 할 규칙을 모은 법률서. 언약을 품은 백성이 깨끗한 삶과 마음으로 하나님과 친밀한 관계를 맺으며 살아갈 여러 방법을 구체적으로 제시한다. 하나님께 드리는 제사와 제물의 종류, 제사장의 자격과 권위, 정결한 짐승과 부정한 짐승, 성적인 규례, 결혼과 가정을 둘러싼 제도, 사형으로 다스려야 할 범죄, 땅의 소유권, 안식년과 희년 제도 등을 자세히 다룬다.

민수기 두 차례의 인구조사 기록을 밑그림으로 이스라엘 백성의 광야 생활을 따라간다. 종살이에서 풀려난 감격은 어느 결에 사라지고 불평과 불만이 이스라엘 백성 가운데 자리 잡는다. 원망은 모세와 그 가족, 그리고 실질적으로는 하나님을 향하기에 이르고, 마침내 온 백성이 불순종의 대가를 치르게 된다. 이집트에서 출발한 첫 세대는 영영 약속의 땅에 들어가지 못하고 광야에서 스러지고 만다.

신명기 약속의 땅을 코앞에 두고, 모세가 이스라엘 백성에게 남긴 마지막 당부. 모세는 이집트의 손아귀에서 벗어난 뒤로 40년에 걸쳐 광야를 떠돌았던 세월을 되짚는다. 하나님을 외면하고 우상을 숭배했던 죄를 지적하는 한편, 그럼에도 불구하고 조금도 부족함 없이 먹이고 입힌 하나님의 돌보심을 일깨운다. 이어서 율법의 가르침을 일일이 꼽아가며 하나님 앞에서 거룩하게 사는 일이 얼마나 중요한지 강조한다. 하나님의 법에 따르는 이가 누릴 축복과 거부하는 이에게 향하는 저주를 낱낱이 열거한다. 모세가 눈을 감으면서 이스라엘 역사도 새로운 국면으로 넘어간다.

여호수아기 새로운 지도자 여호수아를 따라 요단강을 건넌 이스라엘 백성의 가나안 정복기. 하나님의 능력에 힘입어 견고하기 이를 데 없는 여리고 성을 무너뜨리면서 시작된 정복 전쟁은 치열한 공방을 거듭하며 길게 이어진다. 하나님께서 알려주신 전투 원칙에 충실했을 때는 어김없이 승리를 거뒀지만, 자만해서 또는 속임수에 넘어가 명령을 어겼을 때는 막대한 피해를 입었다. 여호수아는 싸워 얻은 땅들을 각 지파에 나눠주고, 끝까지 하나님께 충실하겠다는 백성의 다짐을 받는다.

사사기 모세와 여호수아 이후, 이스라엘에 임금이 나오기 전까지 긴 세월 동안 백성을 다스렸던 숱한 지도자(사사)들의 이야기. 약속의 땅에 자리를 잡았지만, 이스라엘 백성은 누가 자신들의 참 하나님인지를 이내 잊고 말았다. 신앙은 흐트러지고, 우상숭배가 만연했다. 세상은 거칠어졌고, 틈만 나면 뭇 민족들의 침략과 압제에 시달렸다. 하나님은 그때마다 사사들을 세워 백성을 구출하고, 그분과 맺은 약속을 소중히 여기라고 요구하신다.

룻기 사사 시대에 살았던 룻이라는 여인의 일대기. 독특하게도 주인공 룻은 히브리인이 아니었다. 멸시의 대상이었던 이방인. 그것도 이스라엘과 적대지간인 모압의 여인이 어떻게 히브리 역사의 한 장을 차지하게 되었을까? 남편과 사별하고, 먹고살 길조차 막막했던 이방 여인이 율법이 정한 의무를 충실히 이행하려는 진실한 사내와 만나 건강하고 안정된 삶을 회복하는 이 단순한 이야기가 오늘을 사는 우리에게 전하는 메시지는 무엇일까?

사무엘기상 사사의 시대가 마무리되고 왕의 통치가 시작되는 시기의 거대한 역사 드라마. 주요 등장인물은 사무엘, 사울, 다윗이다. 일찌감치 제사장 손에 맡겨져 성전에서 살았던 사무엘은 곧바른 사사로 성장하고, 이스라엘의 왕정을 여는 중책을 맡는다. 첫 왕 사울은 뛰어난 자질을 가졌지만 제 힘과 능력을 과신한 탓에 서서히 몰락의 길을 걷는다. 하나님의 명령에 따라 사무엘은 다시 다윗에게 기름을 붓고 왕위를 넘긴다. 저 유명한 '다윗과 골리앗'의 한판 승부 이야기도 여기서 볼 수 있다.

사무엘기하 이스라엘 역사를 통틀어 가장 위대한 임금으로 꼽히는 다윗의 통치와 추락을 그린다. 난국을 진정시키고 왕위에 오른 그는 주변 국가들을 잇달아 굴복시키고 빼앗겼던 법궤를 되찾았으며, 영토를 크게 넓혀 강국으로 성장할 토대를 놓는다. 하지만 간통을 저지르고 충직한 부하를 사지에 내몰아 죽게 하는 치명적인 범죄를 저지르면서 단번에 추락하고 만다. 이윽고 사랑했던 아들이 반란을 일으키고, 함께 사지를 넘나들었던 신하들이 갈라져 서로 죽이는 비극적인 사태가 벌어진다.

열왕기상 솔로몬과 그 이후에 등장한 왕들, 그리고 걸출한 예언자들의 행적을 기록한 책. 왕위 다툼의 최종 승자가 된 솔로몬은 통치 초기, 대대적인 제사를 드리고 웅장한 성전을 건축하는 등 하나님을 향한 진심을 드러낸다. 하지만 명성과 권력이 드높아지자 초심을 잃고 백성에게 높은 세금과 힘든 노역을 강요하는 한편, 끝없는 정략결혼으로 동맹을 늘려간다. 결국 솔로몬이 눈을 감기 무섭게 왕국은 이스라엘과 유다로 갈라진다. 두 나라는 제각기 왕위를 이어가며 끝없이 부대낀다. 하나님은 엘리야를 통해 권능을 드러내 보이며 거룩한 약속을 상기시키고 회개를 촉구하신다.

열왕기하 이스라엘과 유다 왕국이 차례로 무너져 내리는 쇠락의 역사를 다룬다. 하나님은 예언자들을 숱하게 보내 멸망을 경고하고 바른길로 돌아서길 요구하시지만, 두 나라의 대다수 임금들은 귀를 단단히 틀어막고 거룩하지 못한 삶으로 오지한다. 예언자 엘리야의 뒤를 이은 엘리사는 수없이 많은 기적들을 일으키고 개혁을 부르짖었지만, 보람을 얻지 못한다. 결국 북쪽 이스라엘은 앗시리아에, 남쪽 유다는 바빌론에 차례로 멸망당하고 만다.

역대지상 아담부터 다윗에 이르는 이스라엘의 방대한 족보, 그리고 다윗이 통치하던 시절의 역사를 기록한 책. 족보는 포로로 끌려갔다 간신히 고향으로 돌아온 이스라엘 백성에게 민족의 정체성을 확인시키고 궁극적으로 되돌아가야 할 지점이 어디인지 가리켜 보여준다. 족보를 상세하게 소개한 뒤에는 언약궤를 되찾고 성전 지을 준비를 완벽하게 갖춰놓았던 다윗 임금에 초점을 맞춘다. 다윗 왕국은 영광스러운 역사의 첫 줄이었고, 성전은 하나님과 맺은 약속의 상징이었기 때문이다.

역대지하 역대지하는 솔로몬 왕국으로 시선을 돌린다. 솔로몬이 지은 성전이 얼마나 화려하고 웅장했는지, 그 안에 들어가는 기구 하나하나까지 상세히 그려가며 소개한다. 아울러 솔로몬의 부귀와 영화가 얼마나 대단했으며 지혜가 얼마나 탁월했는지 낱낱이 되새김질한다. 뒤를 이은 임금들의 발자취를 따라가며 이스라엘이 몰락하고 포로 신세가 되었음을 알리지만, 끝머리에는 고레스가 내린 해방 명령을 실어 또 다른 시대가 열릴 것임을 예고한다.

에스라기 페르시아로 끌려갔다가 풀려난 이스라엘 백성의 귀향, 그리고 성전과 성벽을 다시 세우는 힘겨운 씨름, 무너진 이스라엘 백성의 신앙을 되세우려는 선지자 에스라의 분투를 다룬다. 기적처럼 포로 신세에서 벗어나 고향으로 돌아온 백성은 감격 속에 제사를 드리고 성전과 성읍 재건에 나서지만, 완공을 보기까지는 악랄하고도 치밀한 적들의 방해 공작에 시달려야 했다. 뒤늦게 2진을 이끌고 이스라엘에 돌아온 에스라는 신앙이 형편없이 흐트러진 동포들의 모습에 경악하고 곧장 회복운동에 나선다.

느헤미야기 에스라와 비슷한 시대를 살았던 느헤미야가 고향으로 돌아와 펼친 개혁운동을 담고 있다. 바빌론에서 임금을 모시는 관리로 일하던 느헤미야는 재건 공사가 지지부진하다는 고국 소식에 귀환을 결심한다. 고향에 돌아온 느헤미야는 적대 세력의 압박을 뿌리치고 여러 가문과 힘을 모아 재건 공사를 마무리한다. 마침내 공사가 끝나자, 이스라엘 백성은 한데 모여 율법을 낭독하고, 죄를 뉘우치고, 예배를 드리고, 삶의 자세를 가다듬었다.

에스더기 페르시아의 임금 아하수에로의 왕비가 된 유대 여인 에스더의 파란만장 일대기. 에스더가 포로의 처지에서 단번에 왕비가 되었을 즈음, 유대인들은 총체적인 난국을 맞는다. 임금의 총애를 받는 고관 하만이 자신에게 고분고분 고개를 숙이지 않는 유대인들을 모조리 말살하기로 작정하고 실행에 들어간 까닭이다. 에스더는 제 목숨을 내놓고 동족을 살리는 데 앞장선다.

욥기 더없이 풍요롭고 행복한 삶을 누리던 이가 하루아침에 가진 걸 다 잃어버리고 고통의 수렁에 빠진다면, 그의 뇌리엔 어떤 생각들이 오갈까? 나무랄 데 없이 선한 성품, 풍요로운 삶, 화목한 가정까지 무엇 하나 모자람 없던 욥은 거대한 불행에 휩쓸려 고통의 바다 깊숙이 가라앉고 만다. 친구들은 잘못한 게 있으니 벌을 받는 게 아니냐고 하지만, 욥으로선 불행의 원인을 도무지 가늠할 수 없다. 토론이 이어지고 목소리가 높아지지만, 결론은 나지 않는다. 이제 하나님의 답을 들어볼 차례다. 그분은 무어라 하시는가?

시편 하나님의 백성이 부르는 노래 모음. 다윗과 솔로몬을 비롯해 여러 시인들의 노래를 모았다. 하나님의 됨됨이와 이루신 일들을 높이고 찬양하는 노래가 많지만, 그것이 전부는 아니다. 더러는 베풀어주신 은혜에 감격하기도 하고, 괴로움을 호소하며 도움을 구하기도 하고, 허물을 고백하고 용서를 구하기도 하고, 하나님께서 주신 약속을 되새기기도 하며, 예배의 즐거움을 노래하기도 한다.

잠언 하나님을 임금으로 삼고 사는 백성의 눈으로 어떻게 세상을 살아야 할지 간결하게 정리한 글 모음. 지혜가 얼마나 소중한 보물인지 누누이 설명한 뒤, 좋은 친구를 사귀고, 슬기로운 말을 하고, 게으름과 성적인 유혹을 피하는 법 등 다양한 주제를 다룬다. 흔히 보는 교훈집이나 금언서와는 출발이 다르다. 잠언은 지혜의 근원을 하나님에 두는 까닭이다.

전도서 땅에 코를 박고 사는 이들에게 삶의 본질을 가리켜 보이며 고개를 들어 하늘을 올려다보라고 가르치는 책. "헛되고 헛되다. 모든 것이 헛되다"라는 선언에서 출발해 무슨 일이든 때가 있는 법임을 일깨운다. 인생은 불공평하며 한 치 앞도 알 수 없지만, 조바심칠 게 아니라 오늘을 살며 하나님을 바라보라고 권한다.

아가 두 연인이 나누는 사랑 노래. 낯빛이 까만 여인과 왕이기도 하고 목자이기도 한 사내는 끝없이 연모하고, 사랑을 나누며, 혼인의 즐거움을 만끽하고, 더불어 춤을 춘다. 둘이 서로를 그리워하며 쏟아내는 고백은 다정하고, 안타까우며, 사랑스럽고, 더러 에로틱하기까지 하다.

이사야서 네 임금의 치세와 흥망성쇠를 지켜본 선지자 이사야는 유다와 예루살렘에 관한 환상을 보고 백성에게 하나님이 주신 메시지를 선포한다. 하나님께 등을 돌린 '죄지은 민족, 허물이 많은 백성, 흉악한 종자, 타락한 자식들'을 향해 심판이 코앞에 닥쳤음을 경고하는 반면, 다른 한편으로는 그럼에도 불구하고 더없이 큰 권세로 구원하시는 하나님의 사랑을 선포한다.

예레미야서 유다가 막바지를 향해 치닫던 시절에 활동했던 예언자 예레미야가 전하는 하나님의 메시지. 멸망이 코앞에 닥쳤으니 당장 뉘우치고 돌아서라 외쳤기에 백성의 격렬한 반발을 샀다. 임금과 백성의 비위를 맞추기에 급급한 사이비 예언자들의 모욕을 감수해야 했고, 옥에 갇히기도 했다. 하지만 예레미야는 암울한 미래를 예고하는 데 그치지 않고 하나님의 약속이 회복되는 궁극적인 미래를 가리켜 보인다.

예레미야 애가 유다의 참담한 미래를 내다보고 탄식하며 눈물짓는 예언자의 노래. 백성은 사로잡혀 사방팔방으로 뿔뿔이 흩어지고, 거룩한 성 예루살렘은 황폐해져 적막이 감돈다. 예언자는 이 모두가 마땅히 치러야 할 죗값임을 지적하고, 고아의 처지가 된 백성을 기억해주시길 하나님께 호소한다.

에스겔서 포로로 끌려간 바빌론에서 예언자로 활동했던 에스겔의 메시지. 앞선 책의 예언자들처럼 유다와 뭇 나라들에 쏟아질 하나님의 심판을 선포하고, 예루살렘의 회복과 축복을 예고하며, 하나님께서 더없이 가까이 함께해주실 미래를 소망한다. 책을 가득 채운 기이하고 기묘한 행적과 환상들은 이런 메시지들을 생생하게 전달하고 깊이 각인시킨다.

다니엘서 포로의 처지로 바빌론 왕궁에 살며 집중 관리를 받았던 유다 청년 다니엘이 하나님을 향한 순수한 마음을 지키기 위해 벌였던 씨름, 그리고 그이가 꿈에 보았던 놀라운 환상을 기록한 책. 한결같은 신앙을 가졌던 까닭에 다니엘은 일생일대의 위기를 겪지만, 하나님의 극적인 개입으로 목숨을 건진다. 후반부에는 다니엘이 보았던 기이한 환상과 상징들이 파노라마처럼 펼쳐진다.

호세아서 신앙적으로 한없이 타락하고 우상숭배가 극성을 부리던 이스라엘 땅에서 활동했던 예언자 호세아의 입을 통해 전하는 하나님의 메시지. 바람기 가득한 아내를 결코 포기하지 않고 줄곧 사랑을 이어가는 삶을 통해 하나님의 사랑이 얼마나 극진한지 한눈에 보여준다.

요엘서 유다와 예루살렘에 닥친 엄청난 자연재해를 소재로 예언자 요엘이 전한 하나님의 메시지. 예언자는 메뚜기 떼의 습격을 이민족의 침입에 빗대어 설명한 뒤, 뉘우치고 돌아오기를 기대하는 하나님의 마음을 전한다. 하나님은 진심으로 회개하면 재앙을 거두기도 하는 분임을 강조하며, 즉각적이고 전폭적인 회개를 촉구한다.

아모스서 종교적인 타락과 위선, 무너진 정의, 부패한 사회를 매섭게 비판했던 예언자 아모스가 전한 하나님의 메시지. 다마스쿠스와 모압을 비롯해 숱한 주변 국가들을 향한 하나님의 진노와 징계를 선포하고 이스라엘의 멸망을 예언하지만, 거룩한 질서가 회복된 미래에 대한 예고도 빼놓지 않는다.

오바댜서 예언자 오바댜의 입을 통해 에돔을 향한 노여움과 심판을 예고하시는 하나님의 메시지. 유다가 바빌론에 시달리는 모습을 지켜보며 돕기는커녕 도리어 웃음 짓던 오만한 에돔은 하나님의 손에 무너지고, 거룩한 백성이 승리를 거둘 것을 예고한다.

요나서 예언자 요나는 강대국 니느웨에 가서 죄를 꾸짖고 심판이 임박했음을 알리라는 하나님의 명령을 받지만, 순종 대신 도망을 택한다. 이후에 벌어지는 사건들은 속속들이 죄에 물든 인간일지라도 돌이키기만 하면 얼마든지 용서하시겠다는 하나님의 속내를 여실히 보여준다.

미가서 정의는 무너지고 죄악이 차고 넘치는 유다와 이스라엘을 꾸짖고, 거룩한 뜻과 질서가 지배하는 새로운 세상을 그려 보이며, 하나님께서 진정으로 원하시는 바가 무엇인지를 명쾌하게 제시한다.

나훔서 나훔이 선포한 하나님의 메시지로 '피의 도성, 거짓말과 강포가 가득하며 노략질을 그치지 않는 도성' 니느웨의 멸망을 예고한다. 하나님이 얼마나 크고 강하며 사랑이 가득한 분인지 설명하고, 그 권세가 어떻게 니느웨를 파멸에 이르게 할지 그림처럼 선명하게 보여준다.

하박국서 정의와 심판에 대한, 예언자 하박국과 하나님의 질의응답. 하박국은 세상에 이토록 불의가 가득한데 하나님은 어째서 짐짓 모른 체하시는가 따져 묻고, 하나님께서는 지체 없이 단호한 답변을 내놓으신다. 하박국은 "주 하나님은 나의 힘"이라는 고백으로 긴 대화를 마무리한다. 하나님은 과연 어떤 답을 주셨을까?

스바냐서 예언자 스바냐가 전하는 하나님의 메시지. 유다와 열방의 죄상을 통렬하게 지적하고 시시각각 다가오는 심판을 예고하는 한편, 징벌이 그치는 '그날이 오면' 축제 같은 즐거움이 가득하리라고 가르친다.

학개서 바빌론 포로 생활에서 풀려나 고국에 돌아온 뒤, 성전을 다시 세우기 위해 안간힘을 썼던 예언자 학개가 전하는 하나님의 메시지. 재건 작업이 지지부진한 현실 앞에서 성전을 다시 세우는 행위가 갖는 의미를 설파하고, "언약이 아직도 변함이 없고, 나의 영이 너희 가운데 머물러 있으니, 너희는 두려워하지 말라"는 거룩한 음성을 전달한다.

스가랴서 뿔과 대장장이, 측량줄, 대제사장 여호수아, 순금 등잔대와 두 올리브나무, 날아다니는 두루마리, 곡식 넣는 뒤주, 병거 네 대 등 기이하고 다양한 환상들을 기록하고, 선택한 백성을 향한 하나님의 구원 계획을 소개하는 예언자 스가랴의 글.

말라기서 구약성경의 마지막 책. 진실한 예배가 사라지고 말라비틀어진 형식만 남은 세상, 약자들이 억압받고 소외되는 불의한 사회를 고발하고, 하나님께서 '특사'를 보내셔서 온갖 불순한 동기와 행위들을 정결하게 하며 굽은 정의를 바로 세우시는 날이 기필코 오리라고 단언한다.

Bible in Hand | 교양인을 위한 성경 시리즈는 성경 원문의 뜻을 우리말 어법에 맞게 정확하게 번역한 〈성경전서 새번역〉 본문과 해제로 구성되어 있다. 성경을 읽으면서 생기는 질문에 답을 주는 질문과 해제 부분의 경우, 구약은 김근주 교수(기독연구원 느헤미야), 신약은 권연경 교수(숭실대 기독교학과)가 성경을 읽어가는 재미와 정보의 길안내를 맡았다.

구약

세상의 모든 처음
창세기 | 248p | 11,000원

영광의 탈출, 새로운 삶을 향하여
출애굽기 | 212p | 11,000원

지혜와 삶과 사랑
잠언·전도서·아가 | 192p | 8,500원

선택, 어느 편에 설 것인가?
여호수아기·사사기·룻기 | 278p | 15,000원

어둠을 딛고 빛을 읽다
이사야서 | 278p | 15,000원

마음의 끝에서 부르는 새 노래
시편 | 358p | 19,000원

- **Bible in Hand | 교양인을 위한 성경 시리즈**는 구약 17권, 신약 8권으로 2021년 완간 예정이다.
- **봄이다 프로젝트 페이스북** https://www.facebook.com/ltispring
- **봄이다 프로젝트 블로그** https://blog.naver.com/hoon_bom
- **문의** hoon_bom@naver.com

신약

**성취된 약속,
왕으로 온 메시아**
마태복음서 | 188p | 10,000원

**너희는
나를 누구라고 하느냐?**
마가복음서 | 128p | 7,000원

행진, 담대하게 거침없이
사도행전 | 176p | 8,500원

독자 리뷰

- 해제 읽는 재미에 나도 모르게 후딱 통독해버린 희한한 성경책. 질문이 한 페이지에 하나씩 나오는데 좋다. _ 김○정 님
- 성경을 혼자 읽는 훈련을 하시는 분들에게 추천한다. 혼자 읽다가 생길 만한 질문에 성경 이해를 위한 가이드가 친절한 책! _ 정○경 님
- 성경 말씀과 함께 보고 있는데 정말 유익하다. 모르고 지나갔던 부분, 어려웠던 부분을 속시원하게 긁어주었다! _ 허○난 님
- 성경의 무지를 깨트려주고, 성경의 깊이를 깨우쳐주는 교양인을 위한 성경 시리즈. 지금의 시대에 그 어느 누구에게나 필요한 주님의 말씀이다!! _ 조○규 님
- 누구나 부담 없이 볼 수 있고, 산이나 들이나 바다에서 어디서나 읽을 수 있는 성경! 너무 좋다! _ 진○경 님
- 독자가 읽기 좋게 구성되어 있다. 그리고 유익한 질문과 친절한 설명이 함께 수록되어 있다. 참 시기적절한 책이다. 이 시리즈는 독자의 관점에서 노력한 흔적들이 고스란히 담겨 있다. _ 김○섭 님
- 성경을 가벼운 마음으로 접하게 해주는 귀한 책이다. _ 한○옥 님

BIBLE in Hand 교양인을 위한 성경

마음의 끝에서 부르는 새 노래
구약 | 시편

1쇄 발행일 2020년 11월 22일

펴낸이 최종훈
펴낸곳 봄이다 프로젝트
등록 2017-000003
주소 경기도 양평군 서종면 황순원로 414-58 (우편번호 12504)
전화 02-733-7223
이메일 hoon_bom@naver.com

책임편집 이나경 박준숙
디자인 designGo
표지 이미지 shutterstock
인쇄 SP

ISBN 979-11-971383-1-7
값 19,000원